Rīgas ražošanas apvienība
Radiotehnika
Рижское производственное объединение.
RIGA-310
STEREO

RĪGAS

JĀNIS LEJNIEKS

ARHITEKTŪRA

INDRIĶA STŪRMAŅA FOTOGRĀFIJAS

ЯНИС ЛЕЙНИЕКС

АРХИТЕКТУРА РИГИ

ФОТОГРАФИИ
ИНДРИКИСА СТУРМАНИСА

RIGA'S ARCHITECTURE

BY JĀNIS LEJNIEKS

PHOTOGRAPHS BY
INDRIĶIS STŪRMANIS

RĪGA «AVOTS»

1. «Justīcija», 1757. g., tēlnieks D. Kurlafskis.

«Юстиция», 1757 г., скульп. Д. Курлафскис.

JUSTICE, 1757, sculptor D. Kurlafskis.

2. Vecrīgas panorāmas fragments

Фрагмент панорамы Старой Риги

The fragment of the panorama of Old Riga

3. Vanšu tilts pār Daugavu, 1981. g.

Вантовый мост через Даугаву, 1981 г.

The suspension bridge across the Daugava

4. Vecrīga

Старая Рига

The Old Town of Riga

5. Dzīvojamā ēka F. Gaiļa ielā 2a, 1906. g., arhit. M. Eizenšteins

Жилое здание на ул. Ф. Гайлиса, 2а, 1906 г., арх. М. Эйзенштейн

The dwelling house 2a F. Gaiļa Street, 1906, arch. M. Eizenštein

6. Brīvības piemineklis, 1935

Памятник Свободы, 1935

Monument to Freedom, 1935

7. Stacijas laukums

Привокзальная площадь

Railway Terminal Square

8. Dzīvojamā un veikalu ēka, t. s. Krastkalna nams, Ļeņina ielā 47, 1908. g., arhit. E. Laube

Жилой дом с магазинами, т. н. дом Красткална, ул. Ленина, 47, 1908 г., арх. Э. Лаубе

The dwelling house and shops, the so-called Krastkalns' house, 47 Lenin Street, arch. E. Laube

9. Dzīvojamā un veikalu ēka Ļeņina ielā 85, 1912. g., arhit. E. Laube

Жилой дом с магазинами на ул. Ленина, 85, 1912 г., арх. Э. Лаубе

The dwelling house and shops 85 Lenin Street, arch. E. Laube

10. Dzīvojamās mājas Purvciemā, Madonas ielā, 1983. g., arhit. L. Plakane, O. Upaciere

Жилые дома в Пурвциемсе на ул. Мадонас, 1983 г., арх. Л. Плакане, О. Упациере

The dwelling houses in Purvciems in Madonas Street, 1983

Rīgas arhitektūra ir mainījusies līdzi laikam, nebūdama vienaldzīga pret pasaules arhitektūras novitātēm un vienlaikus kopdama pilsētas tradīcijas.

Pirms vācu ienākšanas XIII gadsimtā lībiešu ciemos pie Rīdzenes upes bija koka guļbaļķu ēkas, kuras nomainīja mūra celtnes. Vēsturisko stilu arhitektūra atstāja tautas celtniecību ārpus pilsētas sienām. Viduslaiku nocietinātā Rīga stiepās augstumā, līdz pat Eiropā visaugstākajam — Rīgas Pēterbaznīcas koka tornim. XIX gadsimta vidū pēc nocietinājumu nojaukšanas pilsēta «atvērās» attīstībai. Gadsimtu mijā Rīgas arhitektūrā uz brīdi atgriežas tautas celtniecības elementi — latviešu arhitektu romantizētajos jūgendstila darbos. No XX gadsimta sākuma Rīga plešas plašumā, apbūvējot kādreizējo pilsētas lauku novadu.

Rīgas arhitektūra ir bagāta ar visu, kas kādreiz uzcelts. Pilsētai ir laba tradīcija — atjaunot bojā gājušās celtnes. Pēc pēdējā kara atkal atjaunots Pēterbaznīcas tornis, tagad kārta Melngalvju namam. Katra paaudze veido Rīgu no jauna, jo «nekas nerodas tukšā vietā». Pilsētas rajoni līdz ar veco apbūvi manto arī vēsturiskos vietvārdus.

Vecrīga ir saglabājusi nocietinātas viduslaiku pilsētas neregulāro formu un vislielāko apbūves blīvumu Rīgā. Bulvāru loks, Vecrīgas «zaļā apkaklīte», ir unikāls Eiropas mēroga ansamblis, kas tapis vienlaikus ar slaveno Vīnes Ringa bulvāri. Centra kompaktā teritorija no Bulvāru loka līdz dzelzceļa lokam un «piecstāvu pilsētas» rakstura viendabīgums ļauj to pazīt gan iekšienē, gan ārpusē. Priekšpilsētās virzienu uz centru norāda apbūves rakstura, detaļu bagātības un solīduma pieaugums. Interesanti ir telpiski ierobežoti rajoni ar savdabīgu apbūves tipu, kuri veidojušies, realizējot kādu jaunu pilsētbūvniecisku ideju. Tādi ir «dārzu pilsēta» — Mežaparks, cariskajā Krievijā pirmais savrupmāju rajons priežu mežā ar brīvu plānojumu, un mūsdienu mikrorajons «Āgenskalna priedes», pirmais padomju industriālās dzīvokļu celtniecības paraugs Rīgā.

Pilsētas vēsture vislabāk pārskatāma teritoriālajā attīstībā, tālab albums sastādīts, izmantojot Rīgas tradicionālo dalījumu — no Vecrīgas līdz priekšpilsētām.

Архитектура Риги менялась с течением времени, не оставаясь равнодушной к новациям мировой архитектуры и одновременно сохраняя и умножая собственные традиции.

Перед вторжением немецких феодалов в XIII веке в ливских поселениях на Ридзине существовали срубовые постройки, замененные впоследствии на каменные строения. Архитектура исторических стилей оставила народное зодчество за городскими стенами. Укрепленная средневековая Рига тянулась ввысь — деревянный шпиль церкви св. Петра был высочайшим в Европе. В середине XIX века после сноса городских укреплений город «распахнулся» и начал развиваться. На грани столетий в архитектуру Риги возвратились, правда ненадолго, элементы народного зодчества — они представлены в произведениях латвийских архитекторов, работавших в стиле романтизированного модерна. С начала XX века Рига растет вширь, вбирая в себя бывший патримониальный округ.

Архитектура Риги богата всем, что некогда построено. У города есть хорошая традиция — восстанавливать гибнущие строения. После войны восстановлена башня церкви св. Петра, на очереди — дом Черноголовых. Каждое поколение вносит что-то свое в облик Риги, осознавая при этом, что «ничто не рождается на пустом месте». Потому и районы города вместе со старой застройкой наследуют и исторические названия.

Старая Рига сохранила нерегулярную форму укрепленного средневекового города, а также наибольшую плотность застройки в Риге. Бульварное кольцо, «зеленый воротничок» Риги, — уникальный ансамбль европейского масштаба, создавался он одновременно с подобным Венским кольцом-бульваром. Интересны пространственно ограниченные районы со своеобразным типом застройки, формировавшиеся в процессе реализации некой новой градостроительной идеи. Таковы «город-сад» — Межапарк, первый в царской России район особняков с плотной застройкой, расположенный в сосновом лесу; современный микрорайон Агенскалнские сосны, первый в Риге образец советского промышленного жилищного строительства.

История города лучше всего просматривается в территориальном развитии — потому и альбом составлен с использованием традиционного членения Риги — от Старой Риги к предместьям.

Riga's architecture, changing in the course of time, accepted the novelties of the world's architecture, at the same time keeping to and preserving local traditions.

Before the 13th century German arrival two Livian settlements were scattered on the banks of the river Rīdzene. The German settlers introduced brick building traditions and started to build a town and fortify it. Folk architecture was driven out of the fortified town. The medieval Riga, developing on a small territory, rose upwards. The tower of St. Peter's reached 121 metres in height and was the highest wooden structure in Europe. After pulling down the fortifications in the 19th centry, Riga «opened» for the development. At the turn of the centuries folk architecture appeared in the romanticized Art Nouveau buildings of Latvian architects. The 20th century Riga is stretching out, incorporating its former patrimonial region.

Riga's architects and builders try to preserve and renovate everything once built. After World War II the tower of St. Peter's was reconstructed, now the time has come for the reconstruction of Blackheads' House. The new districts of the city alongside with the old construction get also the ancient historical names.

Old Town of Riga has preserved the compactness of the medieval fortified town. The Ring of Boulevards is like a green collar round the neck of Old Town. This unique ensemble was created at the same time as the famous Ringstrasse in Vienna. The centre of the city has preserved its five-storeyed-city character. The direction uptown is marked by an abundance of solid construction and architectural details. Some districts of the city were built following a definite housing scheme: the first garden town in a pine forest with free planning of streets Mežaparks and modern residential district Āgenskalna Priedes, the first industrial housing district in Riga.

To simplify the perception of Riga's architecture, the author has kept to the traditional division of the city — from the Old Town to suburbs.

VECRĪGA

Daugavas tirdzniecības ceļš viduslaikos ir viena no lielākajām tirdzniecības maģistrālēm Austrumeiropā. Vēstures avotos tas minēts jau 5. gs. — līdz ar ceļu «no varjagiem uz grieķiem». Senā Varjagu (Baltijas) un Melnās jūras saikne skāra arī Daugavas augšteci. Lielo upju grīvās bija nepieciešamas vietas, kur varētu saņemt vietējos ražojumus, kā arī izkraut atvestās preces — lai vēlāk tās nogādātu zemes iekšienē. Rīgas tapšanā par izcilu Austrumeiropas eksportostu izšķiroša nozīme bija preču pievedumiem pa Daugavu. Jūras līcis, kā ērta kuģu ceļa vistālākais ievirzījums kontinentā, bija punkts, uz kuru tiecas Ziemeļvācijas tirgotāji 12. gadsimta beigās.

Pēc arheologu ziņām Daugavas tirdzniecības ceļa rietumu galā tad pastāvējusi nozīmīga apmetne. Latviešu Indriķa hronikā 1198. gadā minēts R ī g a s c i e m s (lat. *locus*) un pavēstīts, ka šā ciema «laukā tika celta pilsēta», tātad vācu ap-

metne blakus senajam lībiešu ciemam. Varbūt tā bija tā pati vēlākajos vēstures avotos minētā Lībekas sēta, uz kuru 1201. gadā bīskaps Alberts pārcēla savu rezidenci no Ikšķiles, pirmās vācu apmetnes vietas Latvijā. Sākās Rīgas senās apdzīvotās vietas attīstība p i l s ē t a s kvalitātē.

Jaunajai Rīgas pilsētai bija jāaug samērā nelielā teritorijā, kuru no vienas puses ierobežoja Daugava un no otras puses — līkumotā R ī g a s u p e jeb R ī d z i ņ a. Pussalā līdzās vācu apmetnei atradās divi vietējo iedzīvotāju ciemi: lielākais pie o s t a s, t.s. Rīgas ezera jeb upes paplašinājuma krastā, otrs — Daugavmalā un kapulauks — vietā, kur vēlāk uzcēla Rīgas Domu. Arheologu izrakumos konstatēts 50 metru plata un 2—5 metru dziļa ostas akvatorija, apmēram tagadējā 13. Janvāra un Vaļņu ielas rajonā.

1201. gadā sākās Rīgas nocietināšana ar m ū r i e m, kas gāja

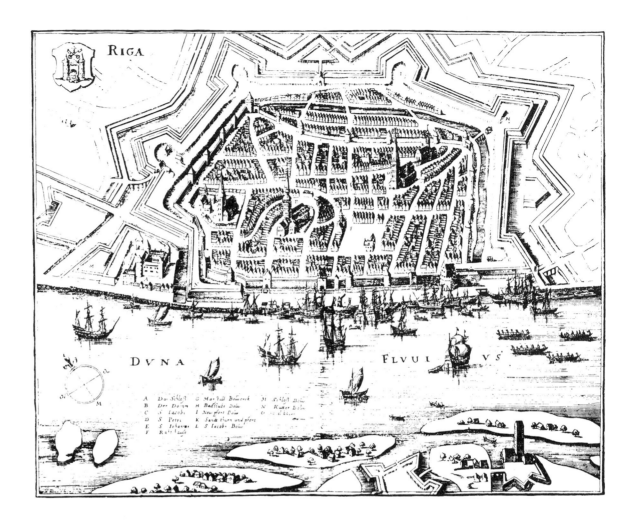

12. Rīga ap 1640. g. Putna skatījumā labi redzami pilsētas nocietinājumi un Daugavas kreisajā krastā — Kobrona skansts un Sarkanais tornis. M. Merians.
VRVM Nr. 32256

Рига около 1640 г. С птичьего полета хорошо видны городские укрепления, а на левом берегу Даугавы — Кобронский редут и Красная башня. М. Мериан

Riga around 1640. Areal view of the fortifications of the town; the Kobrona Bastion and the Red Tower are seen on the left bank of the Daugava. M. Merian

gar pussalas galu un abām upēm, atstājot starp mūriem un upi samērā šauru krastmalu kuģu izkraušanai. Masīvā mūra (tā biezums apmēram 2,5 m, augstums līdz 10 m) iekšpusē visapkārt pilsētai vijās vidēji 8 pēdas (apmēram 2,5 m) plata josla, kuru nedrīkstēja apbūvēt. Sagaidot ienaidnieka uzbrukumus, tur pulcējās pilsētas aizstāvji, pa to piegādāja karamateriālus. Brīvā josla fragmentāri saglabājusies Trauksmes (tag. Trokšņa) ielā. Pilsētas pusē siena bija divstāvīga: apakšējo stāvu aizņēma 6 m augstas un 1,2 m dziļas velves. Virs velvēm atradās pilsētas aizstāvju aizsardzības eja. To parasti paplašināja ar segtu koka galeriju. Otrajā stāvā plecu augstumā mūrī bija ierīkotas šaujamlūkas. Pilsētai augot noslēgtā teritorijā, mūris epizodiski tika apbūvēts: miera laikā to paplašināja uz ielas rēķina un pārvērta par noliktavām un darbnīcām. Laba daļa piebūvju parādījās arī no ārpuses; tās bija koka celtnes, kuras gāja bojā ugunsgrēkos.

Mainoties kara tehnikai, mūri bija jāpaaugstina, jānostiprina un jāceļ jauni torņi. 15. gadsimtā, kad parādījās šaujamie ieroči, torņus pārbūvēja, lai tajos varētu novietot lielgabalus. Pilsētas aizsardzībai svarīgāki bija torņi, kuri atradās sienu pagrieziena vietās. Garākajos posmos torņus ierīkoja arī pašā mūra sienā. Līdz 1330. gadam minēti 28 torņi. To forma bija četrstūra vai apaļa, pie tam daži bija caurbraucami, jo pilsētā varēja iekļūt tikai cauri vārtiem. Katru vakaru vārtus aizslēdza un atslēgu glabāja Rātsnamā. Naktī nevienu bez īpašas atļaujas pilsētā neielaida.

Rīgu no trim pusēm ierobežoja ūdeņi, no Daugavas līdz Jēkaba, tag. Komjaunatnes, ielai bija purvi, un vienīgā vieta, pa kuru sauszemes ceļi sasniedza pilsētu, bija Smilšu kalna augstiene. Pa šejieni gāja Lielais Smilšu ceļš, kas noveda pie masīvā Smilšu torņa (tag. *Pulvertornis*) un galvenajiem — Smilšu vārtiem. Pilsētā turētos mājlopus katru dienu dzina pa Jēkaba vārtiem (iepretim tag. Nacionālajam teātrim) uz ganībām — tag. ganību dambja rajonā. Pa Peitavas vārtiem (iepretim tag. Centrālajam kolhozu tirgum) ceļš no pilsētas veda ārā gar Daugavas krastmalu. Daugavmalā pret ostu bija 8 vārti, jo ikviena iela, pa kuru varēja sasniegt ostu, nobeidzās ar vārdiem. Jau kopš 14. gadsimta Daugavas krastmalu izmantoja kā ostu. Vecā Rīdziņas osta beidza pastāvēt 16. gadsimtā.

Pirmie vācu namnieki, kas Rīgā ieradās 1202. gadā, apmetās rietumos no tag. Šķūņu un Skārņu ielas. Pie Skārņu ielas meklējama arī pirmā tirgus vieta. Tā saucamais Jaunais tirgus, kas bija Rātslaukuma pirmsākums, izveidojās 14. gadsimtā. Vēlāk, 16. gadsimtā, tirgus laukums tika pārvietots pie Daugavas, tiešā ostas tuvumā, kur izveidojās Daugavmalas tirgus. Tas pastāvēja līdz pat 1930. gadam — mūsdienu Centrāltirgus celtniecības nobeigumam. Viduslaiku Rātslaukumā koncentrējās pilsētas pārvaldes un sabiedriskās celtnes. Te notika svarīgākās sapulces pilsētas jautājumu izlemšanā. Pretim *Rātsnamam* Rīgas rāte uzcēla Jauno namu tirgotāju un amatnieku organizāciju vajadzībām, kurš pirmoreiz pieminēts

1334. gadā (būvmeistars D. Kreige). Kopš 15. gadsimta otrās puses to svinībām un sanāksmēm sāka izmantot neprecēto Rīgas tirgotāju — Melngalvju organizācija, tāpēc arī radies tā vēlākais nosaukums — *Melngalvju nams.* Feodālās pilsētas galvenā laukuma malā parasti atradās pilsētnieku celta un uzturēta baznīca. Rīgā tā ir *Pēterbaznīca,* trešais nozīmīgākais Rātslaukuma apbūves elements.

Pilsētā bez Rātslaukuma izveidojās vēl vairāki laukumi. Pirmais no tiem atradās ordeņa pils priekšā. Pēc pils nocietinājumu grāvja aizbēršanas 18. gadsimta sākumā radās Pilsgrāvja laukums, ko apbūvēja ar nelielām koka celtnēm, kuras tā paša gadsimta beigās nojauca. Atbrīvotajā teritorijā izveidoja P i l s laukumu. Otrs laukums radās Torņa ielā starp jauno vaļņu joslu un veco nocietinājumu mūri. To izmantoja karavīru apmācībām un parādēm, un tāpēc sauca par P a r ā d e s (tag. Jēkaba) laukumu. D o m a l a u k u m s ir pavisam jauns, tas izveidots 1936. gadā, nojaucot viduslaiku apbūvi Rīgas Doma tuvumā. Skvēru pie Valsts filharmonijas izveidoja pēckara periodā.

Pilsētas i e l u t ī k l s laika gaitā pārveidojās. Dažas ielas — kā Kaļķu (tag. Ļeņina iela no Latviešu sarkano strēlnieku laukuma līdz Padomju bulvārim) un Audēju — pagarinājās; dažu ielu nozīme samazinājās. Pēc zviedru veiktās cietokšņa rekonstrukcijas izmainījās arī galveno ceļu ieejas pilsētā. Lielais Smilšu ceļš tika ievadīts pilsētā pretim Kaļķu ielai. Maskavas ceļš — pretim Kungu, tag. Daugavas, ielai. Par galvenajām Rīgas ielām kļuva Kaļķu un Kungu ielas. Pēdējo pagarināja no Mārstaļu ielas līdz Rīdzenei. Rātslaukumu ar Daugavas krastmalu savienoja Svērtuves, tag. Ļeņina, iela — no Latviešu sarkano strēlnieku laukuma līdz Komjaunatnes krastmalai, ar pilsētas ganībām — Jēkaba, tag. Komjaunatnes, iela. Transporta kustību apgrūtināja sliktais ielu bruģis, jo ielas bruģēja ar baļķu klāju vai nekaltiem akmeņiem, atstājot ūdens notekas ielas vidū. Trotuārus sāka ierīkot tikai 19. gadsimta sākumā.

Pirmās mūra celtnes nocietinātajā pilsētā bija vairākas s ē t a s. Viena no tām bija *Livonijas ordeņa* (tag. *Konventa*) sēta. Austrumu pusē to noslēdza pilsētas nocietinājumu mūra siena, bet no pārējām trim pusēm pagalmu norobežoja pils korpusi. No tiem saglabājusies tikai viena daļa — bijusī *Jura baznīca,* kuru kopš 16. gadsimta izmantoja kā noliktavu. *Rīgas bīskapa sēta* aizņēma platību no tag. Jāņa ielas līdz *Jāņa sētai* ieskaitot. Bīskapa pils paliekas nav saglabājušās, jo jau 13. gadsimtā bīskaps pārcēlās uz jaunu mītni Rīgas Doma tuvumā. Trešā sēta atradās starp tag. Laipu un Amatu ielām. Līdz 13. gadsimta vidum tā piederēja Rīgas domkapitulam (augstāko baznīckungu koleģijai), pēc tam tika pārdota franciskāņu klosterim. Šeit meklējama arī pirmā Doma, kurš nodega 1215. gada lielajā ugunsgrēkā, vieta. Ceturtā sēta — Tirgotāju — atradās vietā, kur vēlāk tika uzcelts Lielās ģildes (tag. Valsts filharmonijas) nams.

Rīgas arhitektūrā 13. un 14. gadsimtā valdīja r o m ā ņ u stils, kuru līdz ar mūra celtniecības profesionālajiem paņēmieniem Livonijā atveda vācu meistari un cisterciešu ordeņa mūki. Celtniecībai trūka laba dabiskā akmens, apdarei bija jāizmanto nepadevīgais kaļķakmens, līdz ar to vienkāršojās arhitektūras detaļu formas. Tas labi redzams *Rīgas pils* vecākajā daļā, kuras pamati likti 1330. gadā kā Livonijas ordeņa mestra rezidencei. Tā bija trijstāvu cietokšņveida celtne ar iekšējo pagalmu un četriem torņiem.

Pāreja uz g o t i k u sākās 13. gadsimta vidū, vēl pastāvot jaundibinātajai romānikas tradīcijai. Gadsimtos, kad Rīgas attīstība tiek strauji forsēta vai — gluži otrādi — nelabvēlīgu apstākļu dēļ stipri palēninās, arhitektūras stili «iekļūst» viens otrā vai arī paiet garām pilsētai maz ievēroti. Tā Rīgā koeksistē romānika un gotika, savukārt r e n e s a n s e parādās tikai savā pēdējā izpausmē — m a n i e r i s m ā, kas jau cieši saskaras ar baroku. Rīgas Domu līdz ar klostera telpām un galeriju ap kvadrātveida pagalmu sāka būvēt 1211. gadā. Tā ilggadīgo veidošanos atspoguļo dažādie stilistiskie noslāņojumi. Torņa smaile savu tagadējo — barokālo vainagojumu ieguva 1776. gadā, klostera pagalms pārbūvēts no 1888. līdz 1892. gadam (arh. V. Neimanis, K. Neiburgers); Rīgas Doms pielāgots koncertzāles vajadzībām no 1959. līdz 1962. gadam (arh. E. Slavietis) un no 1982. līdz 1984. gadam (arh. J. Galviņš).

Līdz 15. gadsimta beigām Rīgā tika radīts vienots, Hanzas pilsētām raksturīgs metropoles stils, Rīgas starptautiskie sakari Vācijas tirdzniecības pilsētu savienībā (vāc. Hansa) nodrošināja speciālistu un pilsētas izbūves paņēmienu apmaiņu. Livonijas galvaspilsētas raksturīgais s i l u e t s a r t r i m b a z n ī c u t o r ņ i e m bija orientēts pret tās vizītkarti — ostu, respektīvi, Daugavu. Pilsētu būvēja mūrniekmeistari, kuru nodibinātās cunftes palīdzēja izkopt ķieģeļu celtniecības noturīgas tradīcijas. Gotikas brieduma periodā parādās bagāta ēku polihromija un izsmalcinātas ķieģeļu velvju pārseguma konstrukcijas.

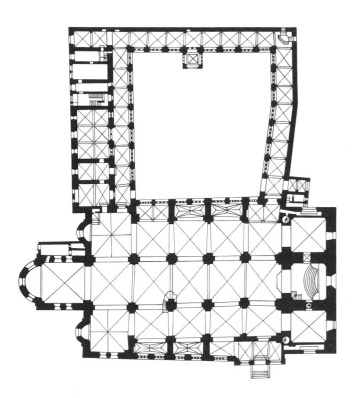

14. Rīgas Doma plāns, 13.—19. gs., romānika, gotika,
baroks. 19. gs. komplekss rekonstruēts gotiskā stilizācijā

План рижской Домской церкви, XIII—XIX вв., романика,
готика, барокко. В XIX в. комплекс реконструирован,
стилизация под готику

Plan of the Riga Duomo, the 13th—19th centuries, the Romanesque,
the Gothic, the Baroque. The church was reconstructed
in the Gothic style in the 19th century

15. Rīgas Doma klostera pagalms. Rekonstruēts 1892. g., arhit.
V. Neimanis, K. Neiburgers. *RVKM neg. Nr. 27128*

Клуатр рижской Домской церкви. Реконструирован в 1892 г.,
арх. В. Нейман, К. Нейбургер.

The patio of the monastery of the Riga Duomo. Reconstructed in 1892,
arch. W. Neumann, K. Neubürger

Feodālisma krīze, tāpat arī humānisma ideju izplatīšanās 16. gadsimtā, mainīja Eiropas arhitektūras raksturu, pakāpeniski izskaužot viduslaiku celtniecības paņēmienus. Rīgas arhitektūra saņēma spēcīgu attīstības impulsu līdz ar jaunas fortifikācijas sistēmas izbūvi. Ugunsieroču parādīšanās 15. gadsimtā stipri mazināja pilsētas nocietinājumu mūra nozīmi, jo ar lielgabala šāviņiem to varēja sagraut. Tāpēc aiz mūra un Rīgas upes sāka veidot nocietinājumu joslu zvaigznes formā. Tā sastāvēja no zemes v a ļ ņ i e m, kuru priekšā atradās ū d e n s g r ā v j i. Lai ienaidniekam neļautu nokļūt pārāk tuvu nocietinājumiem, grāvju krastus izroboja uz priekšu izvirzīti trīsstūraini b a s t i o n i, no kuriem lielgabalu apkalpes varēja atklāt uguni arī sānu virzienā. Nocietinājumu grāvja vidū ierīkoja nocietinātas salas — r a v e l ī n u s. Ar abiem grāvja krastiem ravelīnus savienoja koka t i l t i, pa kuriem varēja sasniegt pilsētas vārtus.

Sistemātiski darbi nocietinājumu izbūvē sākās 1537. g. un turpinājās līdz 17. gadsimta otrajai pusei. Darbus vadīja zviedru kara inženieri H. Toms, O. Haksons, J. Rodenburgs. Ap pilsētu izraktos grāvjus paplašināja un padziļināja, abās pusēs tiem uzberot 11—12 metru augstu zemes valni. Tas sargāja pilsētu ne tikai no ienaidniekiem, bet arī no pavasara plūdiem, jo pirms plūdu sākuma vārtus vaļņos aizvēra un nobloķēja. Starp jauno vaļņu līniju un pilsētas mūri, starp tagadējo Vaļņu un Kalēju ielu izveidojās jauns rajons (vāc. Binnenwall), kuru 17. gadsimtā apbūvēja. Kopējā vaļņos ieslēgtā pilsētas platība

(35 ha) nemainījās līdz pat 19. gadsimta otrajai pusei.

Rīgas jauno nocietinājumu izbūve noslēdzās 17. gadsimta beigās, kad Daugavas krastā lejpus pilij uzcēla otru nocietinātu vietu — C i t a d e l i — pēc zviedru pulkveža E. Dālberga projekta. Arī Citadeles teritoriju, tāpat kā pilsētu, nocietināja ar vaļņiem, bastioniem, platu nocietinājumu grāvi un ravelīniem.

R e n e s a n s e s idejas Rīgā ieviesās laikā, kad pilsēta cīnījās par savu neatkarību no feodālajiem senjoriem — Livonijas ordeņa mestra un Rīgas arhibīskapa. Jaunās «itāļu mākslas» ieskaņas Latvijā izplatās galvenokārt ar poļu starpniecību, jo tajā laikā Rīga bija pakļauta Polijas—Lietuvas valstij.

Renesanses formas viskonsekventāk izmantotas *Jāņa baznīcas* pārbūvē (1582.—1589. g.). Baznīca tika atjaunota dominikāņu klostera vajadzībām vēlās gotikas stilā. Reformācijas laikā to slēdza; 1582. gadā atdeva latviešu draudzei, kura nolēma to paplašināt līdz 1500 sēdvietām. Pēc P. Kampes pieņēmuma piebūvi cēlis pilsētas būvmeistars holandietis Joriss Frēze. Tā ir pirmā Rīgas celtne, kurā tik plaši izmantotas ordera arhitektūras formas. Baznīcu paplašināja, nojaucot veco altāra telpu. Piebūve sadalīta trijos jomos ar toskāniskām kolonnām uz augstiem postamentiem. Fasādei ir ordera arkādes kompozīcija: pusapaļi arku logi izveidoti starp pilastriem, kas balsta antablementu. Jāņa baznīcai nav torņa — klasiskā šā būvelementa izpratnē. Virs altārdaļas zelmiņa atrodas mazs zvanu tornis, kuru gotiski stilizētā formā cēlis J. D. Felsko 1849. gadā.

16. Rīgas Doma krusteja, 13. gs., pārejas stils no romānikas uz gotiku.
VRVM neg. Nr. 35571 XXXII—³/₁

Крестный ход рижской Домской церкви, XIII в., переходный стиль
от романики к готике

The gallery of the Riga Duomo, the 13th century, transition from
the Romanesque to the Gothic

Rīgas sabiedriskā celtne ar lielu zāli visā otrā stāva līmenī. Ēku bagātināja holandiešu meistari A. un L. Janseni 17. gadsimta sākumā, ēkas zelmiņa sadalījumu un ierāmējumu veidojot ķieģeļu un smilšakmens tonālā kontrastā, ar ornamentālām akmens vītnēm, maskām, obeliskiem, metālkalumiem un gleznojumiem. 1891. gadā tos aizstāja četras statujas un Hanzas pilsētu ģerboņi.

Ievērojams baroka mākslas piemineklis ir *Pēterbaznīca*. Jau 13. gadsimtā tā ir bijusi mūra celtne, kuras senākā daļa šodien saglabājusies baznīcas centrā. 15. gs. Rostokas meistars J. Rūmešotels piebūvē jaunu altārdaļu, bet no 15. gs. otrās puses līdz 17. gs. uzbūvētais tornis un ieejas fasāde ir dominante ne tikai Rīgas siluetā, bet arī pilsētas arhitektūrā kopumā. Torņa celšana tika uzsākta 1667. gadā pēc Rīgas būvmeistara J. Jostena meta un pabeigta 1694. gadā pēc viņa pēcnācēja Ruperta Bindenšū projekta. Tornis kļuva par tā laika augstāko koka konstrukciju Eiropā — pāri par 120 m. 1721. gadā tornī iespēra zibens, un pēc ugunsgrēka to atjaunoja 1764. gadā Rīgas namdaru meistars J. H. Vilberns — pēc sākotnējā parauga, izdarot silueta un konstrukciju korekciju. 1941. gadā torni sagrāva vācu artilērija, un to atjaunoja 1970. gadā pēc arhitektu P. Saulīša un G. Zirņa projekta — metāla konstrukcijās. Bindenšū projektētais tornis, baznīcas formām un samēriem visai maz piemērots, izceļas ar brīnišķīgu, caurspīdīgu un tai pašā laikā stingru siluetu, kurš viegli dominē pār tālo pilsētas perspektīvu. To nodrošina torņa ģeometriski perfektā konstrukcija: tā siluets precīzi iekļaujas konusā.

Reformātu baznīcas arhitektam Saksijas būvmeistaram K. Meinertam bija sarežģīts uzdevums — novietot ēku šaurās, līkumotās Mārstaļu ielas stūrī. Baroka fasādes kompozīcija atrisināta tās uztverei neizdevīgi šauros rakursos. Fasāde vertikāli sadalīta ar pilastriem un augstiem logiem. Virs antablementa augsta atika aptver visu ēku. Ielas fasādi noslēdz izliekts zelminis, mīkstinot pāreju torņa vertikālē.

Rīgas būvmeistari, kā arī ārzemnieki, cara Krievijas valdību neapmierināja, tādēļ «kroņa» celtniecības projektēšanas darbus laikmetā, kad notiek pāreja no baroka uz klasicismu, veic Krievijas valsts dienesta arhitekti un inženieri. Pirmais guberņas arhitekts ir no Pēterburgas atsūtītais P. J. Boks 1783. gadā, viņam seko M. Šonss 1798. gadā. Šajā laikā arī rodas doma par pilnīgu pils un Citadeles ansambļu apvienošanu, nojaucot tos atdalošos nocietinājumus un uzbūvējot jaunu guberņas pārvaldes ēku. Tiek uzsākta dzīvojamo ēku nojaukšana šajā rajonā, bet drīz vien dzimst ideja par ordeņa pils pārbūvi valdības iestāžu vajadzībām. P. J. Boka vadībā guberņas pārvaldes ēku piebūvē pie bijušās ordeņa pils no laukuma puses; izveidoja jaunu pils fasādi un daļēji pārveidoja arī tās gotisko interjeru. 18. gadsimta beigās tiek apbūvēta arī Pils laukuma pretējā puse. Imperatora liceja, Sāpju Dievmātes baznīcas un dzīvojamo ēku arhitektūra stilistiski neviendabīga. Acīmredzot to celtniecības procesā vēl notiek Rīgas arhitektu praktiskā iepazīšanās ar klasicismu.

Rātsnams ir viduslaiku pilsētas pašvaldības neatkarības sim-

Rīgas namnieku gruntsgabali bija šauras joslas starp divām ielām. Dzīvojamās ēkas aizņēma visu gruntsgabala platumu: 5—10 m. Ielas fasādi veidoja kāpienveida vai trīsstūra zelmiņi, kas nereti visā augstumā bija sadalīti ar seklām nišām. Izstieptajā pagalmā atradās kūts, stallis, ratnīca un citas saimniecības ēkas. Pa caurbrauktuvi varēja nokļūt aizmugures saimniecības ielā jeb aizielā. Piemēram, tagadējā Peldu iela (kādreizējā Cūku iela) izveidojās kā Mārstaļu un Grēcinieku (tag. I. Sudmaļa) ielas aiziela.

Tirgotāju nami bija iekārtoti tā, lai varētu uzņemt preces. Šim nolūkam tika izbūvēts milzīgs priekšnams, kas bieži vien aizņēma vairāk nekā pusi mājas un bija divu parasto stāvu augstumā. Tirdzniecībai pieaugot, preču novietošanai bija nepieciešamas speciālas noliktavas jeb spīķeri, vairākstāvu nami ar vinču ēkas zelmiņa augšdaļā preču pacelšanai.

Dzīvojamo namu lielais vairums sastāvēja no lielas istabas, pie kuras atradās virtuve un viens vai divi kambari. Ir sastopamas arī mājas ar vienu istabu. Atsevišķas ēdamistabas, bērnu istabas, zāles parādījās Rīgas pilsoņu dzīvokļos tikai 18. gadsimtā. Pirmo stāvu aizņēma lielā halle, kuru izgaismoja vairākas lielas logailes. Otrais stāvs ir apdzīvojams, reprezentatīva rakstura. Ēkas novietotas ar garāko sienu paralēli ielai. Skaistākie ir *Reiterna nams* (būvmeistars R. Bindenšū, 1664.— 1688. g.) un *Dannenšterna nams*, 1694.—1698. g. Telpu iekārtojumā sevišķi iespaidīgi ir dekoratīvie koka griesti, kokgriezumiem rotātās durvis, kāpnes un podiņu krāsnis.

Sociālekonomiskās pārmaiņas Livonijā notika vēlāk nekā Rietumeiropā, sekojoši arī vēlās renesanses jeb manierisma elementi nonāk Rīgā jau kā nākamā — baroka laikmeta prologs. Manierisma laikmetā īpašu ievērību iegūst ēkas ieejas portāls. Atšķirībā no gotiskā, kurš noteikti atradās sienā, manierisma portāls rada divējādu iespaidu. Tas it kā atrodas sienā un vienlaikus ir ārpus tās, koncentrējot sevī ēkas bagātību pretstatā sienas pasīvajai plaknei. Ievērojami tiek bagātināti ēku apdares paņēmieni. Parādās sarkano ķieģeļu sienās iemūrētas arī baltakmens joslas, virs logailēm — atslogojošas ķieģeļu arkas, sadalītas ar rustikas akmeņiem. Ēku pakāpienveida zelmiņi tiek greznoti ar volūtām, pārklāti ar skulpturāliem kalumiem.

Izcilākais manierisma laikmeta piemineklis ne tikai Rīgā, bet visā Baltijā, pēc B. Vipera domām, ir *Melngavju nams*, vecākā bols, kurš pauž arī Rīgas celtniecisko aktivitāti. Veco Rātsnamu pārbūvēja 16. gadsimta beigās. Astoņstūraino torni vainagoja manierisma stilā celta smaile. Nepilnus divus gadsimtus vēlāk ēku nojauca, lai uzceltu no jauna — agrā klasicisma stilā — ar astoņstūrainu torni, arku galeriju pirmajā stāvā (arh. J. F. Etingers, 1750.—1765. g.). Pilsētas arhitekts J. D. Felsko 1847. gadā ēku atkal pārbūvēja, uzceļot tai trešo stāvu un pārveidojot torni.

Citadeles *Pētera un Pāvila baznīcas* projektu sastādījis Rīgas garnizona inženierpulkvedis S. Zēge fon Laurenbergs 1780. gadā. Celtniecība notiek Rīgas būvmeistara K. Hāberlanda, «namnieku klasicisma» redzamākā pārstāvja, vadībā. Baznīcas plāna pamatā liktais grieķu krusts ļauj veidot apjomu vienlīdz labi uztveramu no visām pusēm. Vairākstāvīgā zvanu torņa kompozīcija atgādina Krievzemes dievnamu iecienīto «astoņskaldni uz paralēlepipēda», uz kura novietots cilindrs ar pašas smailes teltsveida vainagojumu ķieģelī. Klasiskais orderis gan neatspoguļo ēkas konstruktīvo uzbūvi, tomēr piešķir baznīcai palielinātu mērogu un apvieno to ansamblī ar pārējām Citadeles celtnēm. 1987. gadā baznīcā iekārtota koncertzāle «Ave sol» pēc arh. M. E. Meņģeles projekta.

Gluži jauns sabiedriskās ēkas tips Rīgā bija Mūses nams (die Muße — brīvais laiks). Ēka (arhit. K. Hāberlands, 1781—1782) Riharda Vāgnera ielā bija aristokrātijas klubs, kura apakšējos stāvos atradās pirmais Rīgas teātris ar zāli 900 vietām (salīdzinājumam — mūsdienu Dailes teātrī ir 1032 vietas).

Atbilstoši klasicisma principiem un apgaismotāju centieniem pēc racionāliem risinājumiem radās prasība pēc viengabalainas, reglamentētas pilsētu apbūves. Klasicisms mēģināja izdarīt Rīgas vizuālā tēla transformāciju ar gluži normatīviem aktiem. Tika ieviestas cara apstiprinātās dzīvojamo ēku p a r a u g f a s ā d e s, kopumā pāri par 200 paraugu, kuru albumus sastādīja ievērojamais krievu arhitekts V. Stasovs. To lietošana ilga no 1810. līdz 1850. gadam.

Šajā laikā Iekšrīgā pēc paraugfasādēm uzceltas vai pārbū-

vētas 77 ēkas (A. Holcmaņa un A. Jansona pētījumi). Atšķirībā no Rīgas «namnieku klasicisma» pēc paraugzīmējumiem veidoto ēku fasādes ir shematiskas un monumentālas. Tipa projektu albumi reglamentē tikai ēkas ārskatu, to iekšējais plānojums — atbilstoši būvētāja rocībai. Tajā parādās apkurināma viesistaba, ēdamistaba, guļamistabas. Telpu iekārta tiek bagātināta ar balto podiņu krāsnīm, sienas apdare ar pilastriem, stuka bareljefiem un tapetēm.

Klasicisma noslēguma posmā — a m p ī r a laikmetā, 19. gadsimta pirmajā pusē — sabiedrisko ēku fasādes tiek atbrīvotas no izgreznojumiem. Jaunās tendences vislabāk saredzamas muitas pakhauza jeb *Arsenāla ēkā*, tag. Izstāžu zālē. To projektēja Pēterburgas arhitekti I. Lukīni un A. Nellingers (?), celtniecību vadīja guberņas arhitekts J. Špacīrs. Noliktavas ēka veido visa Parādes, tag. Jēkaba, laukuma vienu pusi.

Nākamajā — h i s t o r i s m a laikmetā, 19. gadsimta vidū, Vecpilsētā parādās vairākas lielas sabiedriskās ēkas, kuru apjomi, līdzīgi viduslaiku baznīcu būvmasai, asi kontrastē ar apkārtējo dzīvojamo apbūvi. Ievērojama ir *Biržas ēka*, tag. Zinātnes un tehnikas propagandas nams — itāļu renesanses palaco formās (arh. H. Bose, 1852.—1855. g.).

Gadsimta vidū celtniecība Rīgā faktiski apstājās. Priekšpilsētās atbilstoši fortifikācijas noteikumu prasībām līdz Elizabetes, tag. Kirova, ielai drīkstēja celt tikai mazstāvu koka ēkas, bet pilsētai — cietoksnim pieguļošajā e s p l a n ā d ē celtniecība bija aizliegta. Iekšrīgā jaunbūves izmaksāja ārkārtīgi dārgi, jo tās realizēja, tikai nojaucot esošo kapitālo apbūvi. Tas varēja arī novest pie liela mēroga arhitektoniskā mantojuma zaudējumiem. Bija nobriedusi nepieciešamība likvidēt Rīgā visus militāro apsvērumu diktētos ierobežojumus, nojaukt zemes uzbērumus un būvēt mūra ēkas ārpus Vecpilsētas. Šie darbi izvērtās par pilnīgi jauna un Eiropas mērogā unikāla ansambļa — Rīgas b u l v ā r u l o k a izbūvi 19. gadsimta beigās.

Vecrīgā vēlāk parādās arī citu stilu ēkas: eklektikas, jūgenda, racionālisma un arī padomju arhitektūras darinājumi — līdz pat postmodernismam, bet tās būtiski neiespaido kādreizējo Iekšrīgu. Vecās pilsētas raksturu ir noteikusi viduslaiku arhitektūra. Skumjš izņēmums ir Vecrīgas sirds — Rātslaukums, kur kara postījumi un pēckara celtniecības politika ir izdarījusi neatgriezeniskas izmaiņas. Nojauktas Melngalvju nama, Rātsnama atliekas. Jaunie *Rīgas Politehniskā institūta* (arh. O. Tīlmanis, 1957. g., arh. I. Paegle, 1965. g.) un *Latviešu sarkano strēlnieku muzeja* (arh. Dz. Driba, G. Lūsis-Grīnbergs, tēln. V. Albergs, 1971. g.) korpusi ir radījuši pavisam citu, stipri atšķirīgu no vēsturiskās Rīgas, vizuālo tēlu.

Septiņdesmitajos gados radītā Vecrīgas reģenerācijas projekta priekšlikumu (arh. E. Pučiņš, A. Holcmanis, E. Burkovskis) realizācija ir ķīla pilsētas kultūrālai attīstībai. Rīgas jaunās arhitektūras nozīmība ir saistīta ar Vecrīgas pilnvērtīgu eksistenci un dominējošo lomu pilsētā. Tās formu vārdnīcas bagātība ir pamats jaunām interpretācijām.

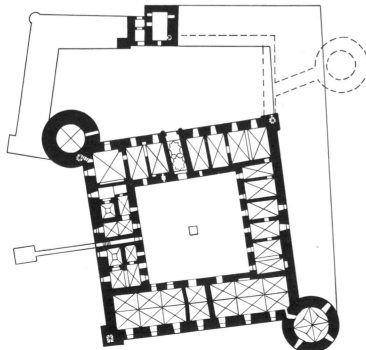

17. Rīgas pils, 14.—18. gs. Plānā redzama pils vecākā daļa ar apaļajiem torņiem: Svina torni pret Pils laukumu un Sv. Gara torni pret Daugavu

Рижский замок, XIV—XVIII вв. На плане видна старейшая часть замка с круглыми башнями: Свинцовой напротив Замковой (Пилс) площади и св. Духа напротив Даугавы

The Castle of Riga, the 14th—18th centuries. The oldest part of the castle is seen in the plan. The Lead Tower overlooked the Square, and the Tower of the St. Spirit overlooked the Daugava

СТАРАЯ РИГА

В средние века торговый путь по Даугаве был одной из важнейших торговых магистралей в Восточной Европе. В исторических источниках он упоминается наряду с великим водным путем «из варяг в греки», связывавшем Варяжское (Балтийское) и Черное моря. Существовало ответвление этого пути в верховья Даугавы.

Возникла необходимость оборудовать в устьях крупных рек стоянки-гавани, где можно было бы загрузить судно или выгрузить товар, переправляемый в дальнейшем к месту назначения по суше. Решающую роль в превращении Риги в крупный экспортный порт в Восточной Европе играли грузоперевозки по Даугаве. Удачное географическое расположение на берегу морского залива, обеспечивающее удобное сообщение с внутриконтинентальными областями, способствовало тому, что в конце XII века сюда устремились северогерманские купцы.

По данным археологов, в те времена на крайнем западе торгового пути по Даугаве существовало поселение. Генрих Латвийский в «Хронике Ливонии» под годом 1198 упоминает поселение Рига (лат. *locus*) и сообщает, что около него строится город, иными словами, рядом с древним поселением ливов возводится немецкое поселение. Возможно, город этот был тем самым упоминаемым в более поздних исторических источниках Любекским подворьем, куда епископ Альберт в 1201 году перевел свою резиденцию из Икшкиле, первого немецкого поселения на территории Латвии. Началось развитие древней Риги в качестве города.

Новому городу предстояло расти на сравнительно небольшой территории, естественными границами которой были с одной стороны Даугава, а с другой — извилистая речка Рига (Ридзиня). На полуострове рядом с не-

мецким поселением находились два поселка местных жителей (более крупный — возле гавани, на берегу так называемого Рижского озера, т.е. природного расширения Ридзини, второе — на берегу Даугавы) и могильник (на месте, где позднее воздвигли *Домскую церковь*). При археологических раскопках было установлено, что акватория гавани, находившейся в районе нынешних улиц 13 Января и Вальню, имела ширину 50 и глубину 2—5 м.

В 1201 году начинается возведение городских оборонительных стен, опоясывающих полуостров. Между крепостной стеной и рекой оставляли довольно узкое пространство — своего рода набережную, где разгружались суда. Вдоль внутренней стороны массивной стены (толщиной около 2,5 и высотой до 10 м), по всей ее длине, тянулась полоса шириной 8 футов (примерно 2,5 м), застраивать которую не разрешалось. В случае угрозы нападения здесь собирались защитники города, сюда доставлялись боеприпасы. Незастроенная полоса фрагментарно сохранилась на ул. Трауксмес (ныне Трокшню). Со стороны города стена была двухэтажной: низ занимала аркада с высотой и глубиной пролетов соответственно 6 и 1,2 м. Над сводами находился оборонный ход для защитников города. Его обычно расширяли крытой деревянной галереей. На втором этаже на высоте плеч в стене устраивали бойницы. Город рос, ему становилось тесно на ограниченной территории, поэтому крепостную стену эпизодически обстраивали; в мирное время пристройки, занимавшие часть улицы, служили амбарами и мастерскими. К наружной стороне крепостной стены также примыкало множество деревянных строений, которые сгорали в случае пожара.

По мере развития военной техники следовало сделать более прочными и высокими крепостные стены, построить

новые б а ш н и. В XV веке, с появлением огнестрельного оружия, башни перестроили, с тем чтобы установить в них пушки. Для защиты города наиважнейшими являлись башни, находившиеся на поворотном стыке стен. На наиболее протяженных участках башни встраивались непосредственно в крепостную стену. До 1330 года упоминается 28 башен. Они были прямоугольными или круглыми, к тому же некоторые из них являлись проездными, поскольку в город можно было попасть только через в о р о т а. Каждый вечер ворота запирались, а ключ хранился в ратуше. Ночью в город без специального разрешения никого не пропускали.

С трех сторон Ригу окружала вода; от Даугавы до улицы Екаба простиралось болото, и единственным местом, по которому пролегали сухопутные д о р о г и, ведущие в город, был Песочный холм. Одна из этих дорог, именовавшаяся Большим Песочным путем, подходила к массивной *Песочной* (ныне *Пороховой*) *башне* и к главным (Песочным) воротам. Через Екабовские ворота (напротив совр. Национального театра) выгоняли домашний скот на пастбище (в район совр. Ганибу дамбис — Выгонной дамбы). Дорога, проходящая через Пейтавские ворота (напротив совр. Центрального колхозного рынка), за пределами города тянулась вдоль Даугавы.

Начиная с XIV века эта часть реки служила местом швартовки судов (старая гавань на Рижском озере перестала существовать в XVI веке). Поскольку в конце каждой улицы, ведущей из города к гавани, высились ворота, последних на берегу насчитывалось восемь.

Первые немецкие бюргеры, появившиеся в Риге в 1202 году, селились к западу от совр. улиц Шкюню и Скарню. Близ улицы Скарню находилось и первое т о р ж и щ е. Так называемый Новый рынок, на территории которого впоследствии

сформировалась Р а т у ш н а я п л о щ а д ь, возник в XIV веке. Позднее, в XVI веке, рынок переместился к Даугаве (поближе к гавани) и просуществовал на этом месте вплоть до 1930 года, когда было закончено строительство современного Центрального рынка. На средневековой Ратушной площади находились магистрат, общественные здания. Здесь горожане собирались для решения самых насущных проблем. Напротив *ратуши* рижский городской совет построил так называемый Новый дом для нужд купцов и ремесленников; впервые здание упомянуто в 1334 году (строительных дел мастер Д. Крейге). Со второй половины XV века здесь начали проводить торжества и заседания члены рижского Союза Черноголовых — объединения молодых купцов-холостяков. Потому-то позднее Новый дом стал именоваться *домом Черноголовых*. В феодальном городе на краю главной площади обычно стояла церковь, построенная на средства горожан и находящаяся на их же содержании. В Риге таковой была *церковь св. Петра* — третий важнейший элемент застройки Ратушной площади.

Кроме Ратушной в городе имелось еще несколько площадей. Одна из них размещалась перед орденским замком. В начале XVIII века засыпали оборонительный ров, окружавший замок, и образовавшееся пространство застроили небольшими деревянными домами. В конце того же столетия домики снесли и на освободившейся территории заложили площадь, получившую название З а м к о в о й. На улице Торня, между вновь насыпанным земляным валом и старой крепостной стеной, возникла еще одна площадь, наименованная П л а ц - п а р а д н о й (ныне пл. Екаба), поскольку на ней проводили войсковые учения и парады. Д о м с к а я п л о щ а д ь совсем молода, она образовалась в 1936 году в результате сноса средневековой застройки вблизи Домской церкви. Сквер около

Государственной филармонии разбит в послевоенный период.

Городская у л и ч н а я с е т ь менялась в ходе времен. Некоторые улицы — такие, как Калькю (совр. ул. Ленина на участке от пл. Латышских красных стрелков до бульв. Падомью) и Аудею — удлинились, а некоторые утратили былое значение. После проведенной шведами реконструкции укреплений изменились и главные подъездные пути. Большой Песочный путь кончался в городе напротив улицы Калькю, Московский путь — напротив улицы Кунгу (ныне Даугавас). Главными улицами Риги стали улицы Калькю и Кунгу. Последняя была продолжена от улицы Марсталю до Ридзини. Ратушную площадь с набережной Даугавы соединяла улица Свертувес (ныне Ленина — на участке от площади Латышских красных стрелков до Комсомольской набережной), с городским выгоном — улица Екаба (ныне Комьяунатнес). Движение транспорта затрудняла плохая мостовая: улицы в те времена выстилали бревнами или мостили неотесанными камнями, водосток прокладывали посередине улицы. Тротуары стали устраивать только в начале XIX века.

Первые каменные строения в укрепленном городе располагались на п о д в о р ь я х. Одно из них — *подворье Ливонского ордена* (ныне Конвента). С восточной стороны его границей служила городская крепостная стена, а с остальных трех сторон подворье окружал замковый корпус. Из построек сохранилась лишь бывшая *церковь св. Георгия (Юра)*, которую начиная с XVI века использовали как амбар. *Подворье рижского архиепископа* размещалось на территории между совр. улицей Яня и *Иоанновым подворьем (Яня сета)*. Остатки епископского замка до наших

дней не сохранились. Уже в XIII веке епископ сменил свое местожительство, его новое жилище находилось близ Домской церкви. Третье подворье было расположено между совр. улицами Лайпу и Амату. До середины XIII века оно принадлежало рижскому Домскому капитулу (коллегии высшего духовенства), затем было продано францисканскому монастырю. Здесь стояла первая орденская церковь, сгоревшая во время сильного пожара в 1215 году. Четвертое подворье — *Торговое* — находилось на том месте, где позднее воздвигли здание Большой гильдии (ныне Государственная филармония).

В рижской архитектуре XIII—XIV веков господствовал р о м а н с к и й с т и л ь, который вместе с профессиональными приемами каменного зодчества был завезен в Ливонию немецкими мастерами и монахами цистерцианского ордена. Для строительства не хватало доброкачественного природного камня, при отделке приходилось использовать плохо поддающийся обработке известняк, что приводило к нарочитому упрощению формы архитектурных деталей. Ярким подтверждением тому служит старейшая часть *Рижского замка*, фундамент которого заложен в 1330 году (замок являлся резиденцией магистра Ливонского ордена). Это было трехэтажное, похожее на крепость строение с внутренним двором и четырьмя башнями.

В середине XIII века начался переход к г о т и к е, традиции романского стиля еще сохранялись. В те столетия, когда развитие Риги шло форсированными темпами или же, напротив, замедлялось из-за неблагоприятных условий, архитектурные стили или «проникали» друг в друга, или вообще не оставляли собственных примет на лице города. Так, в архитектуре Риги сосуществовали романика и готика, в то время как Ренессанс представлен своим последним проявлением — маньеризмом, который уже тесно связан с барокко. Домскую церковь с монастырем и клуатром (крытой галереей-обходом, обрамляющей квадратный монастырский двор) начали возводить в 1211 году. Многочисленные стилистические наслоения свидетельствуют о том, что процесс постройки этого здания был очень длительным. Башенный шпиль в 1776 году заменили на существующий и поныне барочный кивер, клуатр перестраивали с 1888 по 1892 год (арх. В. Нейман, К. Нейбургер), Домскую церковь переоборудовали под концертный зал в 1959—1962 (арх. Э. Славиетис) и 1982—1984 (арх. Ю. Галвиньш) годах.

До конца XV века в Риге создавался единый, типичный для городов Ганзейского союза метропольный стиль. Связи Риги с северогерманскими городами, входящими в этот

торговый союз, обеспечивали обмен специалистами и
приемами градостроительства. Характерный для столицы
Ливонии силуэт: три церковные башни, ориентирован-
ные по гавани (или Даугавы) — своего рода визитной
карточки города. Ригу застраивали мастера каменных дел,
цеховые организации которых помогали становлению
традиций кирпичного зодчества. В период зрелой готики
появляется богатая полихромия зданий, изысканные кон-
струкции кирпичного сводчатого перекрытия.

В результате кризиса феодализма, а также распрос-
транения идей гуманизма в XVI веке менялся характер
европейской архитектуры, постепенно вытеснялись приемы
средневекового зодчества. Архитектура Риги получила мощ-
ный импульс к развитию благодаря строительству новой
фортификационной системы. С появлением огнестрель-
ного оружия в XV веке крепостная стена утратила свое
былое значение: ее можно было разрушить пушечным
ядром. Поэтому за крепостной оградой и речкой Ригой на-
чали возводить новый оборонительный пояс полигонального
(звездчатого) начертания. Он состоял из насыпного
вала, перед которым находился ров, заполненный во-
дой. Вдоль рва тянулась крепостная ограда с треугольными
выступами — бастионами. Установленные на них артил-
лерийские орудия позволяли вести обстрел подступов к
ограде и фланкирование рва. Посреди рва соорудили ук-
репленные острова — равелины. С обеими сторонами рва
равелины соединялись деревянными мостами, по ним
можно было добраться до городских ворот.

Систематические работы по возведению укреплений на-
чались в 1537 году и продолжались до второй половины
XVII века. Руководили работами шведские инженеры-
фортификаторы Г. Томм, О. Хаксон, И. Роденбург. Рвы

23. Rātsnams, Pēterbaznīca un
Melngalvju nams 1944. g. *VRVM
neg. Nr. 111495/19*

Ратуша, церковь св. Петра
и дом Черноголовых в 1944 г.

The City Hall, the Church of
St. Peter and the House of
Blackheads in 1944

расширили и углубили, насыпав по обеим сторонам их земляные валы высотой 11—12 м. Они защищали город не только от нападения неприятеля, но и от весенних паводков (перед началом половодья ворота запирались и их створы блокировались).

Между линией новых валов и городской крепостной стеной, т.е. между теперешними улицами Вальню и Калею, сформировался так называемый внутренний район (нем. *Binnenwall*), который застраивался в течение XVII века. Территория города (общей площадью 35 га), ограниченная валами, не претерпела изменений до второй половины XIX столетия.

Возведение новых рижских укреплений завершилось в конце XVII века, когда на берегу Даугавы, ниже замка, по проекту шведского полковника Э. Дальберга была возведена особая крепость — *цитадель*, опоясанная валами, оборонительным рвом, укрепленная бастионами и равелинами.

Идеи Ренессанса получили известность в Риге в то время, когда город боролся за свою независимость от феодального сеньора — магистра Ливонского ордена, равно как и рижского архиепископа. Эхо нового «итальянского искусства» распространялось главным образом благодаря посредничеству поляков: в этот период Рига находилась под властью Речи Посполитой.

Формы Ренессанса самым последовательным образом использовались при перестройке (1582—1589) *церкви св. Иоанна (Яня)*. Церковь восстанавливалась для нужд доминиканского монастыря в позднеготическом стиле. В годы Реформации она была закрыта, в 1582 году отдана латышской общине, решившей увеличить количество сидячих мест для прихожан до 1500. По предположению П. Кампе, пристройку возводил городской мастер-строитель гол-

ландец Г. Й. Фрезе. Это первое рижское строение, в котором так широко использованы ордерные архитектурные композиции. Церковь расширили за счет снесенного старого алтарного помещения. Пристройка разделена на три нефа колоннами тосканского ордера, поставленными на высокие основания.

Фасад декорирован по системе римской ордерной аркады: между пилястрами, несущими антаблемент, размещены полукруглые ниши. Церковь Иоанна не имеет башни в классическом понимании этого слова. На коньке крыши находится стилизованная под готику башенка-колокольня, возведенная архитектором И. Д. Фельско в 1849 году.

Узкие полоски земли между двумя улицами застраивались рижскими бюргерами. Жилые дома занимали всю ширину этих участков: 5—10 м. Продольная стена здания располагалась параллельно улице. Фасады зданий оформлялись ступенчатыми либо треугольными щипцами, которые порой на всю высоту членились неглубокими нишами. На дворе, как правило, вытянутом в длину, находились хлев, конюшня, каретник и другие хозяйственные постройки. Через проезд можно было попасть на тыльную улицу. Например, нынешняя улица Пелду (некогда — Свиная) образовалась на задах дворов, выходящих на улицы Марсталю и Грециниеку (ныне — И. Судмалиса).

Купеческие дома строились таким образом, чтобы в них можно было разместить товар. С этой целью возводились просторные сени, которые занимали зачастую больше половины двухэтажного дома. С ростом товарооборота для размещения товара возникла необходимость в специальных складских помещениях, амбарах, — многоэтажных зданиях с грузоподъемными механизмами (лебедками) в верхней части щипца.

Жилые дома в большинстве своем состояли из большой

комнаты, к которой примыкали кухня и одна-две комнаты поменьше. Встречались и дома с одной комнатой. Столовые, детские комнаты, залы как отдельные помещения появились в домах горожан только в XVIII веке. Первый этаж занимал большой холл, имевший несколько оконных проемов. Второй этаж был жилым и носил репрезентативный характер. Самые роскошные из светских зданий того времени — дом Рейтерна (1684—1688, строительный мастер Р. Бинденшу) и дом Данненштерна (1694—1698). В интерьере наиболее впечатляют декоративные деревянные потолки, двери, украшенные резьбой по дереву, лестница, изразцовая печь.

Социально-экономические перемены в Ливонии происходили позже, чем в Западной Европе, следовательно, и элементы позднего Ренессанса, или маньеризма, появились в Риге уже как пролог более поздней эпохи — барокко. Во времена господства маньеризма особое внимание уделялось архитектурному оформлению входа в здание — порталу. В отличие от готического, который находился обязательно в стене, портал, выполненный в стиле маньеризма, воспринимался с каким-то двойственным чувством. Он размещался как бы вне стены и противопоставлялся ее пассивной плоскости, концентрируя в себе роскошь здания. Обогащались и приемы отделки зданий. В стенах из красного кирпича появились вмурованные белокаменные ряды, над оконными проемами — кирпичные арки, расчлененные рустом. Ступенчатые щипцы зданий украшались волютами, покрывались скульптурными поковками.

Выдающимся памятником эпохи маньеризма не только в Риге, но и во всей Прибалтике является, по мнению Б. Виппера, *дом Черноголовых* — старейшее общественное здание Риги с большим залом, занимавшим все пространство второго этажа. В начале XVII века в оформлении здания участвовали голландские мастера А. Янсен и Л. Янсен: они проводили расчленение и обрамление щипца здания на основе тонального контраста кирпича и песчаника, используя орнаментальные каменные завитки, маски, обелиски, металлические поковки и роспись, которые в 1891 году заменили на четыре статуи и гербы ганзейских городов.

Замечательным памятником искусства барокко является *церковь св. Петра*. Уже в XIII веке это было каменное строение, до наших дней сохранилась древнейшая часть церкви — центральная. В XV веке ростокский мастер Я. Румешоттель пристроил новую алтарную часть, а со второй половины XV до XVII века башня и передний фасад этого здания являлись доминантой не только в силуэте Риги, но и в городской архитектуре в целом. Возведение башни было начато в 1667 году по эскизу рижского строительного мастера Я. Йостена и закончено в 1694 году по проекту его преемника Р. Бинденшу. Башня стала высочайшей деревянной конструкцией того времени в Европе — свыше 120 м. В 1721 году в башню ударила молния, и после пожара ее восстановил в 1764 году рижский мастер-плотник И. Х.Вилберн по первоначальному образцу, сделав коррекцию силуэта и конструкций. В 1941 году башня была уничтожена немецко-фашистской артиллерией и восстановлена в 1970 году по проекту архитекторов П. Саулитиса и Г. Зирниса с использованием металлических конструкций. Башня, спроектированная Р. Бинденшу, чрезвычайно мало подходя к формам и пропорциям церкви, выделялась удивительным, прозрачным и в то же время мощным силуэтом, который доминировал в дальней городской перспективе благодаря безукоризненной геометрической конструкции: силуэт башни четко вписывался в конус.

Перед архитектором *Реформатской церкви*, саксонским

строительным мастером К. Мейнертом, стояла сложная задача — разместить здание на углу узкой, извилистой улицы Марсталю. Композиция барочного фасада решена в неблагодарных для его восприятия узких ракурсах. Фасад вертикально расчленен пилястрами и высокими окнами. Высокий аттик над антаблементом охватывает все здание. Обращенный к улице фасад завершается выпуклым щипцом, смягчающим переход к башенной вертикали.

Рижские и иностранные мастера-строители не пользовались доверием правительства царской России, потому проектные работы для «тронного» зодчества в эпоху перехода от барокко к классицизму вели архитекторы и инженеры, состоявшие на государственной службе в царской России. Первым губернским архитектором был присланный из Петербурга в 1783 году П. И. Бок, за ним последовал в 1798 году М. Шон. В это время и родилась мысль о полном объединении ансамблей замка и цитадели путем ликвидации разделяющих их укреплений и возведении нового здания губернского правления. Был начат снос жилых строений, но вскоре появилась идея о перестройке орденского замка для нужд государственных учреждений. Под руководством П. И. Бока здание губернского правления пристроили к бывшему орденскому замку со стороны площади; сформировали новый фасад замка и частично преобразовали его готический интерьер. В конце XVIII века застраивалась и противоположная сторона Замковой (Пилс) площади. Архитектура Императорского лицея, церкви Скорбящей Богоматери и жилых зданий стилистически неоднородна. Очевидно, в процессе их строительства рижские архитекторы практически знакомились с классицизмом.

Ратуша — это символ независимости самоуправления средневекового города, воздействующий и на строительную активность в Риге. Старую ратушу перестроили в конце XVI века. Восьмигранную башню венчал шпиль, возведенный в стиле маньеризма. Через неполных два столетия здание снесли, чтобы выстроить заново — в стиле раннего классицизма — с восьмигранной башней, арочной галереей на первом этаже (1750—1765, арх. И. Ф. Эттингер). В 1847 году городской архитектор И. Д. Фельско снова перестроил здание: возвел третий этаж и видоизменил башню.

Проект *церкви свв. Петра и Павла* в цитадели разработал в 1780 году инженер-полковник Рижского гарнизона С. Х. Зеге фон Лауренберг. Строительство проходило под руководством рижского строительного мастера К. Хаберланда, ярчайшего представителя «бюргерского классицизма». Положенный в основу плана церкви греческий крест позволяет создать объемное построение, одинаково хорошо воспринимаемое со всех сторон. Композиция многоярусной колокольни напоминает излюбленный в российских культовых сооружениях «восьмерик на четверике», на котором расположен цилиндр с собственно куполообразной главкой из кирпича. Классический ордер хотя и не отражает конструктивной основы здания, тем не менее сообщает церкви больший масштаб и объединяет ее в единый ансамбль с остальными постройками цитадели. В 1987 году закончено переоборудование церкви под концертный зал «Аве сол» по проекту архитектора М. Э. Менгеле.

Совершенно новым для Риги типом общественных зданий был *дом «Муссе»* (немецк. *Муßе* — свободное время, досуг). В здании (1781—1782, арх. К. Хаберланд) на ул. Рихарда Вагнера был устроен аристократический клуб, на нижних этажах которого находился первый рижский театр с залом на 900 мест (для сравнения — в современном театре Дайлес имени Райниса 1032 места).

В соответствии с принципами классицизма и согласно стремлениям просветителей к рациональным решениям возникала потребность в целостной, регламентированной застройке городов. Классицизм пытался произвести трансформацию визуального облика Риги посредством нормативных актов. Внедрялись утвержденные царским правительством образцовые фасады жилых домов, числом в общей сложности более 200.

В этот период во внутреннем городе по образцовым фасадам построено или перестроено 77 зданий (исследования А. Холцманиса и А. Янсонса). В отличие от «бюргерского классицизма» фасады зданий, выполненные по образцам, схематичны, монументальны. Уважи типовых проектов регламентировали только внешний вид зданий, их внутренняя планировка находилась в ведении строителя. Появляются отапливаемая гостиная, столовая, спальни. Апартаменты украшаются белыми изразцовыми печами, стены — пилястрами, барельефами и шпалерами.

25. Ēkas portāls Monētu ielā 11, 17. gs., manierisms. Iznīcināta. R. Johansona foto. *RVKM neg. Nr. 118.534*

Портал здания на ул. Монету, 11, XVII в., маньеризм. Уничтожен. *Фото Р. Иохансона*

The portal of the building 11 Monētu Street, the 17th century, Mannerism. Destroyed. Photo by R. Johansons

26. Jāņa baznīcas interjers, 15.—19. gs., gotika. Priekšplānā — 1580. g. būvētās manierisma stila altārdaļas toskāniskās kolonnas, tālākajā plānā — vēlās gotikas stila tīkla velvju pārsegums. R. Johansona foto. *RVKM neg. Nr. 117.744/2*

Интерьер церкви св. Иоанна, XV—XIX вв., готика. На переднем плане — тосканские колонны алтарной части, выполненные в 1580 г. в стиле маньеризма, на втором плане — перекрытие сетчатыми сводами в позднеготическом стиле. *Фото Р. Иохансона*

The interior of the St. John's, the 15th—19th centuries. Foreground: the toscanian columns in the style of Mannerism in the sanctuary built in 1580; middle ground: the vaults of the late Gothic. Photo by R. Johansons

В эпоху а м п и р а, завершающую классицизм, в первой половине XIX столетия, фасады общественных зданий освобождаются от украшений. Новые тенденции лучше всего просматриваются в здании таможенного пакгауза, или *Арсенала,* ныне — выставочный зал (петербургские архитекторы И. Ф. Лукини и Н. Д. Неллингер (?), руководил работами губернский архитектор Ю. А. Шпацир). Складская постройка образует одну сторону всей бывшей Плацпарадной площади (ныне — пл. Екаба).

В эпоху и с т о р и з м а, в середине XIX века, в Старом городе появляется несколько крупных общественных зданий, объемы которых, подобно строительной массе средневековых храмов, контрастируют с окружающей жилой застройкой. Эффектно здание *биржи* (ныне — Дом научно-технической пропаганды) в формах палаццо времен итальянского Ренессанса (1852—1855, арх. Г. Ю. Боссе).

В середине столетия строительство в Риге фактически прекратилось. В форштадтах в соответствии с требованиями правил фортификации до ул. Елисаветинской (ныне — Кирова) разрешалось строить только малоэтажные деревянные дома, в черте города — на Э с п л а н а д е, прилегающей к укреплениям, строительство было запрещено. Внутри Риги новостройки обходились крайне дорого, так как для их возведения необходимо было разрушать капитальную застройку. Это в большой мере могло привести к потере архитектурного наследия. Назрела необходимость отменить в Риге все ограничения, продиктованные военными соображениями, срыть насыпь и формировать капитальную застройку вне Старого города. В результате проведения этих работ в конце XIX века было создано Б у л ь в а р н о е к о л ь ц о — совершенно новый и уникальный ансамбль европейского масштаба.

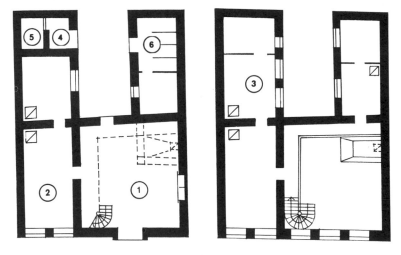

27. Renesanses laikmeta dzīvojamā ēka I. Sudmaļa ielā 3, 17. gs. vidus. R. Zandbergas rekonstrukcija. Pirmā un otrā stāva plāns: 1 — priekšnams-halle, 2 — istaba, 3 — kambari, 4 — veikala priekštelpa, 5 — veikals, 6 — stallis

Жилое здание времен Ренессанса на ул. И. Судмалиса, 3, середина XVII в. Реконструкция Р. Зандберги. План первого и второго этажей: 1 — сени-холл, 2 — комната, 3 — каморы, 4 — вестибюль магазина, 5 — магазин, 6 — конюшня

The Renaissance dwelling house 3 Sudmaļa Street, the middle of the 17th century. Reconstruction by R. Zandberga. The plan of the ground floor and the first floor. 1 — hall, 2 — room, 3 — chambers, 4 — the fore-room of the shop, 5 — shop, 6 — stable

28. Reiterna nams Mārstaļu ielā 2/4, 1688. g., R. Bindenšū,
baroks. *Foto no grāmatas «Die Staatische Profanarchitektur
in Riga, Reval und Narva». Lübeck, 1892*

Дом Рейтерна на ул. Марсталю, 2/4, 1688 г., арх. Р. Бинденшу,
барокко. *Фото из книги «Die Staatische Profanarchitektur
in Riga, Reval und Narva». Любек, 1892*

Reitern's house 2/4 Mārstaļu Street, 1688, R. Bindenschu,
Barocco. *A photo from the book «Die Staatische Profanarchitektur
in Riga, Reval und Narva». Lübeck, 1892*

29. Dannenšterna nams Mārstaļu ielā 21, 1698. g., turpat

Дом Данненштерна на ул. Марсталю, 21, 1698 г., там же

Dannenstern's house 21 Mārstaļu Street, 1698

Позднее в Старой Риге появились здания и других стилей: эклектики, модерна, рационализма, советской архитектуры вплоть до постмодернизма, но они существенно не повлияли на сложившийся облик внутренней части Риги. Характер Старого города определяет средневековая архитектура. Печальным исключением стало сердце Старой Риги — Ратушная площадь, где разрушения военных лет и послевоенная политика в строительстве обернулись безвозвратными потерями. Снесены останки дома Черноголовых и ратуши. Новый корпус *Рижского политехнического института* (арх. О. Тилманис, 1957, арх. И. Паэгле, 1965) и *Музей латышских красных стрелков* (арх. Д. Дриба, Г. Лусис-Гринбергс, скульп. В. Албергс, 1971) создали совсем иной визуальный образ, сильно отличающийся от исторического облика Риги.

Реализация проекта регенерации Старой Риги, разработанного в 70-е годы (арх. Э. Пучиньш, А. Холцманис, Э. Бурковский), — залог культурного развития города. Значимость новой архитектуры Риги связана с полноценным существованием Старой Риги, ее доминирующей ролью в городской среде. Богатство словаря форм Старого города служит основой для новых интерпретаций.

During the Middle Ages the river Daugava was one of the largest trade routes in Eastern Europe. Historical sources mention it since the 5th century as the route connecting the Vikings with the Greeks, its upper reaches linking the Baltic with the Black Sea.

The delivery of goods down the Daugava was of utmost importance in turning Riga into a prominent East European port. And thus the sea bay became the destination of numerous North German merchants at the end of the 12th century.

According to archaeologists, an important settlement existed at the western end of the Daugava trade route. The village of Riga (lat. *locus*) was mentioned in the chronicle of Latvian Indriķis in 1198. He stated that «a town is built in the field» of the village, meaning that a German settlement was built near the village of Livs.

The new town of Riga grew in a limited area, bordered by the Daugava on one side and the winding Riga river (or Rīdziņa) on the other. There were two local villages near the German settlement, the largest being situated near the harbour on the banks of the so-called Riga lake, the other on the banks of the Daugava, near the cemetery where the *St. Mary's Cathedral* (Riga Duomo) was built later. Archaeological findings have discovered a 50 metre wide and 2—5 metre deep aquatorium in the present Vaļņu and 13 January Street area.

In 1201 the foundations for the fortification walls were laid at the end of the peninsula, leaving a narrow embankment for the unloading of ships. Inside the massive wall (2.5 metres thick and up to 10 metres high), the town was encircled by an 8 feet wide plot of land where no structures were erected. This vacant zone, still partially existant as today's Trokšņu Street, was used both for the delivery of weapons, as well as a gathering site for those lying in wait of enemy attack. The wall was two-storeyed on the city-side: the lower level consisting of vaults (6 metres in height and 1.2 metres in depth), a defense passage covering the vaulted level. A roofed wooden gallery was built to widen the passage. There were shoulder-high loop-holes in the upper level of the wall. When the town started spreading in the enclosed area, the wall became a part of the new buildings. New streets were constructed and the wall was converted into peace-time warehouses and workshops. A great number of buildings were constructed outside the wall, but, as they were made predominantly out of wood, they were often destroyed by fire.

When military equipment improved, the walls were heightened, fortified, and new t o w e r s built. In the 15th century, when fire-arms were invented, the towers were built in such a way as to station cannons inside. Although the most important defence towers were situated on the walls' corners, they were also built along its length. Twenty-eight defence towers were known to have existed in 1330. These towers were both round and rectangular, some containing a g a t e. As these gates were the only means of entry into the town, they were kept open during the day but locked in the evening, and the keys were kept in the Town Hall. Nobody was allowed to enter the town during the night without a special pass.

30. Grēcinieku, tag. **I. Sudmaļa, iela 20. gs. sākumā.** *Pastkarte no O. Cinka kolekcijas*

Ул. Грециниеку, нын. И. Судмалиса, в начале XX в. *Почтовая открытка из коллекции О. Цинка*

Grēcinieku, presently I. Sudmaļa Street at the beginning of the 20th century. *A postcard from the collection of O. Cinks*

31. Viesnīca «Roma» atradās tag. viesnīcas «Rīga» vietā, 1888. g., arhit. **K. Morbergs, neorenesanse, iznīcināta.** *VRVM neg. Nr. 89.441*

Гостиница «Рим» находилась на месте нын. гостиницы «Рига», 1888 г., арх. К. Морберг, неоренессанс, уничтожена

Hotel ROMA was situated at the place of the present hotel RIGA, 1888, arch. K. Morberg, Neo-Renaissance, destroyed

32. Brīvības un Aspazijas bulvāru
stūris ar populārāko Rīgas
20. gs. sākuma kafejnīcu
«Otto Švarcs», R. Johansona foto,
iznīcināta. *RVKM neg.
Nr. 117.722/2*

Популярнейшее в начале XX в.
рижское кафе «Отто Шварц» на
углу бульваров Бривибас
(Свободы) и Аспазии.
Уничтожено. *Фото Р. Иохансона*

The corner of the Boulevards
of Brīvības and Aspazijas:
Otto Schwarz's café, the
most popular in Riga at the
beginning of the 20th century.
Destroyed. *Photo by R. Johansons*

The town was bordered by water on three sides and marshes from the Daugava to Jēkaba Street (today Komjaunatnes Street).

Smilšu Highland was the only d r y r o a d by which to reach the town. The Big Sand Road crossed this area and led to the massive *Sand Tower* (today Powder Tower) and the main gate — the Sand Gate. Cattle were sent through the Jēkaba Gate (in front of the present National Theatre) to graze in the pastures in the area of the present Ganību (Pasture) Dyke. This road went downtown through the Peitavas Gate along the Daugava embankment. There were 8 gates near the harbour because every street leading to the port ended with a gate. The Daugava was employed as a harbour (since the 14th century). The old port of Riga ceased to exist in the 16th century.

The first German settlers came to Riga in 1202 and settled west of the present Šķūņu and Skārņu Streets, where the first m a r k e t p l a c e was found. The so-called New Market, which was the beginning of the *Town Hall Square,* appeared in the 14th century. In the 16th century the Marketplace was transferred to the banks of the Daugava in the direct vicinity of the port, where the Daugava Market was created, existing until 1930, when the present Central Market was completed. In the Middle Ages he public edifices and local governmental buildings were concentrated in the Town Hall Square. A house built in front of the *Town Hall* for the Guild of Merchants and Handicraftsmen was mentioned for the first time in 1334 (building-master D. Kreige). Since the second half of the 15th century, the organization of single Riga merchants, the *Association of Blackheads,* started to use the building for their meetings and parties, resulting in its eventual name. Feudal townspeople usually built and kept a church on one side of the central square. In Riga this is the *Church of St. Peter,* which

is the third most prominent architectural element of Town Hall Square.

Of course, several other squares were created besides Town Hall Square. One of them was located in front of the Palace of the Livonian Order. After the city moat was filled at the beginning of the 18th century, the C i t y M o a t S q u a r e was created. It was covered with wooden buildings which were subsequently demolished at the end of the same century. P a l a c e S q u a r e was erected in the freed area. Another square was created in Torņa Street between the old and new defence walls. It was used for army parades and drills, therefore it was called P a r a d e S q u a r e (today Jacob's). D u o m o S q u a r e is a newer one. It was created in 1936 when the medieval buildings were levelled in the Riga Duomo area. The square near the State Philharmonic was created in the post-war period.

T h e u r b a n f a b r i c of Riga has changed in the course of time. Some streets — like Kaļķu (today Lenin Street, from the Square of the Latvian Red Riflemen to Padomju Boulevard) and Audēju Streets became longer. Some other streets lost their importance. After the Swedes reconstructed the city's fortress, the Big Sand Road entered the city though the gate in front of Kaļķu Street. Moscow Road led to Kungu Street (today Daugavas Street). Kaļķu and Kungu Streets became the main thoroughfares of Riga. The latter was extended from Mārstaļu Street to the Rīdzene river. Svērtuves Street (today Lenin Street) connected City Hall Square with the Daugava embankment, Jēkaba Street (today Komjaunatnes Street) connected the square with the city's pastures. Streets from all the cardinal points crossed through the centre of the city. The poor quality of cobbled streets hampered traffic. The streets were covered with logs and raw stones, leaving sewers

Wein u. Austernstuben von Otto Schwarz.

in the middle of the street. Pavements were made only in the beginning of the 19th century.

The first stone buildings in the fortified town were y a r d s. One of them was the yard of the *Livonian Order* (today Convent). The yard borders the fortress-wall on the East and is surrounded by the remaining castle walls on three sides. Only one part of it has been preserved — the *Church of St. George* (Juris), which has been used as a warehouse since the 16th century. *The Yard of the Bishop of Riga* occupied the territory from the present Jāņa Street to and including *Jāņa Yard.* The ruins of the Bishop's Castle are not preserved. He moved to a new residence in the vicinity of the Duomo by the 13th century. The third yard was located between the present Laipu and Amatu Streets. It belonged to the Board of Supreme Clergy until the middle of the 13th century. Later it was sold to the Franciscan monastery. It was the location of the first Duomo, which burned down during the great fire of 1215. The fourth yard *(Merchants' Yard)* was situated in the place where the Big Guild (today the State Philharmonic) was built.

R o m a n e s q u e s t y l e governed the architecture of Riga in the 13th and 14th centuries. German handicraftsmen and cistertian monks brought the professional and constructional methods to Livonia. As builders were short of good natural stone materials, limestone was used for the interior trim, simplifying the forms of the architectural details. This can be easily seen in the oldest part of *Riga Castle,* the foundation of which was laid in 1330 to make it a residence for the master of the Livonian Order. It was a three-storeyed fortress-type building with a patio and four towers.

The transition to the G o t h i c started in the 13th century while the newly established Romanesque tradition still flourished. The Romanesque and Gothic styles coexisted in Riga,

while the Renaissance appeared only in its latest expression — Mannerism, when it fused with the Baroque. The construction of *Riga Duomo* and the monastery and the gallery around the rectangular patio began in 1211. The differences in the applied stylistic devices show that the construction lasted many years. The spire of the tower gained its barocal decoration in 1776. The patio of the monastery was rebuilt from 1888 till 1892 (arch. W. Neumann, K. Neuburger). Riga Duomo was rebuilt into a concert hall from 1959 till 1962 (arch. E. Slavietis) and from 1982 till 1984 (arch. J. Galviņš).

By the end of the 15th century Riga acquired a metropolitan style characteristic of all Hansa cities. The international relations of Riga with the merchant union of German cities (German: *Hansa*) guaranteed the exchange of specialists and construction methods. The characteristic skyline of the Livonian c a p i t a l w i t h t h r e e c h u r c h - t o w e r s w a s o r i e n t a t e d t o w a r d s i t s «v i s i t i n g c a r d» — the port, the Daugava. Masons built the town and established their guilds, thus helping to develop steady brick building traditions during the period of mature polychromatic Gothic edifices and vaulted constructions of brick over-head covers.

Feudal crises as well as the spreading of the ideas of Enlightenment changed the character of European architecture in the 16th century, gradually eradicating medieval methods of construction. A powerful impetus was given to the architecture of Riga, when a new fortification system was built. The appearance of firearms in the 15th century radically eliminated the importance of the city's fortification wall, as any cannonshell could destroy it. A fortification zone was developed with a star-like form in front of the defence wall and the Riga river. It consisted of a r a m p a r t w i t h a m o a t in front of it. The banks of the moat were jagged with forward-moved

РИГА. Бастіонная улица и башня.
RIGA. Wallstrasse mit Pulverturm.

triangular b a s t i o n s to prevent enemies from coming close to the fortifications and to allow cannons to fire sidewise, too. In the middle of the moat fortified islands called r a v e l i n s were constructed. Both banks of the moat were connected with wooden b r i d g e s. They led to the entrance gate of the town.

A systematic construction of the fortifications started in 1537 and continued until the second half of the 17th century. The construction was run by Swedish engineers H. Tom, O. Hakhson and J. Rodenburg. The moat around the town was enlarged by making a 11—12 metres high sand rampart on both banks. It protected the town not only from invaders, but also from floods (before the flood started the gates were closed and blocked). A new construction area (German: *Binnenwall)* developed between the new rampart line and the old fortress wall, that is, between the present Vaļņu and Kalēju Streets. This area (about 35 ha) was covered with buildings in the 17th century and remained unchanged until the second half of the 19th century.

Construction of the new fortifications of Riga was finished at the end of the 17th century, when another fortified object — the C i t a d e l was built below the castle on the bank of the Daugava, following the project of Swedish colonel E. Dahlberg. The territory of the Citadel, as well as the town itself, was fortified with ramparts, bastions and a wide fortification moat, and ravelins.

R e n a i s s a n c e ideas were introduced when Riga was fighting for its independence against feudal seniors — the master of the Livonian Order and the archbishop of Riga. The new «Italian art» was spread mainly by Poles, as Riga was under Polish-Lithuanian rule.

Renaissance forms were most consequently used in the re-construction of the *St. John's Church* (1582—1589) originally rectored for the use of the Dominican monastery in the late Gothic; the church was closed during the Reformation. In 1582 it was given to the Latvian parish, which decided to increase the number of seats to 1500. According to P. Kampe's assumptions, Yoris Phraeze from the Netherlands started the building of the extension. This was the first edifice in Riga to use the architecture of order. The church was enlarged by pulling down the old sanctuary, the extension added and split into three aisles with Toscanian columns on high pedestals. The façade was composed of ordered arcades: semicircular arch windows between the pilasters supporting the entablement. The Church of St. John is without towers excluding a small stylized Gothic bell-tower built in 1849 above the pediment of the sanctuary (arch. J. D. Felsko).

D w e l l i n g s were built on narrow plots of land between two streets 5 to 10 metres in width. Buildings were situated with the longest wall towards a parallel street. The street façade had stepped or triangular pediments which quite often were split with shallow bays. Cattle-sheds, stables, coach houses and other structures were located in a yard, through which one could get to both the commercial as well as the so-called back-streets. For instance, the present Peldu Street (former Cūku (Pig) Street) appeared as the back-street of Mārstaļu and Grēcinieku (today I. Sudmaļa) Streets.

Merchants' houses were arranged in such a way that goods could be received easily. For this reason a big antechamber was erected, often occupying more than half of the house and being up to two storeys high. With the increase of trade, special w a r e h o u s e s were built to dispose goods. There were many-storeyed houses with a winch at their pediments used for the elevation of goods.

Most dwellings consisted of a large living-room and a kitchen with one or two chambers. Separate dining-rooms, nurseries and halls appeared in Riga only in the 18 th century. The ground floor was occupied by an enormous hall lit by several large windows. The first floor was habitable and was meant for receiving guests. The most beautiful are *Reutern's house* (builder R. Bindenschu, 1664—1698) and *Dannenstern's house* (1694—1698). The decorative wooden ceilings, doors and staircases decorated with wooden carvings, and tiled ovens, make the interior design of the rooms especially impressive.

Socio-economic changes reached Livonia later than Western Europe. Elements of the late Renaissance or the M a n n e r i s m arrived in Riga as a prologue to the B a r o q u e. P o r t a l s received special attention during the Mannerism age. Unlike in the Gothic, when the entrances were recessed in the wall, the Mannerism portals make a double impression. It looks salient and recessed at the same time, the grandeur of the portal contrasting with the passive plane of the wall. Trim becomes more elaborate. Layers of white stone appear in planes of red brick. Brick arches split with rustic stones are seen above window openings. The stepped pediments of edifices are decorated with currencies, covered with sculptural chasings.

The most outstanding monument of the Mannerism age not only in Riga but in the Baltic countries, as to B. Viper, was the *House of Blackheads,* which was the oldest public building in Riga whose entire first floor consisted of a single large hall. The Dutch masters A. and L. Yansen enriched the edifice in the 17th century by making the division of the pediment and framing of the building in a tonal contrast of brick and limestone with ornamental stone garlands, masks, obelisques, metal chasings and paintings. These were in 1891 replaced by four statues and the coats-of-arms of the Hansa cities.

An outstanding monument of the Baroque era is the *Church of St. Peter.* Originally a stone building erected in the 13th century, its oldest part is preserved in the centre of the church today. J. Rumeschotel, a master from Rostock, added the new

35. Pēterbaznīcas pastorāta un skolas ēka Vaļņu ielā 20, 1910, arhit. H. van de Velde, B. Bīlenšteins, jūgendstils

Здание пастората и школы при церкви св. Петра на ул. Вальню, 20, 1910, арх. Г. ван де Вельде, Б. Биленштейн, модерн

The vicarage and the school of the St. Peter's 20 Vaļņu Street, 1910, arch. H. van de Velde and B. Bielenstein, Art Nouveau

36. Pēterbaznīcas pastorāta un skolas ēkas plāns: 1 — halle, 2 — garderobe, 3 — aula, 4 — ēdamzāle, 5 — istabas, 6 — pagalms

План здания пастората и школы при церкви св. Петра: 1 — холл, 2 — гардероб, 3 — актовый зал, 4 — столовая, 5 — комнаты, 6 — двор.

Plan of the vicarage and the school building of the St. Peter's: 1 — hall, 2 — dressing-room, 3 — assembly hall, 4 — dining-room, 5 — rooms, 6 — yard.

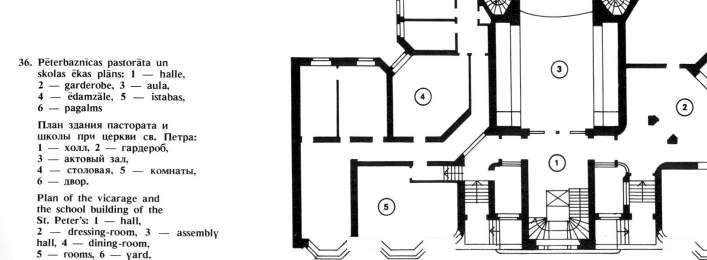

37. Tirdzniecības nams «Jaksch & Co» Svērtuves ielā, 1900. g.,
arhit. K. Felsko, eklektiskais jūgendstils. Iznīcināts.
R. Johansona foto. *VRVM neg. Nr. 119.945*

Торговый дом «Jaksch & Co» на ул. Свертувес, 1900 г.,
арх. К. Фельско, эклектический модерн. Уничтожен.
Фото Р. Иохансона

A trading centre «Jaksch & Co» in Svērtuves Street, 1900,
arch. K. Felsko, the Eclectic Art Nouveau. Destroyed. Photo
by R. Johansons

narrow foreshortenings. The façade is vertically split by pilasters and high windows. A high attic surrounds the whole building above the entablement. A curved pediment completes the façade, softening the transition to the vertical of the tower.

Builders from Riga and foreign architects did no satisfy the Tsarist government, therefore Russian state architects and engineers made state projects in the transitional period from Baroque to Classicism. The first architect of the province, P. J. Bokh, arrived from Petersbourg in 1783, soon followed by M. Schon in 1798. It was decided to unite the castle and the Citadel at this time. The separating fortifications were to be demolished and a new Province Council House built. Several dwellings in this area were levelled, but soon a new idea was born — to reshape the old castle of the Livonian Order for the needs of state institutions. Under the guidance of P. Bokh, the Province Council House was added to the former Castle of Order from the side of the square. A new façade was made and its Gothic interior changed. The other side of Castle Square was developed at the end of the 18th century. The architecture of the Imperial Lyceum, the Church of Virgin and the dwellings was not uniform. It seems that the architects of Riga acquainted themselves with the Classicism while in the process of construction.

The *Town Hall* is the symbol of the independence and selfgovernment of a medieval town. Riga is no exception. Thus, the old Town Hall was rebuilt in the end of the 16th century, its octagonal tower culminated by a Mannerism spire. Nearly two centuries later it was torn down and restored once again in the style of early Classicism. It had an octagonal tower and an arch gallery on the ground floor (arch. J. F. Etinger, 1750—1765). The city architect J. D. Felsko rebuilt the edifice again in 1847 by constructing a second floor and reshaping the tower.

S. Seege von Laurenberg, an engineer colonel of the Riga garrison, made the project for the *Church of Peter and Paul* in the Citadel in 1780. The construction was done under C. Haberland, an architect from Riga and a representative of the so-called Civic Classicism. A Greek cross laid at the base of the church creates a space that can be viewed from all sides. The many-storeyed bell-tower is reminiscent of the churches of Russia — the well-known «octoside on the parallelepiped», on which a cylinder is topped with a spire and a tented brick construction. The classical order does not reveal the structure of the building, though it gives an additional scale to the church and puts it in balance with other buildings of the Citadel. The concert hall AVE SOL was erected in the church in 1987 (project by arch. M. Meņģele).

A completely new type of public building was *Musse House* (German «Muße» meaning a «leisure time»). The building (arch. C. Haberland, 1781—1782) on Richard Wagner Street was erected as a club for the aristocracy; however, the lower

sanctuary in the 15th century. The tower and the façade, built from the second half of the 15th century until the 17 th century, dominates not only the Riga skyline, but also its architecture. The construction of the tower began in 1667 (project by Y. Yosten, a master from Riga) and was finished in 1694 (project by Rupert Bindenschuh). At that time the tower was the highest wooden structure in Europe, its total height being more than 120 metres. The tower was struck by lightning in 1721 and destroyed in the resulting fire. J. H. Wilbern, a master from Riga, restored it in 1764 according to the original plans, making corrections in both the outline and the construction. The tower was again destroyed in 1941 by Nazi artillery and restored in 1970 (projects by arch. P. Saulītis and G. Zirnis). The tower projected by Bindenschuh is not very suitable for the forms and measure of the church, yet its unpretentious, geometrically perfect outline dominates over the far perspective of the town. The main façade of the Church of St. Peter influenced the architectural scene of Town Hall Square.

K. Meinert from Saxony, an architect of the *Reformation Church,* had a difficult task locating an edifice on the corner of the narrow and winding Mārstaļu Street. His compositional perception of the Baroque façade was solved by ungratefully

38. Viadukts Kārļa, tag. 13. janvāra, ielā pie Vaļņu ielas, 20. gs. sākums.
R. Johansona foto. *VRVM neg. Nr. 120.116*

Виадук на ул. Карла, нын. 13 Января, около ул. Вальню,
начало XX в. *Фото Р. Иохансона*

The viaduct in Kārļa, today the 13th January Street near
Vaļņu Street at the beginning of the 20th century. Photo
by R. Johansons

39. Pilsētas nocietinājuma valnis, 16. gs. Kārļa vārtus klasicisma
stilā pārbūvēja 1796. g., 19. gs. otrajā pusē tos nojauca

Городской оборонительный вал, XVI в. Карловские ворота
перестроены в 1796 г. в стиле классицизма, во второй половине
XIX в. были снесены

The fortification rampart in the 16th century. The Kārlis gate
was rebuilt in the style of the Classicism in 1796. It was
pulled down in the second half of the 19th century

storey was occupied by the first Riga theatre containing
900 seats (the contemporary Art Theatre has 1032 seats).

Following the principles of Classicism and endeavours for
rational solutions of Enlightenment, there appeared a demand
for a unanimous, reglamented construction of the town. Fol-
lowing the principles of Classicism, the tsar tried to transform
the visual image of Riga with normative acts and thus confirmed
about 200 e x e m p l a r y f a ç a d e s for introduction into the
town. At this time about 77 buildings in the Old Town were
reconstructed or rebuilt following these patterns (research by
A. Holcmanis and A. Jansons). The façades made following
these examples were far more schematical and monumental
than those constructed following the so-called Civic Classicism
of Riga. The patterns regulated only the exterior of the house,
and the interior was formed according to the financial possibi-
lities of the proprietor. Heated lounges, dining-rooms and
bedrooms appeared. Decorative mouldings, colourful tapestries,
trimmings with pilasters on the walls and white-tiled ovens
enriched the design of the rooms.

The façades of public buildings were freed from decorations
at the end of the Classicism period, called E m p i r e s t y l e in
the first half of the 19th century. The new trend can be seen on
the façades of the Customs Warehouse or *the Arsenal* (projects
by I. Lukini and N. D. Nelinger, architects from Petersburg),
the construction works of the edifice were carried out by the
provincial architect Y. Schpacier. Warehouses make one side of
the Parade Square (today Jacob's Square).

Several enormous buildings appeared in the Old Town in the
middle of the 19th century during the next architectural period
called H i s t o r i c i s m. The proportions of the buildings
were in great contrast with the existing constructions. *The
Stock Exchange* (today a House of Science and Technique) is
an outstanding example of the forms of Italian Renaissance

(arch. H. Bosse, 1852—1855).

Construction nearly stopped in Riga in the middle of this
century. One or two storeyed buildings could be built in the
suburbs (then Elizabetes Street, today Kirov Street), following
fortification regulations. Construction was prohibited near the
fortress on the E s p l a n a d e. Construction of new buildings
in the Old Town was exceedingly expensive because it could be
carried out only when the existing buildings were torn down,
thus leading to large-scale losses of architectural heritage. The
situation was ripe for the abolition of all the limitations of
military regulations, for the destruction of ramparts and for
the building of brick structures outside the Old Town. These
works turned into the construction of a new and unique en-
semble of European scale — the Ring of Boulevards of Riga
at the end of the 19th century.

Buildings of other styles appeared in the Old Town of Riga:
Eclecticism, Art Nouveau, Soviet and even post-modernism
were applied, but they did not affect the character of the former
Old Town already determined by the existing medieval archi-
tecture. Town Hall Square is a sad exception, where the ravages
of war and the construction policies of the post-war period have
done irreparable damage. The ruins of the Blackheads' House
and Town Hall have been razed. The new buildings of *the
Riga Polytechnic* (arch. O. Tīlmanis, 1957, arch. I. Paegle,
1965) and *the Memorial Museum of the Latvian Red Riflemen*
(arch. Dz. Driba, G. Lūsis-Grīnbergs, sculptor V. Albergs, 1971)
create a strongly different visual image of historical Riga.

The regeneration plan for the Old Town created in the sev-
enties (arch. E. Pučiņš, A. Holcmanis, E. Burkovskis) created
a fundamental basis for the cultural development of the town.
The new architecture of Riga is closely linked with a ho-
mogeneous existence and dominance of the Old Town, the
wealth of its form being a basis for new interpretation.

42. Skats uz Vecrīgu

Вид на Старую Ригу

A view on the Old Town of Riga

43. Jēkaba baznīca, 13.—20. gs., romānika, gotika, tornis — barokāls

Церковь св. Иакова, XIII—XX вв., романика, готика, башня — барочная

The Church of St. Jacob, the 13th—20th centuries, the Romanesque, the Gothic, the tower is shaped in the Baroque forms

44. Pilsētas aizsardzības siena un Rāmera tornis, 13.—15. gs., atjaunoti 1987. g.

Стена городских укреплений и башня Рамера, XIII—XV вв., восстановлены в 1987 г.

The fortification wall and the Rāmers' Tower, the 13th—15th centuries, renovated in 1987

45., 47., 48., 49. Baznīcas un
klostera ansamblis Rīgas Doms, tag. arī
koncertzāle un muzejs, 13.—20. gs.,
romānika, gotika. Tornis un apsīda
rekonstruēti barokālās formās

Церковно-монастырский ансамбль
рижской Домской церкви, нын. также
концертный зал и музей,
XIII—XX вв., романика, готика.
Башня и апсида реконструированы
в барочных формах

The complex of buildings Riga Duomo,
today the concert hall and the
museum, the 13th—20th centuries,
the Romanesque and the Gothic

46. Jāņa baznīca, 15.—19. gs., gotika

Церковь св. Иоанна, XV—XIX вв., готика

The Church of St. John, the 15th—19th
centuries, the Gothic

56. Doma muzejs, tag. Rīgas vēstures un
kuģniecības muzejs, 1899. g.,
arhit. K. Neiburgers, neoromānika

Домский музей, нын. Музей
истории города Риги и мореходства,
1899 г., арх. К. Нейбургер,
неороманика

The Duomo Museum, today the
Museum of the History of Riga and
Navigation, 1899, arch. K. Neubürger,
the Neo-Romanesque

57. Dzīvojamā ēka R. Vāgnera ielā 5,
18. gs., klasicisms

Жилое здание на ул. Р. Вагнера, 5,
XVIII в., классицизм

The dwelling house 5 R. Wagner Street,
the 18th century, the Classicism

58., 65. «Trīs brāļi», dzīvojamās, tag.
administratīvās, ēkas M. Pils
ielā 17/19, 21, 15.—20. gs., gotika,
baroks. Rekonstruētas 1955. g.,
arhit. P. Saulītis

«Три брата», жилые (нын.
административные) здания на
ул. М. Пилс, 17/19, 21, XV—XX вв.,
готика, барокко. Реконструированы
в 1955 г., ырх. П. Саулитис

The «Three Brothers», the dwelling,
today office houses 17/19, 21 M. Pils Street,
the 15th—20th centuries, the
Gothic, the Barocco. Reconstructed
in 1955, arch. P. Saulītis

59., 60. Pulvertornis, 1650. g.,
rekonstruēts 19. gs. beigās. 1939. g.
tam pieblokēta Kara, tag. Revolūcijas,
muzeja ēka, arhit. A. Galindoms

Пороховая башня, 1650 г.,
реконструирована в конце XIX в.
В 1939 г. к ней было пристроено
здание Военного музея, нын. музей
революции, арх. А. Галиндом

The Powder Tower, 1650,
reconstructed at the end of the 19th
century. The Museum of War, today
the Revolution Museum, was built
near it in 1939, arch. A. Galindoms

56

67. Bruņinieku (muižniecības) nams, tag.
LPSR Augstākās Padomes ēka,
Komjaunatnes ielā 11, 1867. g., arhit.
R. Pflūgs, J. F. Baumanis, neorenesanse.
Ēka rekonstruēta 1903. g., arhit.
V. Neimanis, 1923. g., arhit. E. Laube,
un 1981. g., arhit. O. Dombrovskis,
interjerists A. Austriņš

Дом рыцарства (дворянства), нын.
здание Верховного Совета ЛССР, на
ул. Комьяунатнес, 11, 1867 г.,
арх. Р. Пфлуг, Я. Ф. Бауманис,
неоренессанс. Здание
реконструировано в 1903 г.,
арх. В. Нейман, 1923 г.,
арх. Э. Лаубе, 1981 г., арх.
О. Домбровскис, интерьерист А. Аустриньш

The House of Knighthood, today
the Supreme Soviet of the Latvian SSR,
11 Komjaunatnes Street, 1867,
arch. R. Pflug and J. F. Baumanis.
The building was reconstructed
in 1903, arch. W. Neumann, in
1923, arch. E. Laube, and in 1981,
arch. O. Dombrovskis, interior
design by A. Austriņš

68. Pēterbaznīca, 13., 15.—18. gs.,
gotika, baroks. Iznīcināta 1941. g.,
atjaunota 1973. g., arhit. P. Saulītis,
G. Zirnis. Priekšplānā — dzīvojamās
ēkas Daugavas ielā, 1958. g.,
arhit. O. Tīlmanis

Церковь св. Петра, XIII, XV—XVIII вв.,
готика, барокко. Уничтожена
в 1941 г., восстановлена в 1973 г.,
арх. П. Саулитис, Г. Зирнис. На
переднем плане — жилые здания
по ул. Даугавас, 1958 г.,
арх. О. Тилманис

The Church of St. Peter, the 13th,
15th—18th centuries. Destroyed in
1941, renovated in 1973, arch.
P. Saulītis and G. Zirnis. In the
foreground: the dwelling houses in
Daugavas Street, 1958, arch. O. Tīlmanis

69. Dzīvojamā un veikalu ēka
Tirgoņu ielā 4, 1900. g., arhit. H. Šēls,
F. Šefels, V. Hāns, jūgendstils

Жилое здание с магазином на
ул. Тиргоню, 4, 1900 г.,
арх. Г. Шеель, Ф. Шеффель, В. Гаан,
модерн

The dwelling house and the shop
4 Tirgoņu Street, 1900, arch. H. Scheel,
F. Schepfel, V. Hahn, the Art Nouveau

70. Bankas, tag. administratīvās, ēkas
norobežo Doma laukumu. No kreisās:
1906. g., arhit. N. Proskurņins,
nacionālais romantisms, 1925. g.,
arhit. P. Mandelštams, eklektisms

Банковские, нын. административные,
здания обрамляют Домскую
площадь. Слева направо: 1906 г.,
арх. Н. Проскурнин, национальный
романтизм, 1925 г.,
арх. П. Мандельштам, эклектизм

Banks, today office buildings,
enclose the Duomo Square. From the
left: 1906, arch. N. Proskurnin,
the National Romanticism, and 1925,
arch. P. Mandelstamm, the Eclecticism

71. Dzīvojamā un veikalu ēka Kalēju ielā 23,
1903. g., arhit. P. Mandelštams,
eklektiskais jūgendstils

Жилое здание с магазином на
ул. Калею, 23, 1903 г.,
арх. П. Мандельштам, эклектический
модерн

The dwelling house and the shop
23 Kalēju Street, 1903, arch.
P. Mandelstamm, the Eclectic Art Nouveau

72. Dzīvojamā ēka Kalēju ielā 45,
1739. g., arhit. atturīga barokāla
fasāde

Жилое здание на ул. Калею, 45,
1739 г., сдержанный барочный
фасад

The dwelling house with reserved Baroque
façade 45 Kalēju Street, 1739

73. Dzīvojamā ēka Kalēju ielā 49,
1901. g., arhit. V. L. N. Bokslafs,
eklektisms

Жилое здание на ул. Калею, 49,
1901 г., арх. В. Л. Н. Бокслафф,
эклектизм

The dwelling house 49 Kalēju Street,
1901, arch. W. L. N. Bockslaff,
the Eclecticism

74. Noliktava Vecpilsētas ielā 10, 17. gs.,
baroks

Амбар на ул. Вецпилсетас, 10,
XVII в., барокко

The warehouse 10 Vecpilsētas Street,
the 17th century, the Baroque

75., 76. Portāls Pils ielā 14, 17. gs.,
baroks (fragments, maska)

Портал на ул. Пилс, 14, XVII в.,
барокко (фрагмент, маска)

The portal 14 Pils Street, the 17th
century, the Baroque (a fragment, a mask)

77. Dzīvojamā ēka, tag. bibliotēka,
Šķūņu ielā 17, 1788. g., arhit. K. Hāberlands,
birģeru klasicisms

Жилое здание, нын. библиотека, на
ул. Шкюню, 17, 1788 г.,
арх. К. Хаберланд, бюргерский
классицизм

The dwelling house, today library
17 Šķūņu Street, 1788, arch. C. Haberland,
the Civic Classicism

78. Banka, tag. Valsts bibliotēka,
Komjaunatnes ielā 6/8, 1909. g.,
arhit. H. Zeiberlihs, eklektiskais
jūgendstils

Банк, нын. Государственная библиотека,
на ул. Комьяунатнес, 6/8, 1909 г.,
арх. Г. Зейберлих, эклектический модерн

The bank, today State Library
6/8 Komjaunatnes Stree , 1909,
arch. H. Zeiberlich, the Eclectic Art
Nouveau

79. Zvejnieku kolhozu savienības
jaunbūve pieslēdzas 18. gs. dzīvojamajai
ēkai Jaunielā 13, 1967. g., arhit.
D. Danneberga

Новостройка союза рыболовецких
колхозов примкнула к жилому
зданию XVIII в. на ул. Яуниела, 13,
1967 г., арх. Д. Даннеберга

The modern office building joins
the 18th century house 13 Jauniela Street.
1967, arch. D. Danneberga

80. Lielā (tirgotāju) ģilde,
tag. Filharmonijas koncertzāle,
Amatu ielā 6, 1857. g., arhit. K. Beine,
H. Šēls, angļu gotikas stilizācija. Ēka
rekonstruēta 1965. g., arhit. M. Ģelzis,
V. Savisko, J. Kārkliņš

Большая (купеческая) гильдия, нын.
Концертный зал филармонии, на
ул. Амату, 6, 1857 г., арх. К. Бейне,
Г. Шеель, стилизация под английскую
готику. Здание реконструировано
в 1965 г., арх. М. Гелзис,
В. Ависко, Я. Карклиньш

The Big (merchants') Guild, today
the concert hall of the State Philharmonics
6 Amatu Street, 1857, arch. K. Beine,
H. Scheel, the stylization of English
Gothic. The building was reconstructed
in 1965, arch. M. Ģelzis, V. Savisko,
J.Kārkliņš

81. Pils laukums: piemineklis P. Stučkam,
1963. g., tēln. E. Melderis, arhit.
G. Melderis, aiz tā redzama viesnīca
«Pēterburga», tag. administratīva ēka,
18. gs., klasicisms

Площадь Пилс: памятник П. Стучке,
1963 г., скульп. Э. Мелдерис, арх.
Г. Мелдерис, за ним — гостиница
«Петербург», нын. административное
здание, XVIII в., классицизм

Castle Square: the statue of P. Stučka,
1963, sculptor E. Melderis,
arch. G. Melderis; the hotel «Petersburg»,
today an office building, is seen
behind it

82. Dzīvojamā un veikalu ēka Aldaru
un Smilšu ielas stūrī, 1902. g.,
arhit. H. Šēls, F. Šefels, jūgendstils

Жилое здание с магазином на углу
ул. Алдару и Смилшу, 1902 г.,
арх. Г. Шеель, Ф. Шеффель, модерн

The dwelling house and a shop on
the corner of Aldaru and Smilšu Streets,
1902, arch. H. Scheel and F. Schepfel,
the Art Nouveau

83. Dzīvojamā un veikalu ēka Jaunielā 25/29,
1903. g., arhit. V. L. N. Bokslafs,
jūgendstils

Жилое здание с магазином на
ул. Яуниела, 25/29, 1903 г.,
арх. В. Л. Н. Бокслафф, модерн

The dwelling house and a shop
25/29 Jauniela Street, 1903, arch.
W. L. N. Bockslaff, the Art Nouveau

84. Dzīvojamā un veikalu ēka,
tag. administratīva ēka, Audēju ielā 7/9,
1899. g., arhit. A. Ašenkampfs,
jūgendstils

Жилое здание с магазином, нын.
административное здание, на
ул. Аудею, 7/9, 1899 г., арх. А. Ашенкампф,
модерн

The dwelling house and a shop, today
an office building 7/9 Audēju Street,
1899, arch. A. Aschenkampf, the Art
Nouveau

85. Banka Smilšu ielā 3, 1910., arhit.
A. Medlingers, H. Zeiberlihs,
jūgendstils

Банк на ул. Смилшу, 3, 1910 г.,
арх. А. Медлингер, Г. Зейберлих,
модерн

The bank 3 Smilšu Street, 1910,
arch. A. Moedlinger and H. Zeiberlich,
the Art Nouveau

86. Dzīvojamā un veikalu ēka I. Sudmaļa
ielā 8, 1911. g., arhit. P. Mandelštams,
jūgendstils

Жилое здание с магазином на
ул. И. Судмалиса, 8, 1911 г.,
арх. П. Мандельштам, модерн

The dwelling house and a shop
8 I. Sudmaļa Street, 1911, arch.
P. Mandelstamm, the Art Nouveau

87. Kinoteātris «Aina» un biroju ēka
Vaļņu ielā 19, 1933. g., arhit. A. Karrs,
K. Betge, racionālisms

Кинотеатр «Айна» и конторское здание
на ул. Вальню, 19, 1933 г.,
арх. А. Карр, К.Бетге, рационализм

The cinema AINA and the office
building 19 Vaļņu Street, 1933,
arch. A. Karrs and K. Betge,
the Rationalism

88. Banka Ļeņina ielā 15, 1913. g.,
arhit. J. Alksnis, jūgendstils

Банк на ул. Ленина, 15, 1913 г.,
арх. Я. Алкснис, модерн

The bank 15 Lenin Street, 1913,
arch. J. Alksnis, the Art Nouveau

89. Dzīvojamā un veikalu ēka, t. s. «Kaķu
nams», tag. administratīva ēka,
Meistaru ielā 10, 1909. g., arhit.
F. Šefels, eklektisms

Жилое здание с магазинами, т. н.
Кошачий дом, нын. административное
здание, на ул. Мейстару, 10,
1909 г., арх. Ф. Шеффель, эклектизм

The dwelling house and the shop,
today the office building 10 Meistaru
Street, 1909, arch. F. Schephel,
the Eclecticism

90. Rīgas 3. vidusskola I. Sudmaļa ielā 10,
1967. g., arhit. K. Plūksne, V. Fjodorovs

Рижская 3-я средняя школа на
ул. И. Судмалиса, 10, 1967 г.,
арх. К. Плуксне, В. Федоров

Riga Secondary School No. 3, 10 I. Sudmaļa
Street, 1967, arch. K. Plūksne
and V. Fyodorov

91. Mākslinieku nams Komjaunatnes
krastmalā 35, 1960. g., arhit. K. Plūksne

Дом художников на Комсомольской
набережной, 35, 1960 г., арх. К. Плуксне

The Artists' House 35 Komjaunatnes
Embankment, 1960, arch. K. Plūksne

92. Lielās (tirgotāju) ģildes, tag.
Filharmonijas koncertzāles, interjers

Интерьер Большой (купеческой) гильдии,
нын. концертного зала филармонии

The interior of the Big (merchants')
Guild, now the State Philharmonics

93. Viesnīca «Rīga» Padomju bulvārī 22,
1954. g., arhit. A. Miezis, S. Antonovs,
J. Arhipovs, interjers — arhit.
A. Aivars, A. Krastiņš, retrospektīvisms.
Ēka rekonstruēta 1987. g., arhit. J. Pētersons

Гостиница «Рига» на бульв. Падомью, 22,
1954 г., арх. А. Миезис, С. Антонов,
Е. Архипов, интерьер — арх. А. Айварс,
А. Крастиньш, ретроспективизм.
Здание реконструировано в 1987 г.,
арх. Я. Петерсонс

Hotel RĪGA 22 Padomju Boulevard,
1954, arch. A. Miezis, S. Antonov,
Y. Arkhipov, interior design by arch.
A. Aivars and A. Krastiņš, the
Fifties' Style. Reconstructed in 1987
by J. Pētersons

94. Rīgas centrālais universālveikals
Vaļņu ielā 16, 1940. g., arhit. A. Galindoms,
retrospektīvisms

Рижский центральный универмаг на
ул. Вальню, 16, 1940 г., арх. А. Галиндом,
ретроспективизм

Central Department Store of Riga
16 Vaļņu Street, 1940, arch. A. Galindoms,
the Retrospective style

95. Portāls Vaļņu ielā 45/47, 17. gs., baroks

Портал на ул. Вальню, 45/47, XVII в.,
барокко

The portal 45/47 Vaļņu Street, the
17th century, the Baroque

96. Ministrijas ēka Smilšu ielā 1,
1938. g., arhit. A. Klinklāvs,
retrospektīvisms

Здание министерства на ул. Смилшу, 1,
1938 г., арх. А. Клинклав,
ретроспективизм

The House of Ministries 1 Smilšu Street,
1938, arch. A. Klinklāvs, the Retrospective
style

93

95

96

97. Latviešu sarkano strēlnieku memoriāls,
1971. g., arhit. Dz. Driba,
G. Lūsis-Grīnbergs, tēln. V. Albergs

Мемориал латышских красных
стрелков, 1971 г., арх. Д. Дриба,
Г. Лусис-Гринбергс, скульп. В. Албергс

The Memorial to the Latvian Red
Riflemen, 1971, arch. Dz. Driba,
G. Lūsis-Grīnbergs, sculptor V. Albergs

98. Pēterbaznīcas tornis, priekšplānā —
jaunceltne Daugavas un Peldu ielas stūrī

Башня церкви св. Петра, на переднем
плане — новостройка на углу улиц
Даугавас и Пелду

The tower of St. Peter's; in the front:
the newly erected building on the
corner of Daugavas and Peldu Streets

99. Rīgas Doms, 13.—20. gs., gotika,
baroks

Домская церковь, XIII—XX вв.,
барокко

The Riga Duomo, the 13th—20th centuries,
the Baroque

100. Portāls R. Vāgnera ielā 13, rokoko

Портал на ул. Р. Вагнера, 13, рококо

The portal in 13 R. Wagner Street,
the Rococo

101. Pēterbaznīca dominē Vecrīgas ainavā

Церковь св. Петра — доминанта Старой Риги

The Church of St. Peter dominates the skyline of the Old Town of Riga

102. Rīgas Politehniskais institūts Ļeņina ielā 1, 1958. g., arhit. O. Tīlmanis, retrospektīvisms; tālākā plānā — laboratoriju korpuss, 1968. g., arhit. I. Paegle

Рижский политехнический институт на ул. Ленина, 1, 1958 г., арх. О. Тилманис, ретроспективизм; на заднем плане — лабораторный корпус, 1968 г., арх. И. Паэгле

The Riga Polytechnic 1 Lenin Street, 1958, arch. O. Tīlmanis; left: the laboratory building, 1968, arch. I. Paegle

103., 104. Kolhozu celtniecības administratīvā ēka Daugavas un Peldu ielu stūrī, 1984. g., arhit. J. Skalbergs, A. Zavadskis, P. Birulis, postmodernisms

Административное здание Латвколхозстроя на углу улиц Даугавас и Пелду, 1984 г., арх. Ю. Скалбергс, А. Завадскис, П. Бирулис, постмодернизм

The office building on the corner of Daugavas and Peldu Streets, 1984, arch. J. Skalbergs, A. Zavadskis and P. Birulis, the Post-modernism

102

103

104

BULVĀRU LOKS

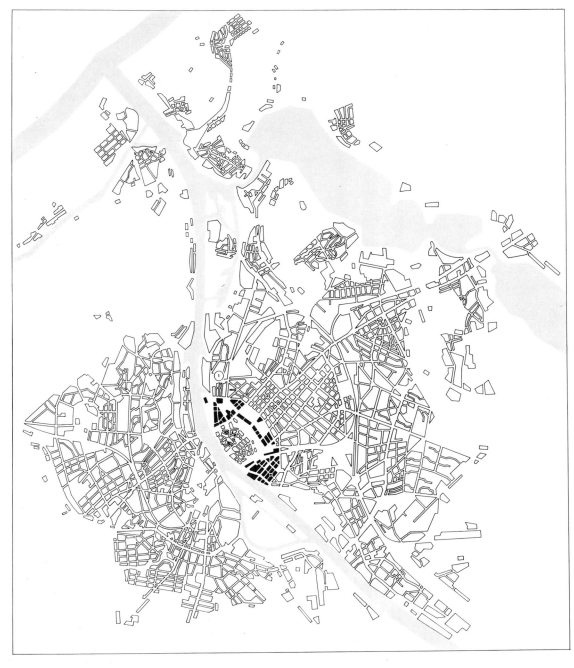

Vecrīgas visvairāk saudzējamā vērtība ir noslēgtība. Tās uztverei nepieciešama telpiska distance, pauze, kuru pilnā mērā ļauj ieturēt bulvāru pusloks jeb, ņemot vērā Daugavmalas, tag. Komjaunatnes krastmalas, apstādījumus, B u l v ā r u   l o k s.

Bulvāru loku izveidoja pēc pilsētas arhitekta J. D. Felsko un inženiera arhitekta O. Dīces projekta, nojaucot Rīgas nocietinājuma vaļņus (1857.—1863. g.). Paredzēto darbu izmaksas bija ļoti augstas, tādēļ projekts guberņas arhitekta J. Hāgena vadībā tika pārstrādāts. Saglabātas tika sākotnējās idejas, kā arī izdevās izvairīties no apbūves sablīvēšanas, aizņemot visus brīvos laukumus. Arhitekti telpiski un funkcionāli daudzveidīgās sabiedriskās ēkas, gan brīvstāvošas, gan apvienotas nelielos kvartālos, izvietoja ap Bulvāru loka kompozīcijas asi — aizsargvaļņu grāvju vietā izveidoto p i l s ē t a s   k a n ā l u.

Dienvidaustrumos no Vecrīgas bija paredzēts noliktavu komplekss tagadējās autoostas teritorijā un upju osta aizsardzības grāvja vietā. Ūdens baseins dotu Vecrīgai gleznniecisku priekšplānu. Tomēr 1872. gadā, veidojot dzelzceļa uzbērumu, kurš atkārtoja kādreizējo aizsargvaļņu ainavu, Felsko idejas tika pārskatītas, lai gan arhitekts ierosināja dzelzceļu būvēt uz e s t a k ā d e s. Visas Daugavmalas garumā, toreizējā tirgus vietā, bija paredzēta p a s ā ž a (segta tirdzniecības iela), kura netika realizēta.

Citadeles vaļņus nojauca 1871. gadā pēc pilsētas mērnieka R. Štegmaņa projekta. Pēc daudzu gadsimtu ilgās autonomās attīstības pilsētu un tās priekšpilsētas apvienoja Bulvāru loks. Zaļumu lokā sāka būvēt sabiedriskās ēkas, bet kādreizējā Ārrīgā — dzīvojamos namus.

106. Bulvāru loka izbūves (Rīgas centra rekonstrukcijas) shēma, 1856. g., arhit. J. D. Felsko, O. Dīce

Схема застройки Бульварного кольца (реконструкции центра Риги), 1856 г., арх. И. Д. Фельско, О. Дитце

The construction scheme of the Ring of Boulevards, 1856, arch. J. D. Felsko and O. Deatze

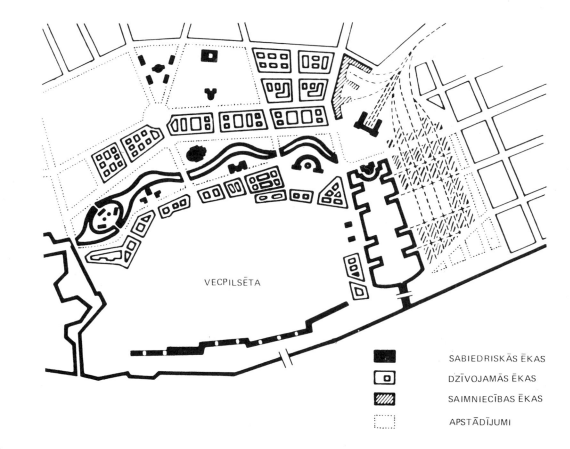

VECPILSĒTA

■ SABIEDRISKĀS ĒKAS

▫ DZĪVOJAMĀS ĒKAS

▨ SAIMNIECĪBAS ĒKAS

⬚ APSTĀDĪJUMI

107. Vecrīga izveidojās 12.—14. gs., Bulvāru loks — 19. gs. Pilsētas plāna fragmentā redzams masīvās viduslaiku apbūves un parku brīvās telpas kontrasts

Старая Рига формировалась в XII—XIV вв., Бульварное кольцо — в XIX в. На фрагменте плана города ощутим контраст между массивной средневековой застройкой и свободным пространством парков

The Old Town of Riga and the Ring of Boulevards, the 12th—14th centuries and the 19th century respectively. The fragment of the plan shows the proportions of the mass and space

Identisku uzdevumu šajā laikā atrisināja Vīne, arī tur nocietinājumu vietā tika radīts bulvāru loks ar kompozīcijas asi — Ringštrāsi, arī tur dominē sabiedriskās ēkas, bet tomēr ir divi faktori, kuri apstiprina Rīgas oriģinalitāti, pirmkārt, Bulvāru loka izveidē Rīga hronoloģiski apsteidza Vīni, otrkārt, unikāls ir galvenais kompozīcijas akcents — pilsētas kanāls.

Aizsardzības vaļņu nojaukšanā un apstādījumu izveidošanā piedalījās arī 1813. gadā nodibinātā Rīgas priekšpilsētu apstādījumu komiteja. Rīgas pilsēta 1879. gadā izveidoja Dārzu pārvaldi un pieņēma darbā dārzu direktoru G. Kūfaltu, kurš rekonstruēja Lībekas dārznieka A. Vendta iekārtotos apstādījumus un pēc saviem projektiem līdz 1914. gadam ierīkoja gandrīz visus Rīgas apstādījumus. Nākamais Rīgas dārzu direktors (no 1914. līdz 1944. gadam) A. Zeidaks modernizēja no Viduseiropas pārņemto dabisko ainavu dārzu, izcērtot liekās alejas vecajos parkos, piemēram, Vērmanes, tag. Kirova, parkā, padarot tos saulainus. Viņa paņēmiens dēstīt puķes lielos, viengabalainos masīvos Rietumeiropas pilsētās parādījās vēlākā laikā. Pēckara periodā liela nozīme Rīgas apstādījumu kopšanā ir A. Zeidaka skolniekam K. Baronam.

Pirmais publiskais dārzs dibināts jau 1721. gadā Pētersalā, nelielā, bet vēsturiskā Rīgas dzīvojamā rajonā. Tolaik Ķeizardārzu (vēlāk Viesturdārzs, tag. *Dziesmusvētku parks*) veidoja pēc franču dārzu parauga. To ieslēdza kanāls ar šķērskanālu. Dārzā bijusi uzbūvēta vasaras atpūtas pils apmēram tag. V. Lāča ielas rajonā.

Arhitektūrā šajā laikā dominē e k l e k t i s m s (gr. eklektikos — tāds, kas izvēlas), stils, kura mākslniecisko principu pamatā — visu iepriekšējo laikmetu arhitektūras stilu formu izmantošana gan jauktā, gan «tīrā» veidā (historisms jeb neo-

stilu laikmets). Pagātnes formu lietojums ir jēdzieniski pamatots, jo kalpo kā noteiktu vērtību simbols. Novērtējot vēsturiskās arhitektūras formu valodas emocionālo un informatīvo ietekmi, arhitekti izvēlējās stilu, kurš visvairāk atbilda priekšstatam par konkrētās ēkas saturu. Ēka, stilizēta kāda noteikta vēsturiskā stila formās, iegūst attiecīgu apzīmējumu. Neoromāniska ir *Rīgas Politehnikuma,* tag. LVU, ēka Raiņa bulvārī (1885. g., arhit. G. Hilbigs). 1935. gadā arhitekts E. Štālbergs ēkas iekšpagalmā izbūvē aulu ar palīgtelpām neoklasicisma formās. Noslēgta un cieņas pilna ir 1876. gadā R. Pflūga projektētā *Pareizticīgo katedrāle,* tag. Zinību nams, neobizantijas stilā. Spilgta un dekoratīvi izteiksmīga ir neogotiskā *Biržas*

komercskolas, tag. LMA, ēka (1902. g., arh. V. Bokslafs). Bulvāru loka neogotika ir būtisks papildinājums Rīgas celtniecības kultūrai, jo tā reprezentē «tīro» gotiku pat vairāk nekā viduslaiku celtnes Vecrīgā, kuras «cietušas» no dažādām pārbūvēm. Formās atturīgs un monumentāls ir neoklasiskais *Pilsētas teātris,* tag. Nacionālā opera (1863. g., arhit. L. Bonštets, H. Šēls, rekonstrukcija pēc ugunsgrēka 1885. g., R. Šmēlings).

Mākslinieciskās orientācijas vēriena ziņā — uz visas pasaules arhitektūras mantojumu — un pēc arhitektūras sociālās misijas apziņas — ieviest jaunus būvju tipus — eklektismu pieskaita jaunā laika arhitektūrai (J. Kiričenko darbi). Ar 20. gad-

110. Vērmaņdārza minerālūdens iestāde, 1866. g., Bulvāru loks vēl nav apbūvēts, un attēla kreisajā malā redzama Vecrīga. *VRVM Nr. 32392 XXXII—2*

Павильон минеральных вод в Верманском саду, 1866 г., Бульварное кольцо еще не застроено, и в левом углу снимка видна Старая Рига

A shop of mineral water in Wöhrmann's Garden, 1866. The Ring of Boulevards is not yet covered with buildings. The Old Town of Riga is seen in the left side of the picture

simta arhitektūru to vieno arī principiālā orientācija uz masu mākslniecisko gaumi. Atzīstot visu laiku un tautu arhitektūras mantojuma vienlīdzību, eklektisms atšķirībā no elitārā klasicisma neprasa obligātu stila vienotību tā tradicionālajā izpratnē: nobeigtībā, harmonijā, galvenā un otršķirīgā attiecībās. Eklektisma poētika pieļauj disonanses, kontrastus, gleznieciskumu, daudzveidību, kas atbilst jaunajam priekšstatam par skaistā kategoriju, kā arī orientācijai uz ērtībām un reālajām vajadzībām. Eklektiskās apbūves savdabīgā, «neitralizējošā» loma, spēja sasaistīt dažādu laikmetu celtnes labi redzama Vecrīgā. Rātslaukumā 1889. gadā pēc K. Felsko projekta blakus ievērojamam viduslaiku celtniecības piemineklim Melngalvju namam esošā dzīvojamā ēka, t.s. Švābes nams, tika pārbūvēta tā, lai tās zelminis atkārtotu galvenās Melngalvju nama līnijas. Forma «dubultojoties» ieguva vēl spēcīgāku raksturu. Pēc II pasaules kara arhit. O. Tīlmaņa projektētās dzīvojamās ēkās Daugavas ielā, baroka stilizācijā, ir līdzīga rakstura meklējumi.

Bulvāru loka īres namos visizplatītākais ir lielā ordera variants. Fasādēs dominē vienmērīgs logaiļu perforējums neatkarīgi no iekštelpu lieluma un izvietojuma. Noformējumam tiek izmantotas arhitektoniskas detaļas virs logu un durvju ailēm — s a n d r i k i, kā arī sienu horizontāli sadalošas dzegu joslas. Plakni visā fasādes laukumā vienmērīgi klāj arhitektonisks dekors: r u s t i, m a s k a r o n i, k a r t u š a s. Ēkas bieži vien atšķiras tikai niansēs, kompozicionāli līdzinoties viena otrai. Pastāv arī puscirkuļa stils (Rundbogenstil), kurš atveido romānikas raksturīgās arku formas. Attīstoties ēku plastiskajai piesātinātībai, intensīvāka kļūst kopaina. Ēku sienu apdarei lietotās detaļas kļūst neatkarīgas, optiski saplūst un veido īpašu formu kopumu, kas piešķir ielas telpai interjera raksturu. Bulvāru loka dzīvojamās ēkas galvenokārt celtas pēc pirmā profesionāli izglītotā latviešu arhitekta J. F. Baumaņa projektiem.

Trīsdesmitajos gados nozīmīgākā celtne Bulvāru lokā ir *Tiesu pils* (1936. g., arh. F. Skujiņš), tag. LPSR Ministru Padomes ēka. Tās daļa pret P. Stučkas ielu celta pēc kara arhit. V. Šņitņikova vadībā.

Pēckara gados, kad Rīgas arhitektūra attīstās padomju r e t r o s p e k t ī v i s m a garā, pazīstamākā ir *ZA augstceltne* (1955. g., arh. O. Tīlmanis, V. Apsītis, K. Plūksne), pēc Maskavas parauga projektēta ēka, tomēr daudz apvaldītāka savā dekorā.

Pēdējos gados Bulvāru loks papildinājies ar vairākām Rīgas arhitektūrā nozīmīgām celtnēm: *viesnīcu «Rīdzene»* (1984. g., arh. Z. Kalinka, J. Gertmanis, V. Kadirkovs), *LKP CK Politiskās izglītības namu* (1982. g., arh. J. Gertmanis, V. Kadirkovs) un *LKP CK ēku* kanālmalas apstādījumu joslā, iekļaujoties centra sabiedrisko ēku struktūrā (1974. g., arh. J. Vilciņš, A. Ūdris, G. Asaris).

Бульварное кольцо формировалось по проекту городского архитектора И. Д. Фельско и инженера-архитектора О. Дитце, предусматривавшему срытие рижских оборонительных валов (1857—1863). Стоимость работ оказалась чрезвычайно высокой, поэтому под руководством губернского архитектора Ю. Гагена проект переработали, но первоначальную концепцию сохранили. Удалось избежать чрезмерно плотной застройки, хотя все свободные площади были заняты. Разнообразные по объему и назначению общественные здания, стоящие особняком или объединенные в небольшие кварталы, размещались вокруг композиционной оси Бульварного кольца — г о р о д с к о г о к а н а л а, созданного на месте оборонительного рва.

К юго-востоку от Старой Риги намечалось разместить складской комплекс (на месте современного автовокзала) и речной вокзал (на месте защитного рва). Водный бассейн послужил бы Старому городу живописным передним планом. Все же в 1872 году при сооружении железнодорожной насыпи, повторяющей некогда существовавшую картину оборонительных валов, идеи И. Д. Фельско были пересмотрены, хотя архитектор и предлагал разместить рельсовые пути на э с т а к а д е. На месте тогдашнего рынка во всю длину берега Даугавы предусматривалось возвести п а с-

Рига. Александровскій бульв.
Riga. Alexanderboulevard.

111. Aleksandra bulvāris, tag.
Ļeņina iela, 19. gs. beigas.
RVKM Nr. 104.546

Александровский бульвар, нын.
ул. Ленина, конец XIX в.

Alexander Boulevard, today Lenin
Street, the end of the
19th century

саж (крытую торговую улицу), но предложение осталось нереализованным.

Валы цитадели срыли в 1871 году по проекту городского землемера Р. Штегмана. Окончился многовековой период автономного развития: Бульварное кольцо объединило город и его предместья. В зоне зеленых насаждений начали возводить общественные здания, а за пределами бывших границ Риги — жилые дома.

Идентичная задача решалась в то время и в Вене, и там на месте оборонительных сооружений закладывалось Бульварное кольцо с композиционной осью — Рингштрассе, и там преобладали общественные здания, но все же налицо два фактора, подтверждающие оригинальность Риги: во-первых, в создании Бульварного кольца Рига хронологически обогнала Вену, во-вторых, уникален и главный акцент композиции — городской канал.

В срытии оборонительных валов и озеленении принимал участие учрежденный в 1813 году комитет по озеленению рижских предместий. В 1879 году в Риге было создано Управление садов; директором рижских садов и парков стал Г. Куфальдт, который реконструировал зону зеленых насаждений, сформированную любекским садовым инженером А. Вендтом, и до 1914 года являлся автором планировки почти всех зеленых насаждений в Риге. Следующий директор рижских садов и парков (1914—1944) А. Зейдакс модернизировал принятую в Центральной Европе систему природного пейзажного парка: проложил извилистые аллеи в старых парках, например в Верманском (ныне — парк имени Кирова), в результате чего они стали более солнечными. Прием А. Зейдакса — сажать цветы большими монолитными массивами — значительно позже получил распространение и в городах Западной Европы. В послевоенный период большую роль в формировании зон зеленых насаждений и уходе за ними сыграл К. Баронс — ученик А. Зейдакса.

Первый п у б л и ч н ы й с а д — Петергольмский — заложен в 1721 году в небольшом, но исторически значимом

112. Rīgas Latviešu biedrības ēka Merķeļa ielā 13, 1868. g.,
arhit. J. F. Baumanis, eklektisms. Iznīcināta. *VRVM neg. Nr. 89.410*

Здание Рижского латышского общества на ул. Меркеля, 13,
1868 г., арх. Я. Ф. Бауманис, эклектизм. Уничтожено

The building of the Latvian Society in Riga 13 Merķeļa Street,
1868, arch. J. F. Baumanis, the Eclecticism. Destroyed

113. Elizabetes, tag. Kirova, iela
19. gs. beigās. *Pastkarte no
O. Cinka kolekcijas*

Елисаветинская ул., нын.
Кирова, в конце XIX в.
*Почтовая открытка из коллекции
О. Цинка*

Elizabetes, today Kirov Street,
the end of the 19th century.
*A postcard from the collection
of O. Cinks*

114. Paviljons mazajā Vērmandārzā,
1894. g., arhit. K. Felsko,
rekonstruēts 1906. g.,
arhit. A. Šmēlings, eklektisms.
Iznīcināts. *VRVM neg. Nr. 124.894*

Павильон в малом Верманском
саду, 1894 г., арх. К. Фельско,
реконструирован в 1906 г.,
арх. А. Шмелинг, эклектизм.
Уничтожен

The pavilion in the small Wöhrmann's
Garden, 1894, arch. K. Felsko,
reconstructed in 1906, arch.
R. Schmaeling, the Eclecticism.
Destroyed

районе Риги. В то время Государев сад (позднее — сад Виестура, ныне — парк Праздника песни) создавали по образцу французских садов, в которых обязательным элементом было пересечение канала поперечным каналом. В саду построили летний замок для отдыха (примерно в районе совр. ул. В. Лациса).

В архитектуре в то время господствовал эклектизм (греч. *eklektikós* — избранный), стиль, в основе художественного принципа которого — использование архитектурных стилевых форм предыдущих эпох как в смешанном, так и в чистом виде (историзм, или эпоха неостиля). Применение форм прошлого логически обосновано, так как они являются символом определенных ценностей. Изучив эмоциональное и информативное воздействие языка исторических архитектурных форм, зодчие выбирали стиль, который в большей степени отвечает представлению о содержании конкретного здания. Здание, выполненное в формах какого-либо определенного исторического стиля, получает соответствующее обозначение. Здание *Рижского политехникума* (1866, арх. Г. Гильбиг), совр. ЛГУ на бульв. Райниса, возведено в неороманском стиле. В 1935 году архитектор Э. Шталбергс во внутреннем дворе построил актовый зал (аулу) со вспомогательными помещениями в неоклассических формах. Здание, спроектированное в 1876 году в русско-византийском стиле Р. Пфлугом, — *православный кафедральный собор* отличается законченностью облика и вызывает почтение. Характерная особенность возведенного в стиле неоготики *биржевого коммерческого училища* (ныне — здание Академии художеств; 1902, арх. В. Бокслафф) — яркость и живописная декоративность. Неоготика Бульварного кольца является существенным дополнением к культуре зодчества Риги, поскольку представляет собой «чистую» готику даже в большей мере, чем средневековые зда-

ния в Старой Риге, пострадавшие в ходе различных
перестроек. Творцы *городского театра* (совр. Национальная
опера; 1863, арх. Л. Бонштедт, Г. Шеель; реконструкция
осуществлена после пожара 1885 г. Р. Шмелингом), вдох-
новленные идеями неоклассицизма, создали сдержанное
по форме монументальное здание.

По размаху художественной направленности (внед-
рение новых типов застройки на основе наследия мирового
зодчества и с ясным пониманием его социальной миссии)
эклектизм причисляют к архитектуре нового времени
(работы Ю. Кириченко). С архитектурой XX века этот
стиль роднит и принципиальная ориентация на массовый
художественный вкус. Признавая равноправие архитек-
турного наследия всех времен и народов, эклектизм в от-
личие от элитарного классицизма не требует обязатель-
ного стилевого единства в его традиционном понимании:
в завершенности, гармонии, соотношении главного и вто-
ростепенного. Поэтика эклектизма допускает диссонансы,
контрасты, картинность, многообразие, отвечающие новому
пониманию категории прекрасного, а также ориентируется
на удобства и реальные нужды. Своеобразная «нейтрали-
зующая» роль эклектической застройки, способность
объединять в целое строения различных эпох хорошо прос-
леживаются в Старой Риге. На Ратушной площади в 1889 го-
ду по проекту К. Фельско рядом с замечательным памятни-
ком средневекового зодчества — домом Черноголовых
был перестроен т.н. дом Шваба: щипец этого здания повто-
рял после перестройки главные линии дома Черноголо-
вых. Отражением подобных устремлений явились жилые
дома (стилизация барокко), спроектированные архитек-
тором О. Тилманисом на ул. Даугавас на месте построек,
разрушенных в годы второй мировой войны.

В доходных домах на Бульварном кольце наиболее рас-

117. Pareizticīgo kapela Stacijas laukumā, 19. gs., neobizantijas stils. Iznīcināta. *VRVM neg. Nr. 91.139/38*

Православная часовня на Привокзальной площади, XIX в., неовизантийский стиль. Уничтожена

The Orthodox Church in the Railway Station Square, the 19th century, the Neo-Byzantine Style. Destroyed

пространен вариант большого ордера. На фасадах господствует равномерная перфорация оконных проемов, независимо от размеров и размещения внутренних помещений. Для оформления используются архитектонические детали над оконными и дверными проемами — с а н д р и к и, а также горизонтально членящие стену полосы карнизов. Плоскость всего фасада равномерно покрывает архитектонический декор: р у с т ы, м а с к а р о н ы, к а р т у ш и. Здания зачастую отличаются лишь в нюансах, композиционно оставаясь похожими друг на друга. Присутствует также полуциркульный стиль *(Rundbogenstil)*, который вызывает к жизни характерные для романики формы арок. С развитием пластической насыщенности зданий интенсифицируется общая картина. Используемые для отделки стен

детали становятся независимыми, оптически сливаются и создают особую общность форм, которая придает уличному пространству характер интерьера. Жилые здания на Бульварном кольце строились главным образом по проектам первого латышского архитектора с академическим образованием Я. Ф. Бауманиса.

Самым значительным строением 30-х годов на Бульварном кольце явился *Дворец правосудия* (1936, арх. Ф. Скуиньш), совр. здание Совета Министров ЛССР. Часть здания, обращенная к ул. П. Стучки, построена после войны под руководством архитектора В. Шнитникова.

Среди построек послевоенных лет, когда архитектура Риги развивалась в духе советского р е т р о с п е к т и в и з- м а, выделяется *высотное здание Академии наук* (1955, арх. О. Тилманис, В. Апситис, К. Плуксне), спроектированное по московскому образцу, но более сдержанное по декору.

В последние годы Бульварное кольцо дополнено несколькими примечательными строениями: *гостиницей «Ридзене»* (1984, арх. З. Калынка, Ю. Гертманис, В. Кадырков), *Домом политпросвещения ЦК КПЛ* (1982, арх. Ю. Гертманис, В. Кадырков) и *зданием ЦК КПЛ* в зоне зеленых насаждений у канала, органически вписавшимся в структуру общественных зданий центра (1974, арх. Я. Вилциньш, А. Удрис, Г. Асарис, А. Станиславскис).

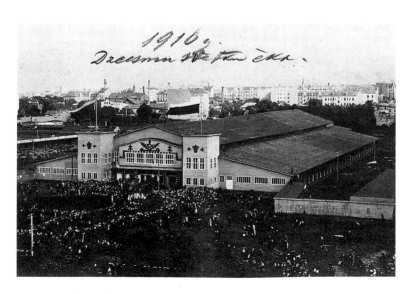

118. V Vispārējo dziesmusvētku estrāde tag. «Dinamo» stadiona rajonā, 1910. g., arhit. E. Pole, eklektisms. *RVKM neg. Nr. 39.036*

Эстрада V Всеобщего певческого праздника в районе нын. стадиона «Динамо», 1910 г., арх. Э. Поле, эклектизм

The stage of the 5th Song Festival in the place where the stadium «Dinamo» is located now, 1910, arch. E. Pole, the Eclecticism

THE RING OF BOULEVARDS

The Ring of Boulevards was created according to the project
of J. D. Felsko and O. Deatze, following the destruction of the
ramparts of Riga in 1857—1863. Due to high expenses, the
plan was modified by architect J. Hagen. The initial ideas were
preserved, and the author of the project managed to avoid over-
crowding the area, at the same time occupying all the vacant
territories. Architects located spaciously and functionally
many-sided social edifices standing separately and united them in
blocks along the compositional axis of the Ring of Boulevards —
the City Canal.

It was prearranged to build a set of warehouses in the
south-eastern part of the Old Town of Riga, where the
present bus terminal is located. A water basin would give the
Old Town of Riga a picturesque foreground. The ideas of
Felsko were reconsidered in 1872 when the railway em-
bankment was erected repeating the former rampart, as
though the architect had proposed to build the railway on an
elevation. It was envisaged to build a passage all along the
Daugava. The idea of a roofed trading centre was not realized.

The ramparts of the Citadel were torn down in 1871 according
to the plan of the city land surveyor R. Stagmanis. After a
centuries long period of autonomous development, a ring of
boulevards united Riga and its suburbs. Public edifices were
built in the green belt, and dwellings in the former outskirts
of the town.

An identical problem was solved at this time in Vienna,
where a ring of boulevards was erected instead of the fortifi-
cations with the axis along Ringstrasse. The public buildings
were dominant there, too, but there are two factors which
confirm the originality of Riga. Riga not only preceeded Vienna
in the construction of the Ring of Boulevards, but also utilized
the canal as a unique main accent.

The Council of Suburban Parks of Riga, established in
1813, took an active part in the destruction of the ramparts and
the creation of parks. The City Council of Riga established the
Board of Parks in 1879 and employed park director G. Kuphaldt
to reconstruct the parks A. Vendt, a gardener from Lübeck, had
created. He also designed the projects and supervised the
arrangement of parks in Riga until 1914. A. Zeidaks was the

121. Skvērs Daugavmalā, tag.
Komjaunatnes krastmalā,
1933. g., dārzu arhit. A. Zeidaks.
Pastkarte no O. Cinka kolekcijas

Сквер на берегу Даугавы,
нын. Комсомольская
набережная, 1933 г., пейзажный
арх. А. Зейдакс. *Почтовая
открытка из коллекции
О. Цинка*

The square on the bank of
the Daugava River, today
Komjaunatnes Embankment, 1933,
landscape designer A. Zeidaks.
*A postcard from the collection
of O. Cinks*

122. Sporta sacīkstes velotrekā
kanālmalas apstādījumos 20. gs.
30. gados. *Pastkarte no
V. Eihenbauma kolekcijas*

Спортивные соревнования на
велотреке в зоне насаждений
вдоль канала, 20—30-е гг.
*Почтовая открытка из коллекции
В. Эйхенбаума*

A race in cycle track on the
banks of the canal in the
1930s. *A postcard from the
collection of V. Eihenbaums*

next director of parks from 1914 until 1944. He modernized
the natural landscape of the parks borrowed from Western
European parks. He cut down superfluous lanes in the old parks
(for instance, in Wöhrmann's Park — today Kirov Park),
increasing the amount of sunshine. His methods of planting
flowers in large massives appeared in Western Europe only
later. The work of K. Barons, a pupil of A. Zeidaks, was of
great importance in the parks of Riga in the postwar period.

The first p u b l i c p a r k was established in a small, but
historical part of Riga called Pētersala in 1721. The then
Kaiserpark (later Viesturpark, today the *Song Festival Park*)
was made in the tradition of French parks. A summer palace
was built in the park near the present V. Lācis Street.

The E c l e c t i c i s m dominated the architecture at this time,
employing the architectural forms of the previous epochs in
their mixed or «pure» forms. It was the period of the Histori-
cism or neostyles. Application of past forms is conceptionally
grounded because it serves as a symbol of certain values. When
architects evaluated the emotional and informative influence
of the historical architectural forms, they chose a style which
met the demands of the concrete contents of the edifice.
A building which is stylized by applying definite historical
forms gets an appropriate designation. The building of the *Riga
Polytechnic* (today Latvian State University, arch. G. Hilbig,
1885) was built in the Neo-Romanesque style. The assembly
hall and anterooms were built by arch. E. Štālbergs in the forms
of Neo-Classicism in the inner yard of the building in 1935.
The Orthodox Cathedral R. Pflug was constructed in the
Neo-Byzantine style in 1976. The Neo-Gothic edifice of the
School of Economics of the Stock Exchange (today the
Academy of Art) built by W. Bockslaff in 1902 is bright and
expressively decorated. The Neo-Gothic of the Ring of
Boulevards is an essential contribution to the construction

culture of Riga, because it represents «pure» Gothic more than the medieval edifices in the Old Town of Riga, which have «suffered» many reconstructions. In *the First City Theatre* (today the National Opera), through its reserved forms and monumental size (1863, arch. L. Bonstedt, H. Stahl, reconstructed after the fire in 1885, arch. R. Schmaeling), one can feel the Neo-Classic inspiration.

The Eclecticism is considered a part of modern architecture because of its social mission to introduce new types of buildings and its importance for the architectural heritage of the whole world (J. Kirishenko). Its principal orientation towards the artistic taste of the masses links it with the 20th century architecture. Recognizing the equality of the architectural styles of all periods and areas, the Eclecticism does not demand a compulsory unity of style in contrast with the elitary Classicism in the traditional understanding: in the completeness and harmony, in the relationship of the primary and the secondary. The poetics of Eclecticism allows discord, contrasts, picturesqueness and multi-sidedness corresponding with the new conception about the beautiful, as well as with orientation to convenience and necessity. The peculiar «neutralistic» role and power of Eclecticism in uniting buildings of different epochs can be easily seen in the Old Town of Riga. On the Town Hall Square the so-called Schvabian House siding with the outstanding monument of medieval architecture — the Blackheads' House — was rebuilt to make the pediment repeat the main lines of the Blackheads' House (arch. K. Felsko, 1889). The doubled form obtained still more powerful character. After World War II the stylized Baroque dwellings on Daugava Street were the trials of similar character.

One variant of the «colossal» order is most widely spread in the rental units of the Ring of Boulevards. Evenly distributed windows dominate the façades irrespective of the size and the distribution of rooms. Special architectural details — p e d i - m e n t s, s a n d r i k i as well as c o r n i c e s splitting the wall

horizontally — were applied to decorate windows and doors. The whole plane of the façade is covered with architectural decorations: r u s t i c w o r k, m a s c a r o n s, c a r t o u c h e s. The buildings often differ in nuances, yet remain compositionally similar. There exist also a semicircular style (Rundbogenstil) wich reflect the form of arches characteristic of the Romanesque style. When the plastic saturation of the building increased, the total view become more intensive. The details used for the trimming of walls became more independent. They fused optically and united the forms, giving the space of street the character of an interior. The dwellings in the Ring of Boulevards were built mainly following the projects of the first Latvian professionally educated architect J. F. Baumanis.

In the thirties the most important building built in the Ring of Boulevards was *the Palace of Court* (arch. F. Skujiņš, 1936), today the building of the Council of Ministers of the Latvian SSR. The part overlooking P. Stučka Street was built after World War II under the supervision of architect V. Shnitnykov.

In the post-war period, when the architecture of Riga developed in the spirit of S o v i e t r e t r o s p e c t i v i s m, the most outstanding was the high-rise building of the *Academy of Sciences* (arch. O. Tīlmanis, V. Apsītis, K. Plūksne, 1955). It was built following the pattern of the edifices constructed in Moscow at this time, though its decoration was more reserved.

Lately several important edifices have been added to the architecture of the Ring of Boulevards: the *hotel RĪDZENE* (arch. Z. Kalinka, J. Gertmanis, V. Kadirkov, 1984), *the House of Political Education of the Central Committee of the Latvian Communist Party* (arch. J. Gertmanis, V. Kadirkov, 1982) and the *building of the Central Committee of the Latvian Communist Party* (arch. J. Vilciņš, A. Ūdris, G. Asaris, 1974) have all contributed to the structure of public buildings of the centre.

124. Viesnīca «Rīdzene», 1984. g.,
arhit. Z. Kalinka, J. Gertmanis,
V. Kadirkovs. Griezums.
1 — halle, **2** — restorāna
zāle, **4** — kinozāle

Гостиница «Ридзене», 1984 г.,
арх. З. Калынка, Ю. Гертманис,
В. Кадырков. Разрез:
1 — холл, **2** — зал
ресторана, **4** — кинозал

Hotel RĪDZENE, 1984, arch.
Z. Kalinka, J. Gertmanis
and V. Kadirkovs.
Section. **1** — hall,
2 — restaurant,
4 — cinema hall

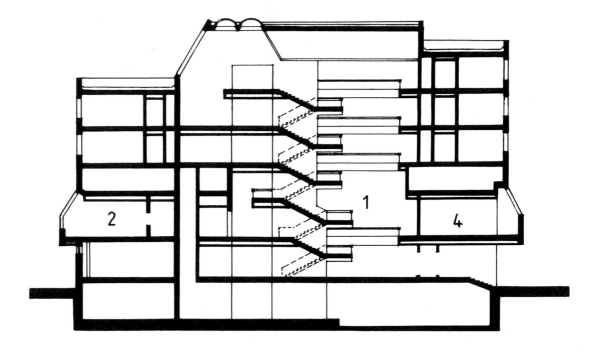

24a. Koncertzāle Republikas
laukumā. Konkursa projekts,
1987. g., arhit. A. Kronbergs,
V. Neilands, E. Treimanis

Концертный зал на
пл. Республики. Конкурсный
проект, 1987 г., арх. А. Кронбергс,
В. Нейландс, Э. Трейманис

Design for the Concert Hall
in the Square of the Republic,
1987, arch. A. Kronbergs,
V. Neilands, E. Treimanis

125. Biržas komercskola, tag. Latvijas
     Mākslas akadēmija,
     Komunāru bulvārī 13, 1905. g.,
     arhit. V. L. N. Bokslafs, neogotika

Биржевое коммерческое училище,
нын. Государственная академия
художеств ЛССР, на бульв. Комунару, 13,
1905 г., арх. В. Л. Н. Бокслафф,
неоготика

The School of Economics of the Stock
Exchange, today Latvian
Academy of Art 13 Komunāru
Boulevard, 1905, arch. W. L. N. Bockslaff,
the Neo-Gothic

126., 128. Rīgas pilsētas, tag. Valsts Mākslas
     muzejs Gorkija ielā 10a, 1905. g.,
     arhit. V. Neimanis, neobaroks

Рижский городской музей, нын.
Государственный художественный музей,
на ул. Горького, 10а, 1905 г.,
арх. В. Нейман, необарокко

The Museum of Riga, today the
State Art Museum 10a Gorky Street,
1905, arch. W. Neumann, the Neo-Baroque

127., 129. Rīgas pilsētas I (vācu) teātris,
     tag. Nacionālā opera
     Padomju bulvārī 3, 1863. g., arhit.
     L. Bonštets. Rekonstruēts 1887. g.,
     arhit. R. Šmēlings, klasicisms.
     Skatītāju zālē — 1235 vietas

Рижский городской первый
(немецкий) театр, нын. Национальная
опера, на бульв. Падомью, 3,
1863 г., арх. Л. Бонштедт. Реконструирован
в 1887 г., арх. Р. Шмелинг,
классицизм. В зрительном зале 1235 мест

The First (German) City Theatre
of Riga, today the Opera House, 1863,
arch. L. Bonstedt, reconstructed in
1887, arch. R. Schmaeling, the
Classicism. The hall has 1235 seats

125

126

128

130., 131., 132. Viesnīca «Rīdzene»:
banketa zāle, ātrijs, 1984. g., arhit.
Z. Kalinka, J. Gertmanis,
V. Kadirkovs, interjerists arhit.
M. Gundars

Гостиница «Ридзене»: банкетный
зал и зал, 1984 г., арх. З. Калынка,
Ю. Гертманис, В. Кадырков, интерьерист
арх. М. Гундарс

Hotel RĪDZENE: the banquet hall and
the hall, 1984, arch. Z. Kalinka,
J. Gertmanis, V. Kadirkov, interior design
by arch. M. Gundars

129

130

133. No kreisās: Latviešu biedrības nams
Merķeļa iela 13, 1908. g., arhit. E. Pole,
rekonstruēts 1938. g., arhit. E. Laube;
Rīgas Politehniskais institūts, tag. LVU

Слева направо: Дом латышского
общества на ул. Меркеля, 13, 1908 г.,
арх. Э. Поле, реконструирован в
1938 г., арх. Э. Лаубе; здание Рижского
политехнического института, нын. ЛГУ

From the left: Latvian Society House
13 Merķeļa Street, 1908, arch. E. Pole,
reconstructed in 1938, arch. E. Laube,
the Neo-Classicism and the Riga
Polytechnic, today the Latvian State
University

134. Latviešu biedrības nama ieejas fragments

Фрагмент входа в Дом латышского
общества

A fragment of the entrance of the
Latvian Society building

135. Jaņa Rozentāla freska «Skaistums.
Spēks. Gudrība» Latviešu biedrības
nama fasādē, 1908. g., fragments

Фреска Яна Розенталя «Красота.
Сила. Мудрость» на фасаде Дома
латышского общества, 1908 г.,
фрагмент

A fragment of the fresco «Beauty.
Mind. Power» by Janis Rozentāls in
the façade of the Latvian Society
building, 1908

136. Rīgas Politehniskais institūts, tag.
Latvijas Valsts universitāte, Raiņa
bulvārī 19, 1869. g., arhit. G. F. A. Hilbigs,
neoromānika

Здание Рижского политехнического
института, нын. ЛГУ, на бульв.
Райниса, 19, 1869 г., арх. Г. Ф. А. Гильбиг,
неороманика

The Riga Polytechnic, today the
Latvian State University 19 Rainis
Boulevard, 1869, arch. G. F. A. Hilbig,
the Neo-Romanesque

137. Latvijas Kompartijas Centrālās
Komitejas ēka Kirova ielā 2, 1974. g.,
arhit. J. Vilciņš, A. Ūdris, A. Staņislavskis,
līdzautors G. Asaris

Здание ЦК КП Латвии на
ул. Кирова, 2, 1974 г., арх. О. Вилциньш,
А. Удрис, А. Станиславскис, соавтор
Г. Асарис

The building of the Central Committee
of the Latvian Communist Party
2 Kirov Street, 1974, arch. J. Vilciņš,
A. Ūdris, A. Staņislavskis, co-author
G. Asaris

138. Banka, tag. Rīgas pilsētas Tautas
deputātu padomes izpildkomitejas ēka,
Gorkija ielā 3, 1913. g., arhit. A. Vīte,
neoklasicisms

Банк, нын. здание исполкома Рижского
городского Совета народных депутатов,
на ул. Горького, 3, 1913 г., арх. А. Вите,
неоклассицизм

The bank, today Riga Town Hall
3 Gorky Street, 1913, arch. A. Vīte,
the Neo-Classicism

139. Augstākās tiesas ēka Ļeņina ielā 34,
1888. g., arhit. J. F. Baumanis, eklektisms

Здание Верховного суда на ул. Ленина, 34,
1888 г., арх. Я. Ф. Бауманис, эклектизм

The building of the Supreme
Court 34 Lenin Street, 1888, arch.
J. F. Baumanis, the Eclecticism

140., 141. Zinātņu akadēmijas augstceltne
Turgeņeva ielā 19, 1950.—1958. g.,
arhit. O. Tīlmanis, V. Apsītis, K. Plūksne,
retrospektīvisms

Высотное здание Академии наук на
ул. Тургенева, 19, 1950—1958 гг.,
арх. О. Тилманис, В. Апситис,
К. Плуксне, ретроспективизм

The high-rise building of the Academy
of Sciences 19 Turgenev Street, 1950—1958,
arch. O. Tīlmanis, V. Apsītis, K. Plūksne,
the Fifties' Style

142., 143., 144., 145. Politiskās izglītības
nams Gorkija ielā 5, 1982. g., arhit.
J. Gertmanis, V. Kadirkovs

Дом политпросвещения на ул. Горького, 5,
1982 г., арх. Ю. Гертманис,
В. Кадырков

The House of Political Education 5
Gorky Street, 1982, arch. J. Gertmanis
and V. Kadirkov

146. Administratīva ēka Republikas
laukumā, 1965.—1985. g., arhit.
E. Pučiņš, A. Reinfelds ar līdzstrādniekiem

Административное здание на
пл. Республики, 1965—1985 гг.,
арх. Э. Пучиньш, А. Рейнфелдс
с сотрудниками

The building of agricultural offices
in Republic Square, 1965—1985,
arch. E. Pučiņš and A. Reinfelds
with a team

147. Dzīvojamā ēka, t. s. Mencendorfa nams,
tag. LPSR Prokuratūra, Raiņa bulvārī 9,
1875. g., arhit. J. F. Baumanis,
eklektisms

Жилое здание, т. н. дом Менцендорфа,
нын. Прокуратура ЛССР, на бульв.
Райниса, 9, 1875 г., арх. Я. Ф. Бауманис,
эклектизм

The dwelling house, the so-called
Mencendorf's house, today a
Procurator's Office 9 Rainis Boulevard,
1875, arch. J. F. Baumanis,
the Eclecticism

148., 149. Brīvības piemineklis, 1935. g.,
tēln. K. Zāle, arhit. E. Štālbergs

Памятник Свободы, 1935 г.,
скульп. К. Зале, арх. Э. Шталбергс

The Monument to Freedom, 1935,
sculptor K. Zāle, arch. E. Štālbergs

150. Triumfa arka (Aleksandra vārti),
1817. g., J. D. Gotfrīds, klasicisms.
Sākotnēji arka tika uzstādīta pie Šmerļa
ielas, 1904. g. to pārcēla uz Aleksandra
(tag. Ļeņina) ielas un dzelzceļa
krustojumu, 1936. g. — uz Viesturdārzu,
tag. Dziesmusvētku parku

Триумфальная арка (Александровские
ворота), 1817 г., арх. И. Д. Готтфрид,
классицизм. Первоначально арка
была установлена возле ул. Шмерля,
в 1904 г. перенесена на место
пересечения Александровской улицы
с железной дорогой, в 1936 г. —
в сад Виестура, нын. парк Праздника
песни

The Arch of Triumph (Alexander
Gate), 1817, J. D. Gottfried, the Classicism.
Originally the arch was erected at
Šmerlis Street, in 1904 it was brought
to the corner of Alexander (today
Lenin) Street and railway crossing,
in 1936 it was brought to Viestura
Park, today the Song
Festival Park

151., 153., 154. Pētera-Pāvila baznīca
Citadelē, 1785. g., arhit. S. Zēge
fon Laurenbergs, K. Hāberlands,
klasicisms. Pec rekonstrukcijas
1987. g. šeit atrodas koncertzāle
«Ave sol», arhit. M. Meņģele

Церковь св. Петра и Павла в
Цитадели, 1785 г., арх. С. Зеге
фон Лауренберг, К. Хаберланд,
классицизм. После реконструкции в
1987 г. здесь оборудован концертный
зал «Аве сол», арх. М. Меньгеле

The Church of St. Peter and Paul in
the Citadel, 1785, arch. S. Seege von
Laurenberg and C. Haberland,
the Classicism. After the reconstruction
in 1987 it was accommodated for
the concert hall AVE SOL, arch. E. Meņģele

152. Koncertzāle Republikas laukumā,
konkursa projekts, 1987. g.,
arhit. V. Kadirkovs

Концертный зал на пл. Республики,
конкурсный проект, 1987 г.,
арх. В. Кадырков

The design for the concert hall in
Republic Square, 1987, arch. V. Kadirkov

155. Jēzus baznīca Odesas ielā 18, 1822. g.,
arhit. K. F. Breitkreics, klasicisms

Церковь Иисуса Христа на ул. Одесас, 18,
1822 г., арх. К. Ф. Брейткрейц,
классицизм

The Church of Jesus 18 Odessa Street,
1822, arch. C. F. Breitkreutz,
the Classicism

156., 157., 158., 159. Rīgas pilsētas II
(krievu) teātris, tag. Nacionālais
teātris, Kronvalda bulvārī 2, 1902. g.,
arhit. A. Reinbergs, eklektisms.
Skatītāju zālē ir 1028 vietas. 1975. gadā
pēc O. Dombrovska projekta iekārtota
kafejnīca

Рижский городской второй (русский)
театр, нын. Национальный театр,
на бульв. Кронвальда, 2, 1902 г.,
арх. А. Рейнберг, эклектизм.
В зрительном зале 1028 мест. В
1975 г. по проекту О. Домбровскиса
оборудовано кафе

The Second (Russian) Theatre of
Riga, today National Theatre 2 Kronvalda
Boulevard, 1902, arch. A. Reinbergs,
the Eclecticism. The hall has 1028 seats.
In 1975 a café was arranged there
after the design of O. Dombrovskis

9

160., 161. Pareizticīgo katedrāle
Ļeņina ielā 23, 1884. g.,
arhit. R. Pflūgs, neobizantijas
stils. Rekonstruēta 1964. g.,
arhit. J. Skalbergs

Православный кафедральный собор
на ул. Ленина. 23,
1884 г., арх. Р. Пфлуг, неовизантийский
стиль. Реконструирован в 1964 г.,
арх. Ю. Скалбергс

The Orthodox Church
23 Lenin Street, 1884,
arch. R. Pflug, the Neo-Byzantine
Style. It was reconstructed in 1964,
arch. J. Skalbergs

162. Autoosta, 1964. g., arhit. G. Mincs

Автовокзал, 1964 г., арх. Г. Минц

The bus terminal, 1964, arch. G. Mincs

163., 164., 166. Centrālā dzelzceļa stacija
un galvenais pasts, 1960. g.,
arhit. V. Cipuļins, V. Kuzņecovs

Центральный железнодорожный вокзал
и главный почтамт, 1960 г., арх.
В. Ципулин, В. Кузнецов

The Central Railway Terminal and the
Central Post Office, 1960, arch.
V. Tsipulin and V. Kuznetsov

165. Centrālās dzelzceļa stacijas zāles
rekonstrukcija, 1980. g., arhit. A. Bērziņš,
interjeristi J. Borgs, J. Krievs, V. Drande

Реконструкция зала Центрального
железнодорожного вокзала,
1980 г., арх. А. Берзиньш, интерьеристы
Я. Боргс, Я. Криевс, В. Дранде

The reconstruction of the hall
of the Central Railway Terminal,
1980, arch. A. Bērziņš, interior design
by J. Borgs, J. Krievs and V. Drande

167. Vanšu tilts, 1981. g., inženieris
G. Fukss, arhit. A. Gavrilovs. Pilona
augstums — 109 m, galvenais
laidums — 312 m

Вантовый мост, 1981 г., инженер
Г. Фукс, арх. А. Гаврилов. Высота
пилона — 109 м, главный пролет —
312 м

The suspension bridge across the Daugava,
1981, eng. G. Fukss, arch. A. Gavrilov.
The height of the pylon reaches 109 m,
the width of the main flight is 312 m

168. Centrāltirgus, 1930. g., arhit.
P. Dreijmanis, P. Pavlovs, racionālisms.
Paviljonu liellaiduma kopnes (35 m)
pārsedz vairāk nekā 20 000 m^2
tirdzniecības zāļu platības. Celtniecībai
izmantotas aviācijas angāru metāla
konstrukcijas

Центральный рынок, 1930 г.,
арх. П. Дрейманис, П. Павлов,
рационализм. Павильонные фермы
(пролет — 35 м) покрывают более
20 000 м^2 площади торговых залов. Для
строительства использованы металлические
конструкции авиационных ангаров

The Central Market, 1930, arch.
P. Dreijmanis and P. Pavlov, the
Rationalism. The pavilions cover a
territory of 20,000 m^2, the height of
the roof is 35 m. Hangars were used
in the construction of the market

169. Tiesu pils, tag. Latvijas PSR Ministru Padomes ēka, Ļeņina ielā 36, 1938. g., arhit. F. Skujiņš, neoklasicisms

Дворец правосудия, нын. здание Совета Министров ЛССР, на ул. Ленина, 36, 1938 г., арх. Ф. Скуиньш, неоклассицизм

The Court Palace, today the Council of Ministers of the Latvian SSR 36, Lenin Street, 1938, arch. F. Skujiņš, the Neo-Classicism

170. Raiņa bulvāra un Ļeņina ielas stūris, raksturīga Bulvāru loka apbūve

Угол бульв. Райниса и ул. Ленина, характерная застройка Бульварного кольца

The corner of Rainis Boulevard and Lenin Street

171. Latvijas PSR Ministru Padomes zāles interjers, 1986. g., arhit. O. Krauklis, mēbeles veidojis arhit. A. Zoldners

Интерьер зала Совета Министров ЛССР, 1986 г., арх. О. Крауклис, мебель выполнена арх. А. Золднерсом

The interior of the Latvian SSR Council of Ministers hall, 1986, arch. O. Krauklis, furniture by arch. A. Zoldners

172. Cirks Merķeļa ielā 4, 1889. g., arhit.
J. F. Baumanis

Цирк на ул. Меркеля, 4, 1889 г.,
арх. Я. Ф. Бауманис

Circus 4 Merķeļa Street, 1889, arch.
J. F. Baumanis

173. Banka, tag. Valsts bibliotēka, K. Barona
ielā 14, 1910. g., arhit. E. Pole,
neoklasicisms

Банк, нын. Государственная
библиотека, на ул. К. Барона, 14,
1910 г., арх. Э. Поле, неоклассицизм

The bank, today State Library 14
K. Barona Street, 1910, the Neo-Classicism

174. Memoriāls Dziesmusvētku parkā,
1973. g., arhit. G. Baumanis, tēlnieks
Ļ. Bukovskis

Мемориал в парке Праздника песни,
1973 г., арх. Г. Бауманис, скульп.
Л. Буковский

The Memorial in the Song Festival
Park, 1973, arch. G. Baumanis,
sculptor L. Bukovsky

175. Aleksandra ģimnāzija, tag. Jāzepa
Vītola Latvijas PSR Valsts konservatorija,
K. Barona ielā 1, 1875. g., arhit.
J. F. Baumanis, eklektisms

Александровская гимназия, нын.
Государственная консерватория
ЛССР, на ул. К. Барона, 1, 1875 г.,
арх. Я. Ф. Бауманис, эклектизм

Alexander's Secondary School, today
J. Vītols Latvian SSR State Conservatoire
1 K. Barona Street, 1875, arch.
J. F. Baumanis, the Eclecticism

176. Dzīvojamā ēka, t. s. Pfāba nams, tag.
Rakstnieku, Mākslinieku un Komponistu
savienību ēka, K. Barona ielā 12,
1876. g., arhit. H. Ende, V. Bekmanis,
eklektisms

Жилое здание, т. н. дом Пфаба,
нын. здание Союзов писателей,
художников и композиторов,
на ул. К. Барона, 12, 1876 г.,
арх. X. Энде, В. Бекманис, эклектизм

The dwelling house, the so-called
Pfab's House, today the House
of the Writers', Composers' and Artists'
Union 12 K. Barona Street, 1876,
arch. H. Ende and V. Bekmanis, the
Eclecticism

177. Pilsētas kanāls

Городской канал

The city canal

178. Piemineklis Krišjānim Baronam
Kirova parkā, 1985. g., tēln.
L. Davidova-Medene, arhit. G. Asaris

Памятник Кришьянису Барону в
Кировском парке, 1985 г., скульп.
Л. Давидова-Медене, арх. Г. Асарис

The bust of Krišjānis Barons in
Kirov Park, 1985, sculptor
L. Davidova-Medene, arch. G. Asaris

179. Strūklaka Kirova parkā,
1769. g., tēln. Būholcs, Hāns

Фонтан в Кировском парке,
1769 г., скульп. Букхольц,
Гаан

A fountain in Kirov Park, 1769,
sculptors Bucholtz and Hahn

CENTRS

Gadsimtu mijā Bulvāru loks bija izveidojies un arī tā noteicošais arhitektūras stils — eklektisms — tolaik bija sevi izsmēlis. Vērsās plašumā pretruna starp pagātnes formu pielietojumu ēku noformējumā un laikmetīgumu to telpiskajā uzbūvē, konstrukcijās un tehniskajā aprīkojumā. Jaunais 20. gadsimta stils — jūgends (vācu Jugendstil — jaunības stils) sludināja pilnīgu atteikšanos no vēsturisko formu kopēšanas un radīja jaunu, laikmeta garam atbilstošu arhitektūru.

Rīgas celtnieciskā aktivitāte tolaik koncentrējaş Pēterburgas priekšpilsētas rajonā starp Bulvāru loku un dzelzceļa loku, respektīvi, 1871. gadā izbūvēto dzelzceļa līniju Rīga—Mīlgrāvis, ar stacijām: Aleksandra vārti, tag. Oškalni, Kara hospitālis, tag. Brasa, Aleksandra Augstumi, tag. Sarkandaugava. Rajonā, kuru mēs šodien pazīstam kā Rīgas centru,

apbūves raksturu vismaz divām piektdaļām ēku (J. Krastiņa pētījumi) ir noteicis jūgendstils.

Pilsētbūvnieciskās koncepcijas pamatā ir regulārs ielu tīkls, kuru paredzēja vairāki projekti, sākot jau ar 17. gadsimtu. 1858. gadā atcēla aizliegumu būvēt priekšpilsētās mūra namus un mudināja pāriet uz slēgtu perimetrālu apbūvi kā visietilpīgāko un līdz ar to ekonomiski visizdevīgāko. Apbūves viengabalaino raksturu noteica kvartālu parcelācija — sadalījums gruntsgabalos, pārsvarā vienāda platuma, un Rīgas saistošie būvnoteikumi, kuru 1904. gada papildinājums aizliedza būvēt koka namus dzelzceļa loka iekšpusē.

Būvnoteikumu konkrētās prasības ēku telpiskajam un konstruktīvajam izveidojumam — maksimālais dzegas augstums — 21,3 metri, kurš šaurākās ielās jāsamazina atbilstoši ielas pla-

181. Rīgas centrs, 19. gs. otrā puse—20. gs. sākums. Plāna fragmentā redzams taisnļeņķa ielu tīkls, kuru marķē vairāk vai mazāk vērtīga apbūve. Ielas un pagalma telpas stingri nodalītas

Центр Риги, вторая пол. XIX — начало XX в. На фрагменте плана видна прямоугольная сеть улиц, которая отмечена более или менее значимой застройкой. Пространство улиц и дворов строго разграничено

The centre of Riga, the second half of the 19th century — the beginning of the 20th century. A fragment of the plan shows the rectangular urban fabric, which is marked by more or less valuable construction. Streets and the spaces of the yards are strictly separated

tumam, minimālais pagalmu lielums u.c. — atstāja arhitektu kompetencē telpu lielumu, plānojumu, kā arī fasādes raksturu. Perimetrālā kvartālu apbūve neatbilst mūsdienu sanitāri higiēniskajām prasībām, jo ne visas ēkas iespējams labi izgaismot, izvēdināt, pasargāt no trokšņiem. Tikai vienā ziņā tās vērtība ir neapšaubāma — pilnīga ielas mēroga atbilstība cilvēkam, viņa solim, redzes leņķim. Pagājis laiks, kad tika peltas gadsimta sākumā būvētās Rīgas centra ielas — koridori, kurās uzsvērts ielas fasāžu parādes raksturs atšķirībā no iekšējo pagalmu vienkāršajām formām.

Ēku izkārtojums pa kvartāla perimetru nav vienīgais paņēmiens. Rīgas centrā redzama arī t.s. pusatklātā apbūve. Tā Ļeņina ielā 105 un 103 arhit. E. Vite, projektējot vienam īpašniekam divas ēkas, tās savstarpēji attālinājis, «ieplūdinot» ielas telpu pagalmā. Dažviet caurredzamas parādes ieejas un lielas vārtu ailes saista ielas un pagalma telpu, kā Gorkija 33 un Ļeņina 88.

Pēc vienota plāna ar kopēju labiekārtotu iekšpagalmu ir uzcelts liels dzīvojamais kvartāls, t.s. Forburga, starp V. Lāča, Sakaru, Ausekļa ielām un J. Fabriciusa laukumu (1913. g.,

arhit. V. Reslers). Arī trīsdesmitajos gados pēc arhitektu P. Dreijmaņa un O. Tīlmaņa projektiem celtajās t.s. municipalitātes dzīvojamajās ēkās Ausekļa un J. Asara ielās ir saglabāts tradicionālais perimetrs un uzlabots iekškvartāla labiekārtojums. Tolaik pastāvošie būvnoteikumi neļāva celt centrā brīvstāvošas dzīvojamās ēkas, tādējādi tika saglabāts ansambļa raksturs.

Ielu ainavā spēj dominēt arī tādas necilas sabiedriskās ēkas kā skolas, brīvi novietotas kvartālu stūros, kur tās aptver priekšdārzs un pagalms. Skolu arhitektūrā kardinālas pārmaiņas ieviesa pilsētas arhitekta R. Šmēlinga 20. gs. sākumā celtās t.s. «sarkanās skolas». Savu nosaukumu tās ieguvušas izmantoto sarkano ķieģeļu un kārniņu dēļ. Tām ir jauns un racionāls telpu izvietojums, kurš principā saglabājies līdz mūdienām. Celtnēm ir asimetriski komponēti, savstarpēji saistīti korpusi, kuros mācību klases, orientētas dienvidu virzienā, pieslēdzas vienpusīgam gaitenim. Svinību un sporta zāles izvietotas atsevišķā korpusā. Romantiskajās neogotikas fasādēs raksturīgas ir stāvo jumtu formas un skursteņi ar dekoratīviem noslēgumiem.

Rīgā diemžēl maz Austrumeiropas valstu galvaspilsētām raksturīgo pasāžu: segtu tirdzniecības ielu. *Berga bazārs,* (1888. g., arh. K. Pēkšēns) kvartālā starp Suvorova, K. Barona, Kirova un Dzirnavu ielām, pēc rekonstrukcijas varētu atgūt kādreizējo nozīmi. Gadsimta sākumā tajā bija veikali, darbnīcas, restorāns, tipogrāfija u.c., kopā 131 objekts.

Gadsimtu mijā arhitekti jūgendstilu uztvēra ornamentāli dekoratīvā garā — eklektisma dekoru papildināja jūgendstila dekoratīvās formas un paņēmieni. Pirmās jūgendstila ēkas tika būvētas Vecrīgā. Centrā tāds ir īres nams J. Kupalas ielā 11 (1899. g., arh. R. Cirkvics). Līdz ar stila izplatīšanos radās ēkas, kuras īpaši izcēlās ar pārmērīgu ornamentālo rotājumu, pie tam dekoratīviem motīviem noderēja viss, kas nebija saistīts ar vēsturisko stilu formām. D e k o r a t ī v o j ū g e n d s t i l u visspilgtāk izkopis civilinženieris M. Eizenšteins, autors vairumam namu Alberta, tag. F. Gaiļa, ielā. Fasādes grezno līniju, kvadrātu un apļu salikumi, ziedu motīvi, vītnes, maskas, spārnoti nezvēri, sfinksas, lauvas, sieviešu figūras, logailes neparastās formās. Viss komponēts savstarpējā saistībā, formas plastiski pāriet viena otrā. Ēku fasādes ir maksimāli piesātinātas ar rotājumiem.

Rīgas arhitektūrai raksturīgāki ir citi jūgenda novirzieni. R o m a n t i z ē t ā j ū g e n d s t i l a ēkās Ļeņina ielā 55 (1900. g., arh. A. Gīzeke no Berlīnes, V. Neimanis), Ļeņina ielā 76 (1909. g., arh. J. Alksnis) laikmetīgo īres nama veidolu papildināja zelmiņi un erkeri ar gotikas un vācu renesanses motīviem, kā arī atturīgs plaknes dekors.

Retrospektīvā rakstura detaļas, kuru izmantojumu gadsimta sākumā bija ietekmējusi Rīgas vēsturiskā arhitektūra un vācu žurnālu paraugi, ap 1907. g. izzūd. Fasāžu dalījums iegūst izteikti vertikālu raksturu. To uzsver sienā izvirzītās vertikālās joslas — l i z ē n a s, izvirzījumi ar kolonnas uzbūves shēmu — p i l a s t r i, kā arī e r k e r i. Šīs ārsienu izbūves, kas nesniedzas līdz zemei, ne vien bagātina to plastiku, bet arī uzlabo iekštelpu izgaismojumu un vēdināšanu, kam ir īpaša nozīme slēgtā perimetra apbūvē. S t a t e n i s k a i s j ū g e n d s t i l s pilnīgi nosaka K. Marksa ielas apbūvi kvartālā starp P. Stučkas un K. Barona ielām.

Gadsimta sākumā īpaši nozīmīgi ir nacionālā stila meklējumi. Krievijā tā iemiesojums tolaik bija t.s. «krievu stils», Vācijā neorenesanse. Rīgā nacionālā savdabība neparādās viennozīmīgi, jūgends šeit iegūst savdabīgu raksturu. Vācu arhitekti savos darbos uzsver saikni ar senču dzimteni, lietojot tipiski

101

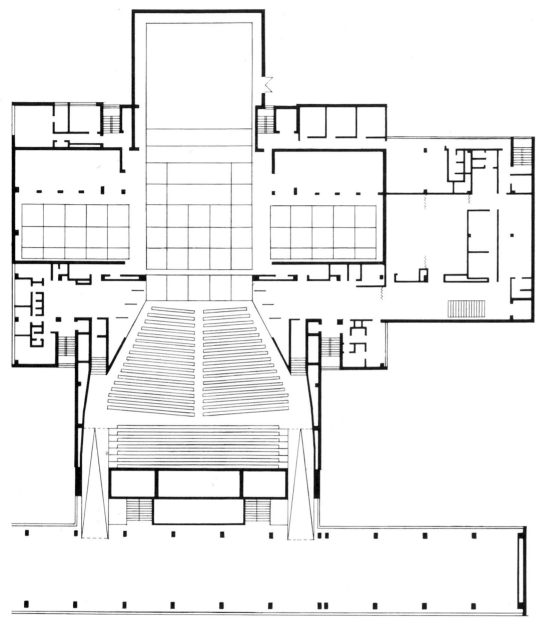

182. Raiņa Akadēmiskais Dailes teātris
Ļeņina ielā 75, 1959.—1976. g.,
arhit. M. Staņa, I. Jākobsons,
H. Kanders. Lielajā skatītāju zālē
ir 1032 vietas, mazajā —
400 vietas

Академический театр Дайлес
им. Райниса на
ул. Ленина, 75, 1959—1976 гг.,
арх. М. Станя, И. Якобсонс,
Х. Кандерс. В большом
зрительном зале 1032 места,
в малом — 400 мест

Rainis' Academic Art Theatre
75 Lenin Street, 1959—1976,
arch. M. Staņa, I. Jākobsons and
H. Kanders

vāciskas būvformas, kā fahverks. Šai ievirzei dots īpašs apzīmējums — H e i m a t k u n s t. Latviešu arhitektu centieni pēc nacionālas arhitektūras ievada jūgendu jaunā gultnē — n ā c i o n ā l a j ā r o m a n t i s m ā. Neapšaubāma ir Somijas arhitektu ietekme, jo pirmo «ziemeļu stila» ēku arhitekts Aleksandrs Vanags cēla 1905. g. pēc somu arhitektu K. Vasašernas un G. Lindberga projekta tag. A. Pumpura ielā 5. Tās racionālais plānojums, kurā vairums telpu, arī higiēnas, ir dabiski izgaismotas, un savdabīgie apdares paņēmieni (granīts, fakturēts apmetums) Rīgā bija jaunums. Šīs ēkas ekspresīvais tēls ir ietekmējis A. Vanaga darbus — ap 80 mūra dzīvojamās ēkas, no kurām pazīstamākās ir Ļeņina ielā 58 (1906. g.), Suvorova ielā 70 (1910. g.). Romantiskas ievirzes arhitekts bija arī Eižens Laube, tomēr abu rokrakstos ir niansētas atšķirības. Vanaga celtnēs ornamentālais dekors tuvāks latvju etnogrāfiskajiem rakstiem, bet Laubes fasāžu rotājums atbilst jūgenda liekto līniju raksturam. Pazīstamākā Laubes celtne ir t.s. Krast-

kalna nams Ļeņina ielā 47. Ēkas apjoms lielā mērā asociējas ar tautas koka celtniecības formām, jo īpaši uzsvērtas jumtu plaknes. Fasādes lielās masas rada nedaudz maldinošu iespaidu par ierindas īres nama plašumu un ērtībām.

Pēc 1910. g. sākās jūgendstila noriets, īslaicīgi uzplauka n e o a m p ī r s, kuru vislabāk raksturo arhitekta Eižena Poles darbi (ēka K. Barona ielā 14, tag. V. Lāča LPSR Valsts bibliotēka, 1910. g., un ēka Ļeņina ielā 38 jeb Kirova ielā 57).

Pirms I pasaules kara Rīgas centra seja lielā mērā bija jau izveidota; nozīmīgākie ielu stūri «aizņemti», baznīcu ēkas ielu koridoru noslēgumu perspektīvās uzbūvētas. Pēc pasaules kara satricinājumiem celtnieciskā aktivitāte ir neliela, notiek ēku atjaunošana. Neilgu laika posmu, divdesmito gadu beigās, svaigumu ienes a r t d e c o stils, kurš, līdzīgi jūgendam gadsimta sākumā, tikai ar mazākiem panākumiem, mēģina ieviest jaunu formu valodu. To veido kubisma ietekmētās ģeometrisko pamatformu kombinācijas, kas labi saskatāmas fasāžu noformējuma plastikā. Interesantākie darbi ir D. Zariņa Telefona centrāles ēka K. Barona ielā 99 (1927. g.), T. Hermanovska īres un veikalu nami Suvorova ielā 8, 10 (1928. g.), skola un īres nams K. Marksa ielā 27 (1930. g.), trīsstūrveida erkeri, tāda paša šķērsgriezuma pilastri, pusloka vai segmenta zelmiņi raksturo šo ēku fasādes.

Ar jaunām tendencēm dzīvojamo ēku plānojumā nāk nākošais, jau nopietnākais modernās kustības pieteikums Rīgā — racionālisms. Dzīvokļi kļūst ekonomiskāki un praktiskāki, parādās visas labierīcības, samazinās gan griestu augstums dzīvoklī (līdz 3,0 metriem), gan istabu skaits. Nevajadzīgas kļūst milzīgās istabas — zāles. To vietā ierīko bīdāmas durvis starp istabām. Ēku fasādēs dominē lielas logailes un horizontāls dalījums, kuru pasvītro dzegu joslas. Apdarei tumšs cēlapmetums vai mākslīgā akmens plātnes. Bagātākajiem īres namiem, kā t.s. Neiburga namam Ļeņina ielā 40 (arh. A. Klinklāvs, 1936), apdarei lietots dabiskais materiāls — šūnakmens.

Trīsdesmito gadu racionālisma arhitektūra vienkopus skatāma Grīziņkalna rajonā. Grīziņkalna nosaukums radies viduslaikos, kad pilsētu aizsargāja mūri un visi meži piepilsētas teritorijā bija izcirsti. Vējš sadzina smiltis kailos pauguros — grīziņos. Intensīvi apbūvēta šī strādnieku priekšpilsēta tika pēc 1883. gadā Rīgas Būvvaldē izstrādātā rajona plānojuma un apbūves projekta. Starveidīgā ielu plānojuma centrā atrodas Pāvila baznīca (1885. g., arh. G. Hilbigs). Mūsu gadsimta trīsdesmitajos gados 1905. g. parka rajonā top vairākas nozīmīgas

ēkas: Latvijas Sarkanā Krusta komplekss (1933.—1935. g., arh. A. Klinklāvs), dzīvojamais kvartāls (1931. g., arh. O. Tīlmanis) un transformatoru apakšstacija (1939. g., arh. A. Ramanis). Tās visas raksturo vienkārša, pat monumentāla kopforma, kur nozīmīgākās funkcijas izdalītas atsevišķos apjomos.

Starpkaru posmā nozīmīgākās celtnes Rīgas centrā atstāja K. Bikše, A. Birkhāns, I. Blankenburgs, P. Drejmanis, T. Hermanovskis, A. Karrs, K. Betge, A. Klinklāvs, P. Kundziņš, E. Laube, P. Mandelštams, J. Rengarts, F. Skujiņš, E. Štālbergs, O. Tīlmanis, N. Voits u.c.

Pēckara gados ir bijuši priekšlikumi centra kardinālai rekonstrukcijai — ar ielu paplašināšanu, augstbūvju izvietošanu (G. Melbergs). Tomēr pilsētbūvnieciskā pieminekļa statusa piešķiršana Rīgas centram mudināja arhitektu sabiedrību revidēt uzskatus par tā rekonstrukcijas apmēriem, un detaļplānojuma pēdējā redakcijā (Ē. Fogelis) tiek respektētas esošās ielu apbūves līnijas, gan ielu platumā, gan apbūves augstumā.

Nozīmīgākā celtne šajā laikposmā — *Dailes teātris*, projektēts 1963. g., arhit. M. Staņa ar līdzstrādniekiem, celtniecība nobeigta 1976. g. arhit. I. Jākobsona vadībā. Virkni dzīvojamo ēku projektējuši M. Ģelzis, O. Krauklis, J. Paegle, A. Reinfelde, V. Šņitņikovs, iesaistot tās esošās apbūves struktūrā. Sabiedriskās celtnes, pārsvarā sporta, administratīvās un projektēšanas biroju ēkas, uzbūvētas pēc O. Kraukļa, M. Ģelža, J. Kārkliņa, L. Knāķes, A. Reinfelda, J. Skalberga, E. Vecumnieka, V. Zilgalvja u.c. arhitektu projektiem.

На стыке веков Бульварное кольцо сформировалось полностью, а главенствующий на нем архитектурный стиль — эклектизм — уже исчерпал себя. Усугублялось противоречие между использованием форм прошлого в оформлении зданий и созвучностью эпохе их пространственного построения, конструкций, технологии. Новый стиль XX века — модерн провозгласил полный отказ от копирования исторических форм и создал новую, отвечающую духу времени архитектуру.

Строительная активность Риги в то время была сосредоточена в районе Петербургского форштадта, между Бульварным кольцом и построенной в 1871 году железнодорожной линией Рига—Милгравис (со станциями Александровские ворота, совр. Ошкалны, Военный госпиталь, совр. Браса, Александровские высоты, совр. Саркандаугава). В районе, известном сегодня как центр Риги, модерн определил характер застройки не менее $^2/_5$ зданий (исследования Я. Крастиньша).

183. Dzīvojamā ēka Veidenbauma ielā 45, 1971. g., arhit. M. Ģelzis

Жилое здание на ул. Вейденбаума, 45, 1971 г., арх. М. Гелзис

The dwelling house 45 Veidenbauma Street, 1971, arch. M. Ģelzis

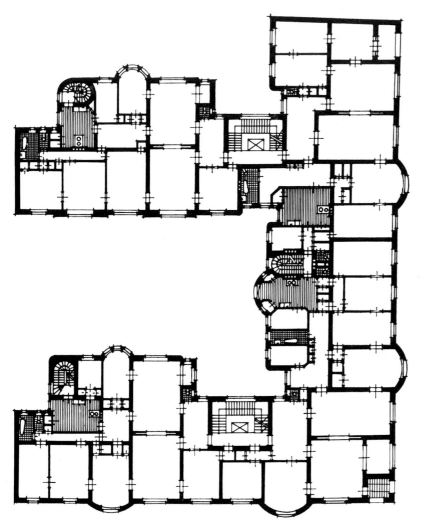

184. Dzīvojamā ēka A. Pumpura ielā 5, 1905. g., arhit. G. Lindbergs, K. Vasašerna, A. Vanags

Жилое здание на ул. А. Пумпура, 5, 1905 г., арх. Г. Линдберг, К. Вазашерна, А. Ванаг

The dwelling house 5 A. Pumpura Street, 1905, arch. G. Lindberg, K. Vasasherna and A. Vanags

В основе градостроительной концепции лежит регулярная сеть улиц, являвшаяся главным образующим элементом нескольких проектов начиная уже с XVII столетия. В 1858 году отменили запрет на строительство каменных домов в предместьях. Расчет делался на периметральную застройку как наиболее емкую и вместе с тем экономически наиболее выгодную. Монолитный характер застройки определили парцелляция кварталов — членение на земельные участки преимущественно одинаковой ширины, и строгие строительные правила Риги, дополненные в 1904 году пунктом, в соответствии с которым запрещалось возводить деревянные дома внутри железнодорожного кольца.

Строительные правила, регламентировавшие масштаб и конструктивный характер зданий (максимальная высота карниза — 21,3 м, на узких улицах он уменьшался соразмерно ширине улицы; минимальный размер двора и т.д.), оставляли в компетенции архитекторов размер помещений, планировку, а также характер фасада. Периметральная застройка кварталов не отвечает санитарно-гигиеническим требованиям наших дней, так как инсоляция, вентиляция, звукоизоляция в этих зданиях не соответствуют нормам. Только в одном такая застройка несомненно ценна — масштаб улицы полностью подчинен человеку, его шагу, углу зрения. Прошло то время, когда осуждению подвергались появившиеся в начале века в центре Риги улицы-коридоры с подчеркнуто парадным характером уличных фасадов, в отличие от простых форм внутренних дворов.

Периметральное размещение зданий в квартале — прием не единственный. В центре Риги есть и т.н. полуоткрытая застройка. Так, архитектор А. Витте, проектируя два дома (ул. Ленина, 103 и 105) для одного владельца, отдалил их один от другого, «впустив» во двор уличное пространство. В нескольких местах сквозной парадный вход и большие проемы ворот связывают пространства улицы и двора (ул. Горького, 313; Ленина, 88).

По единому плану с общим благоустроенным внутренним двором был выстроен крупный жилой квартал, т.н. *Форбург* (1913, арх. В.Ресслер), который находится между улицами В. Лациса, Сакару, Аусеклиса и пл. Фабрициуса. И в построенных в 30-е годы муниципальных жилых зданиях (проект. арх. Р. Дрейманис и О. Тилманис) на ул. Аусеклиса и Я. Асара сохранен традиционный периметр, благоустроеннее стала внутренняя часть квартала. Действовавшими в то время строительными правилами не допускалось возведение обособленно стоящих домов, таким образом сохранялся ансамблевый характер застройки.

В облике улиц могут доминировать и такие скромные общественные здания, как школы, свободно размещенные по углам кварталов, где их охватывает палисад или двор. В архитектуру школ кардинальные перемены в начале

185. Triumfa arka (Aleksandra vārti) Aleksandra (Ļeņina) ielā pie dzelzceļa tilta, 20. gs. sākums, J. D. Gotfrīds. *VRVM neg. Nr. 89.674*

Триумфальная арка (Александровские ворота) на Александровской улице, нын. ул. Ленина, возле железнодорожного моста, начало XX в., арх. И. Д. Готтфрид

The Arch of Triumph (Alexander Gate) in Alexander (Lenin) Street at the railway bridge at the beginning of the 20th century, J. D. Gottfried

186. Tirgus halle Vidzemes tirgū, 1902. g.,
arhit. R. Šmēlings, eklektisms.
VRVM neg. Nr. 89.415

Рыночный павильон на Видземском
рынке, 1902 г., арх. Р. Шмелинг,
эклектизм

Vidzeme Market hall, 1902,
arch. R. Schmaeling, the
Eclecticism

XX века внес архитектор Р. Шмелинг, начавший строительство «красных школ» (свое название они получили в результате применения в качестве строительных материалов красного кирпича и черепицы). Для этих строений характерно новое рациональное расположение помещений, в основном сохранившееся до наших дней. Здания имеют асимметрично скомпонованные, связанные между собой корпуса, в которых учебные классы, сориентированные на юг, примыкают к одностороннему коридору. Актовый и спортивный залы размещены в отдельном корпусе. Для романтических неоготических фасадов характерны крутые скаты крыш и трубы с декоративным завершением.

В Риге, к сожалению, мало типичных для столиц Восточной Европы пассажей. *Базар Берга* (в квартале между ул. Суворова, К. Барона, Кирова и Дзирнаву; 1888, арх.

К. Пекшенс) мог бы, пожалуй, после реконструкции вернуть себе былую популярность. В начале века здесь находился в общей сложности 131 объект: магазины, мастерские, ресторан, типография и т.п.

На пороге нового столетия архитекторы воспринимали модерн в орнаментально-декоративном духе — дополняли декор эклектизма формами и приемами стиля модерн. Первые подобные здания появились в Старой Риге. В центре характерным в этом отношении являлся доходный дом на ул. Я. Купалы, 11 (1899, арх. Р. Цирквиц). С распространением модерна появились строения, выделявшиеся чрезмерным орнаментальным украшением, к тому же в декоративных мотивах использовалось все, что не было связано с формами исторических стилей. Ярчайшим представителем декоративного модерна был гражданский инженер М. Эйзенштейн, автор большинства домов на ул. Альберта (теперь — Ф. Гайлиса). Фасады украшены различными сочетаниями геометрических линий, квадратов, окружностей, цветочными мотивами, гирляндами, масками, крылатыми чудовищами, сфинксами, львами, женскими фигурами, необычными по формам оконными проемами. Все скомпоновано между собой, формы пластично переходят одна в другую. Фасады зданий максимально насыщены украшениями.

Для архитектуры Риги более характерны другие направления модерна. Облик доходных домов по ул. Ленина, 55 (1900, арх. А. Гизеке из Берлина, В. Нейман), Ленина, 76

187. Aleksandra Ņevska baznīca Aleksandra, tag. Ļeņina, ielā 56,
1825. g., arhit. K. F. Breitkreics(?), klasicisms. *VRVM neg. Nr. 89.463*

Церковь Александра Невского на Александровской улице, нын.
ул. Ленина, 56, 1825 г., арх. К. Ф. Брейткрейц (?), классицизм

The Church of Alexander Nevsky in Alexander Street, today
56 Lenin Street, 1825, arch. C. F. Breitkreutz (?), the Classicism

(1909, арх. Я. Алкснис), построенных в стиле романтизированного модерна, дополнили щипцы и эркеры, в элементах которых использованы мотивы готики и немецкого Ренессанса, а также сдержанный плоскостной декор.

Детали ретроспективного характера (в начале века источником вдохновения для зодчих, применявших эти детали, служили образцы рижской исторической архитектуры и немецких журналов) исчезают примерно в 1907 году. Членение фасадов приобретает ярко выраженный вертикальный характер. Это подчеркивают выступающие настенные лопатки, пилястры, а также эркеры. Такая разработка фасадов не только обогащает их пластику, но и улучшает освещение, вентиляцию внутренних помещений, что имеет особое значение при периметральной застройке. Вертикальный модерн полностью определяет застройку улицы К. Маркса в квартале между улицами П. Стучки и К. Барона.

В начале века особое значение приобрели поиски национального стиля. В России они нашли воплощение в т.н. русском стиле, в Германии — в неоренессансе. В Риге национальное своеобразие не проявлялось однозначно, своеобычный характер получил здесь и модерн. Немецкие архитекторы в своих творениях подчеркивали связь с родиной предков, используя типично немецкие строительные формы, например такие, как фахверк. Это направление получило название *Heimatkunst*.

Стремления латышских зодчих к сформированию национальной архитектуры привели к рождению национального романтизма — одной из форм проявления модерна. Несомненно влияние финских архитекторов, ведь первое здание в «северном стиле» было построено в 1905 году на углу улиц А. Пумпура и Ю. Алунана архитектором Александром Ванагом по проекту финских архитекторов К. Вазашерны и Г. Линдберга. Рациональная планировка дома (большинство помещений, включая гигиенические и проходные, имеют естественное освещение) и своеобразные приемы отделки (гранит, фактурная штукатурка) были новинкой в архитектуре Риги. Выразительный облик этого здания вдохновлял А. Ванага в его творчестве — им построено около 80 каменных жилых домов, самые известные из которых находятся на ул. Ленина, 58 (1906), Суворова, 70 (1910). Архитектором романтического направления был и Эйжен Лаубе, но почерк обоих этих архитекторов в нюансах отличается. Если в сооружениях А.Ванага орнаментальный декор связан с латышскими этнографическими узорами, то украшения фасадов, выполненных Э. Лаубе, ближе по характеру абстрактно-геометрическим мотивам модерна. Самая известная постройка Э. Лаубе — т.н. дом Красткална на ул. Ленина, 47. Размеры здания в большой мере вызывают ассоциации с формами народного деревянного зодчества, так как особенно подчеркнута плоскость крыши. Крупные массивные фасады создают несколько обманчивое впечатление о просторности и удобствах рядового доходного дома.

После 1910 года начинается закат модерна, на короткое время расцветает неоампир, который лучше всего представлен творениями архитектора Эйжена Поле (здание на ул. К. Барона, 14, теперь Государственная библиотека ЛССР имени В. Лациса, 1910, и здание на ул. Ленина, 38, или ул. Кирова, 57).

Перед первой мировой войной облик рижского центра в большой степени был уже сформирован: самые значимые углы улиц были «заняты», культовые здания как венцы в перспективах уличных коридоров возведены.

После военных потрясений строительная активность была невысокой, здания преимущественно восстанавливалось. В конце 20-х годов на непродолжительное время свежую струю внес стиль а р т - д е к о, который, подобно модерну в начале века, но с меньшим успехом, пытался ввести язык новых форм. Он включал навеянные кубизмом комбинации основных геометрических форм, что хорошо прослеживается в пластике оформления фасадов. Наиболее интересные сооружения — здание Телефонной централи Д. Зариньша на ул. К. Барона, 99 (1927), доходный дом и магазин Т. Германовского на ул. Суворова, 8 и 10 (1928), школа и доходный дом на ул. К. Маркса, 27 (1930). Для фасадов этих домов характерны треугольные эркеры, пилястры такого же сечения, полукруглые или сегментные щипцы.

С новыми тенденциями в планировке жилых зданий в Ригу приходит следующее архитектурное направление — р а ц и о н а л и з м. Квартиры становятся экономичнее и практичнее, появляются все удобства, уменьшаются высота потолков (до 3,0 м) и количество комнат в квартирах. Отпадает необходимость в огромных комнатах-залах. На их месте устраиваются раздвижные двери между комнатами. На фасадах доминируют большие оконные проемы и горизонтальное членение, которое подчеркивается поясами карнизов. В качестве отделочного материала применяют темный терразит или плиты из искусственного камня. Для отделки дорогих доходных домов, например дома Нейбурга на ул. Ленина, 40 (1936, арх. А. Клинклав), используется природный материал — туфовый известняк.

Архитектура рационализма 30-х годов в полной мере представлена в районе Г р и з и н ь к а л н с а. Название его берет начало со времен средневековья, когда город окружали каменные стены и все леса в пригороде были вырублены. Ветер сносил песок, образуя голые песчаные холмы (латышск. — grīziņš). Интенсивное строительство здесь стало

вестить после разработанного в 1883 году проекта планировки и застройки этой местности. Улицы лучеобразно расходятся от небольшой площади, в центре которой стоит *церковь св. Павла* (1885, арх. Г. Гильбиг). В 30-х годах нашего столетия в районе парка 1905 года появилось несколько значительных сооружений: возведены комплекс Латвийского Красного Креста (1933—1935, арх. А. Клинклав), жилой квартал (1931, арх. О. Тилманис) и трансформаторная подстанция (1939, арх. А. Раманис). Все эти здания просты, даже монументальны по форме, объемы разделены в соответствии с их функциональным назначением.

В послевоенные годы центр Риги предполагалось кардинально реконструировать — расширить улицы, разместить высотные здания (Г. Мелбергс). Но после того как центр Риги получил статус памятника градостроительства, обществу архитекторов пришлось изменить взгляды на масштабы реконструкции. В последней редакции детальной планировки (Э. Фогелис) принимались во внимание существующие линии уличной застройки как по ширине улиц, так и по высоте застройки.

Самая значительная постройка этого периода — Театр Дайлес, спроектированный в 1963 году (арх. М. Станя с соавторами). Строительство было завершено в 1976 году под руководством И. Якобсона. Ряд жилых домов спроектировали М. Гелзис, О. Крауклис, Ю. Паэгле, А. Рейнфелде, В. Шнитников, вписав их в структуру существующей застройки. Общественные здания, преимущественно спортивные, административные и для нужд проектных бюро, возведены по проектам О. Крауклиса, М. Гелзиса, Я. Карклиньша, Л. Кнаке, Э. Вецумниекса, А. Рейфелдса, В. Зилгалвиса и других архитекторов.

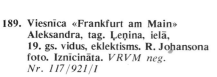

189. Viesnīca «Frankfurt am Main» Aleksandra, tag. Ļeņina, ielā, 19. gs. vidus, eklektisms. R. Johansona foto. Iznīcināta. *VRVM neg. Nr. 117/921/1*

Гостиница «Франкфурт-на-Майне» на Александровской улице, нын. ул. Ленина, середина XIX в., эклектизм. Уничтожена. *Фото Р. Иохансона*

Hotel **FRANKFURT AM MAIN** in Alexander Street, today Lenin Street, the middle of the 19th century, the Eclecticism. Destroyed. Photo by R. Johansons

THE CENTRE

At the turn of the century the Ring of Boulevards was completed and its dominating architectural style — Eclecticism — had exhausted its potential. There grew an increasing contradiction between the application of past forms in the decoration of the buildings and the up-to-date methods of space construction, structures and technical equipment. The new style of the 20th century — Art Nouveau — completely rejected the imitation of historical forms and created a new contemporary mode of architecture.

At this time construction was concentrated in the suburb of Petersburg between the Ring of Boulevards and the R a i l w a y R i n g. The railway-line Rīga-Mīlgrāvis was built in 1871 together with the railway stations Aleksandra Vārti (now Oškalni), Kara Hospitālis (now Brasa), and Aleksandra Augstumi (now Sarkandaugava). Two fifths of the buildings built in what is now the c e n t r e are in the Art Nouveau style (research by J. Krastiņš).

The basis for the construction of the town was laid by regular network of streets determined by several projects from as far back as the 17th century. In 1858 the prohibition to build brick houses in the suburbs was repealed and people were urged to take advantage of p e r i m e t e r c o n s t r u c t i o n as both space-efficient and most profitable. The integral character of the construction was determined by the dividing of blocks into l o t s of even width. The incumbent c o n s t r u c t i o n r u l e s of Riga determined the integrity, too, especially when its supplement prohibited to build wooden buildings inside the Railway Ring in 1904.

The concrete demands of the construction rules (like the maximum height of the cornice — 21.3 metres which in the narrowest streets should be adjusted to the width of the street, as well as the minimum size of the yards) left for the architect to choose the size of the rooms, their planning as well as the character of the façade. Although the perimeter construction of the quarters did not comply with the rules of modern hygiene, the rooms being neither well-lighted, ventilated nor insulated against noise, yet it had one undeniable value: its complete correlation between the scale of the street and the person, his step, his angle of view. The time has passed when streets-corridors built in the centre of Riga at the beginning of the century were approached critically. The buildings had decorative street façades in contrast with the simple forms of inner yards.

The location of houses along the perimeter of a block is not the only method utilized in the centre of Riga. One can also meet the so-called half-open construction. When architect A. Vite drew plans for the buildings located at 103 and 105 Lenin Street, he distanced them by «flooding» the space of the street into the yard. At times enormous front entrances can be seen through, large gates linking the space of the street and the yard (eg., 33 Gorky Street and 88 Lenin Street).

The so-called Vorburg Residential Quarter (arch. W. Roessler, 1913) was built following the plan with a shared yet comfortable inner yard. In the thirties architects P. Dreijmanis and O. Tīlmanis built the municipal apartment house in Ausekļa and J. Asara Streets and managed to preserve the traditional perimeter while improving the comfort of the inner quarters. The character of ensemble construction was preserved because the construction rules of the time did not allow the erection of separate edifices in the centre.

Simple public buildings like schools can also dominate the appearance of a street when they are located at intersections and surrounded by gardens and yards. Architect R. Schmaeling introduced radical changes in the architecture of schools when he built the so-called «red schools» at the beginning of the 20th century, their name stemming from the red brick and tile

190. Saskaņots jūgendstila ansamblis Aleksandra un Ģertrūdes, tag. Ļeņina un K. Marksa, ielu stūrī, 20. gs. sākums, arhit. A. Gīzeke, V. Neimanis, A. Šmēlings.
Pastkarte no O. Cinka kolekcijas

Стройный ансамбль зданий в стиле модерн на углу улиц Александровской и Гертрудинской, нын. ул. Ленина и К. Маркса, начало XX в., арх. А. Гизеке, В. Нейман, А. Шмелинг.
Почтовая открытка из коллекции О. Цинка

A set of buildings in the Art Nouveau style on the corner of Alexander and Gertrude, today Lenin and K. Marx Streets, the beginning of the 20th century, arch. A. Gieseke, W. Neumann and A. Schmaeling.
A postcard from the collection of O. Cinks

used in their construction. Their new and rational room arrangement has been preserved until today. The buildings have asymmetrically composed, mutually connected edifices where the classrooms are orientated towards the south and linked with a one-sided passage. The assembly halls and gyms are located in a separate building. Steep roofs and decorative chimeys were characteristic of the romantic Neo-Gothic façades.

Unfortunalely, Riga has few passages — roofed trading streets characteristic of East European capitals. *Berga Bazaar*, the block between Suvorov, K. Barona, Kirov and Dzirnavu Streets (arch. K. Pēkšēns, 1888), could regain its former importance after the reconstruction. At the beginning of the century this area contained stores, workshops, restaurants etc., constituting a total of 131 establishments. At the turn of the century architects perceived Art Nouveau as being ornamentally decorative. These decorative forms and methods supplemented the ornamentation of Eclecticism. The first examples of Art Nouveau were built in the Old Town of Riga. The rental house 11 J. Kupala Street was the first built in this style in the centre (arch. R. Cirkvics, 1899). Following the spread of Art Nouveau, there appeared buildings peculiar due to their over-saturated, over-ornamental decoration. Everything that was not connected with the forms of the historical styles seemed suitable for decorative motifs. M. Eizenstein, a civil engineer, was the most outstanding representative of the D e c o r a t i v e A r t N o u v e a u in Riga. He built several houses on Albert (now F. Gaiļa) Street. His façades were decorated by the composition of lines, circles and rectangles, flower motifs, garlands, masks, winged monsters, sphinxes, lions, female figures and windows of extraordinary form. Everything is composed in a mutual connection, forms transforming into one another plastically. The façades of the buildings are overabundant with decorations.

Other trends of Art Nouveau are also characteristic for the architecture of Riga. The R o m a n t i c i z e d A r t N o u v e a u can be seen in the buildings 55 Lenin Street (arch. A. Gieseke from Berlin, W. Neumann) and 76 Lenin Street (arch. J. Alksnis, 1909), their façades embellished with pediments and frieze bay windows with the Gothic and German Renaissance motifs as well as with the reserved enrichment of planes.

The details of retrospective character vanished around 1907. The historical architecture and the patterns of German magazines determined their application at the beginning of the century. The advanced zones in the walls — l e s e n s, p i l a s-t e r s and b a y s — not only enrich the plasticity but also improve the lighting and the ventilation of the rooms which is of special importance for houses of closed perimeter construction. The V e r t i c a l A r t N o u v e a u determines the construction in the block of K. Marx Street between P. Stučka and K. Barons Street.

At the beginning of the century the search for national styles was of utmost importance. In Russia it was embodied in the so-called «Russian style», in Germany, in the Neo-Renaissance. The national pecularities did not appear simply in Riga. The Art Nouveau acquired a peculiar character here. German architects in their work stressed their link with their native land by applying such typical German construction forms as «Fachwerk». This trend is given a special designation — H e i m a t k u n s t. The strife of Latvian architects to create a national architecture change Art Nouveau into a new style — N a t i o n a l R o m a n t i c i s m. The influence of Finnish architects is certain as the Latvian architect Aleksandrs Vanags constructed his first building in the «Northern style», following the project of Finnish architects K. Vasasherna and G. A. Lindberg in 1905 (5 A. Puṁpura Street). Their rational planning of naturally lighted rooms and the utilization of

peculiar trimming materials (granite, textured plasters) was something new in Riga. The expensive image of this building influenced A. Vanags' future work. He built about 80 residential buildings, the most prominent of which are located 58 Lenin Street (1916) and 70 Suvorov Street (1910). Eižens Laube was also a romantically inclined architect, but his style was slightly different. A. Vanags adorned houses with a decorative style closer to Latvian ethnographical ornaments while E. Laube embellished façades with the bent lines of Art Nouveau. The most prominent house built by E. Laube was the so-called Krastkalns house 47 Lenin Street. The size of the building is associated with vernacular architectural forms. The planes of the roof are especially stressed. The massive façades create a slightly false impression about the spaciousness and convenience of an ordinary dwelling.

The decline of Art Nouveau began after 1910. The N e o-E m p i r e s t y l e flourished for a short time. Architect Eižens Pole is the best representative of this period, and his buildings are 14 K. Barona Street (1910), 38 Lenin Street, and 57 Kirov Street. The central part of the town was already created before World War I broke out. The most important intersections were developed and churches were built to complete the perspective of the street corridors. Construction was low during the immediate post-war period. However, at the end of the twenties a new style — A r t - d e c o — brings a fresh start, but only for a short time. It tries to introduce a new expression of form as Art Nouveau did at the beginning of the century, though it is not as successful. The style is created by the combination of basic geometrical forms influenced by cubism and is easily noticed in the formation of façades. The most interesting works are the building of the telephone exchange 99 K. Barona Street (arch. D. Zariņš, 1927), the rental houses and shops 8 Suvorov Street (arch. T. Hermanovskis, 1928), apartment house and

the school 27 K. Marx Street (1930). The façades of these buildings are characterized by triangular bay windows, cross-sectioned pilasters and semi-circular or segmental pediments.

The new trend — R a t i o n a l i s m — arrives in Riga with the new inclinations in the planning of residential houses. The apartments become economic and practical, modern conveniences appear, the ceiling lowers to 3 metres in the flat, the number of rooms diminishes. Halls become obsolete. Rooms with sliding doors are introduced. The façades are dominated by large windows and horizontal divisions. Dark textured plasters or plates of artificial stone are employed for trimming. The expensive apartment houses are trimmed with natural materials such as limestone (Neuburgs' house 40 Lenin Street, arch. A. Klinklāvs, 1936).

The architectural style of the thirties — R a t i o n a l i s m — can be seen in the district of Riga — G r ī z i ņ k a l n s. The name Grīziņkalns appeared in the Middle Ages when the fortress wall defended the town and the woods in the suburb were razed. Construction of this working-class suburb began after the 1883 plan of the Riga Board of Building, forming a starlike network with the *Church of St. Paul* in its centre (arch. G. Hilbig, 1885). In the nineteen thirties a number of important buildings were built in the vicinity of the Park of 1905: a set of buildings for the *Red Cross Hospital* (arch. A. Klinklāvs, 1933—1935), a transformer substation (arch. A. Ramanis, 1939), a residential quarter (arch. O. Tīlmanis, 1931). They all are characteristic for their simple, even monumental joint form, where the most important shapes are distinguished by size.

In the post-war period there were proposals for a cardinal reconstruction of the town centre including the widening of streets and the erection of sky-scrapers (G. Melbergs). Realizing the monumental reconstruction plans of the centre, archi-

110

193. Aula A. Ķeniņa skolā
Tērbatas ielā, tag. 40. vidusskola
P. Stučkas ielā 15/17. 1905. g.,
arhit. K. Pēkšēns, E. Laube,
nacionālais romantisms. *VRVM neg.*
Nr. 99100—3

Актовый зал в школе
А. Кеныньша на ул. Тербатас,
нын. 40-я средняя школа
на ул. П. Стучки, 15/17, 1905 г.,
арх. К. Пекшен, Э. Лаубе,
национальный романтизм

A hall in A. Ķeniņš' School in
Tērbatas Street, today Secondary
School No. 40 15/17 P. Stučkas Street,
1905, arch. K. Pēkšēns and
E. Laube, the National Romanticism

194. «Apollo» teātris Grīziņkalnā,
1902. g., arhit. J. Feifers,
eklektisms. Iznīcināts.
Pastkarte no O. Cinka kolekcijas

Театр «Аполло» в Гризинькалнсе,
1902 г., арх. И. Фейферс,
эклектизм. Уничтожен. *Почтовая*
открытка из коллекции
О. Цинка

The theatre APOLLO in
Grīziņkalns, 1902, arch.
J. Pfeifer, the Eclecticism.
Destroyed. *A postcard from*
the collection of O. Cinks

tects revised the plans, respecting the existing lines of construction, the width of streets and the height of buildings (E. Fogelis).

The most important building of the period is *Art Theatre* (arch. M. Staņa with a team, 1963; construction finished in 1976 by arch. I. Jākobsons). A number of residential houses were designed by M. Ģelzis, O. Krauklis, J. Paegle, A. Reinfelds, V. Shnitnikov and introduced in the existing framework of buildings. The public buildings, mainly sports facilities and office buildings, were built following the designs of O. Krauklis, M. Ģelzis, J. Kārkliņš, L. Knāķe, A. Reinfelds, J. Skalbergs, E. Vecumnieks, V. Zilgalvis etc.

195., 196. Dzīvojamā ēka F. Gaiļa ielā 21a,
1904. g., arhit. M. Eizenšteins,
jūgendstils

Жилое здание на ул. Ф. Гайлиса, 21a,
1904 г., арх. М. Эйзенштейн, модерн

The dwelling house 21a F. Gaiļa Street,
1904, arch. M. Eizenstein, the Art
Nouveau

197., 198. A. Reinberga savrupmāja, tag.
Misiņa bibliotēka, A. Upīša ielā 3, 1905. g.,
arhit. A. Reinbergs, nacionālais
romantisms

Особняк А. Рейнберга, нын.
библиотека Мисиня, на ул. А. Упита, 3,
1905 г., арх. А. Рейнберг,
национальный романтизм

The town house of architect A. Reinbergs,
today J. Misiņš' Library 3 A. Upīša Street,
1905, arch. A. Reinbergs, the National
Romanticism

199. Dzīvojamā ēka Kirova ielā 33,
1901. g., arhit. M. Eizenšteins, eklektiskais
jūgendstils

Жилое здание на ул. Кирова, 33,
1901 г., арх. М. Эйзенштейн,
эклектический модерн

The dwelling house 33 Kirov Street,
1901, arch. M. Eizenstein, the
Eclectic Art Nouveau

196

197

198

199

200. Dzīvojamā ēka Gorkija ielā 49,
1887. g., arhit. R. H. Cirkvics,
eklektisms, fragments

Жилое здание на ул. Горького, 49, 1887 г.,
арх. Р. Г. Цирквиц, эклектизм, фрагмент

The dwelling house 49 Gorky Street, 1887,
arch. R. H. Cirkvitz, the Eclecticism,
a fragment

201. Pāvila baznīca A. Deglava ielā 1, 1887. g.,
arhit. G. F. A. Hilbigs, eklektisms

Церковь св. Павла на ул. Деглава, 1,
1887 г., арх. Г. Ф. А. Гильбиг,
эклектизм

The Church of St. Paul 1 A. Deglava
Street, 1887, arch. G. F. A. Hilbig,
the Eclecticism

202. Vecā Ģertrūdes baznīca K. Marksa
ielā 8, 1865. g., arhit. J. D. Felsko,
eklektisms

Старая церковь св. Гертруды на
ул. К. Маркса, 8, 1865 г., арх. И. Д. Фельско,
эклектизм

The old church of St. Gertrude
8 K. Marx Street, 1865, arch. J. D. Felsko,
the Eclecticism

203. Dzīvojamā ēka Kirova ielā 33, fragments

Жилое здание на ул. Кирова, 33,
фрагмент

The dwelling house 33 Kirov Street,
a fragment

204., 205., 206., 207. Dzīvojamā ēka
   F. Gaiļa ielā 12, 1903. g., arhit. K. Pēkšēns,
   E. Laube, jūgendstils. 205. Jaņa
   Rozentāla darbnīca

Жилое здание на ул. Ф. Гайлиса, 12,
1903 г., арх. К. Пекшен, Э. Лаубе,
модерн. 205. Мастерская Я. Розенталя

The dwelling house 12 F. Gaiļa Street,
1903, arch. K. Pēkšēns and E. Laube,
the Art Nouveau. 205. The studio
of painter Janis Rozentāls

208., 209. Dzīvojamā ēka A. Pumpura ielā 5,
1905. g., arhit. G. Lindbergs, K. Vasašerna,
A. Vanags, nacionālais romantisms

Жилое здание на ул. А. Пумпура, 5,
1905 г., арх. Г. Линдберг, К. Вазашерна,
А. Ванаг, национальный романтизм

The dwelling house 5 A. Pumpurs Street,
1905, arch. G. Lindberg, K. Vasasherna
and A. Vanags, the National
Romanticism

210. Dzīvojamā un veikalu ēka Ļeņina ielā 62,
1908. g., arhit. E. Laube, nacionālais
romantisms

Жилое здание с магазинами на
ул. Ленина, 62, 1908 г., арх. Э. Лаубе,
национальный романтизм

The dwelling house and shops 62 Lenin
Street, 1908, arch. E. Laube, the National
Romanticism

211., 212. Dzīvojamā un veikalu ēka
Ļeņina ielā 58, 1906. g., arhit. A. Vanags,
nacionālais romantisms

Жилое здание с магазинами на
ул. Ленина, 58, 1906 г., арх. А. Ванаг,
национальный романтизм

The dwelling house and shops 58 Lenin
Street, 1906, arch. A. Vanags, the
National Romanticism

213. A. Ķeniņa skola, tag. 40. vidusskola,
P. Stučkas ielā 15/17, 1905. g., arhit.
K. Pēkšēns, E. Laube, nacionālais
romantisms

Школа А. Кеныньша, нын. 40-я
средняя школа, на ул. П. Стучки, 15/17,
1905 г., арх. К. Пекшен, Э. Лаубе,
национальный романтизм

A. Ķeniņš' School, today Secondary School
No. 40 15/17 P. Stučkas Street, 1905,
arch. K. Pēkšēns and E. Laube, the
National Romanticism

214., 215. Dzīvojamā un veikalu ēka P. Stučkas
ielā 33/35, 1906. g., arhit. K. Pēkšēns,
E. Laube, nacionālais romantisms

Жилое здание с магазинами на
ул. П. Стучки, 33/35, 1906 г.,
арх. К. Пекшен, Э. Лаубе, национальный
романтизм

The dwelling house and shops 33/35
P. Stučkas Street, 1906, arch. K. Pēkšēns
and E. Laube, the National Romanticism

216. Dzīvojamā un veikalu ēka Ļeņina
ielā 37, 1909. g., arhit. E. Laube,
nacionālais romantisms

Жилое здание с магазинами на
ул. Ленина, 37, 1909 г., арх. Э. Лаубе,
национальный романтизм

The dwelling house and shops
37 Lenin Street, 1909, arch. E. Laube,
the National Romanticism

213

217. Dzīvojamā un veikalu ēka Suvorova
ielā 70, 1910. g., arhit. A. Vanags,
nacionālais romantisms

Жилое здание с магазинами на
ул. Суворова, 70, 1910 г., арх.
А. Ванаг, национальный романтизм

The dwelling house and shops 70 Suvorov
Street, 1910, arch. A. Vanags, the National
Romanticism

218. Dzīvojamā un veikalu ēka Gorkija ielā 67,
1909. g., arhit. E. Laube, nacionālais
romantisms

Жилое здание с магазинами на
ул. Горького, 67, 1909 г., арх. Э. Лаубе,
национальный романтизм

The dwelling house and shops
67 Gorky Street, 1909, arch. E. Laube,
the National Romanticism

219. Dzīvojamā ēka Gorkija ielā 69, 1909. g.,
arhit. E. Laube, nacionālais romantisms

Жилое здание на ул. Горького, 69,
1909 г., арх. Э. Лаубе, национальный
романтизм

The dwelling house 69 Gorky Street,
1909, arch. E. Laube, the National
Romanticism

220. Dzīvojamā un veikalu ēka Ļeņina
ielā 105, 1907. g., arhit. A. Vite,
eklektiskais jūgendstils

Жилое здание с магазинами на
ул. Ленина, 105, 1907 г., арх. А. Вите,
эклектический модерн

The dwelling house and shops 105 Lenin
Street, 1907, arch. A. Vite, the
Eclectic Art Nouveau

221. Dzīvojamā ēka F. Gaiļa ielā 11,
1908. g., arhit. E. Laube, nacionālais
romantisms

Жилое здание на ул. Ф. Гайлиса, 11,
1908 г., арх. Э. Лаубе, национальный
романтизм

The dwelling house 11 F. Gaiļa Street,
1908, arch. E. Laube, the National
Romanticism

222. Dzīvojamā un veikalu ēka, tag.
administratīvā ēka, Ļeņina ielā 85,
1912. g., arhit. E. Laube, jūgendstils

Жилое здание с магазинами, нын.
административное здание, на
ул. Ленина, 85, 1912 г., арх. Э. Лаубе,
модерн

The dwelling house and shops, today
an office building 85 Lenin Street,
1912, arch. E. Laube, the Art Nouveau

223. Banka un dzīvojamā ēka Ļeņina ielā 46,
1907. g., arhit. K. Pēkšēns, nacionālais
romantisms

Банк и жилое здание на ул. Ленина, 46,
1907 г., арх. К. Пекшен, национальный
романтизм

The bank and the dwelling house
46 Lenin Street, 1907, arch. K. Pēkšēns,
the National Romanticism

224. Rīgas pilsētas 1. slimnīca Sarkanarmijas
ielā 5, 1871.—1907. g., arhit. J. D. Felsko,
neogotika

Рижская 1-я городская больница на
ул. Сарканармияс, 5, 1871—1907 гг.,
арх. И. Д. Фельско, неоготика

Hospital 5 Sarkanarmijas Street,
1871—1907, arch. J. D. Felsko,
the Neo-Gothic

225. Dzīvojamā un veikalu ēka Lāčplēša
ielā 51, 1909. g., arhit. E. Laube,
stateniskais jūgendstils

Жилое здание с магазинами на
ул. Лачплеша, 51, 1909 г., арх.
Э. Лаубе, вертикальный модерн

The dwelling house and shops 51
Lāčplēša Street, 1909, arch. E. Laube,
the Vertical Art Nouveau

226. Banka, tag. administratīvā ēka,
P. Stučkas ielā 14, 1909. g., arhit.
K. Pēkšēns, A. Medlingers, stateniskais
jūgendstils

Банк, нын. административные здание,
на ул. П. Стучки, 14, 1909 г., арх.
К. Пекшен, А. Медлингер, вертикальный
модерн

The bank, today an office building
14 P. Stučkas Street, 1909, arch. K. Pēkšēns
and A. Moedlinger, the Vertical Art
Nouveau

227. Ugunsdzēsēju depo, tag. Ugunsdzēsības
muzejs, Hanzas ielā, ap 1910. g., arhit.
R. Šmēlings, romantizētais jūgendstils

Пожарное депо, нын.
Пожарно-технический музей, на
ул. Ханзас, около 1910 г., арх.
Р. Шмелинг, романтизированный
модерн

The depot of fire brigade, today the
Museum of Fire fighting in Hanzas
Street, around 1910, arch. R. Schmaeling,
the Romanticized Art Nouveau

223

224

228. Ļeņina un Revolūcijas ielas stūris:
dzīvojamā un veikalu ēka, 1909. g.,
arhit. J. Alksnis, K. Pēkšēns, E. Pole,
jūgendstils

Угол Ленина и Революцияс: жилое
здание с магазинами, 1909 г.,
арх. Я. Алкснис, К. Пекшен, Э. Поле,
модерн

The corner of Lenin and Revolūcijas
Streets: the dwelling house and shops,
1909, arch. J. Alksnis, K. Pēkšēns and
E. Pole, the Art Nouveau

229. Dzīvojamās un veikalu ēkas portāls
K. Barona ielā 37, 1911. g., arhit. A. Vanags,
nacionālais romantisms

Портал жилого здания с магазинами
на ул. К. Барона, 37, 1911 г.,
арх. А. Ванаг, национальный романтизм

The portal of the dwelling house and
shops 37 K. Barona Street, 1911, arch.
A. Vanags, the National Romanticism

230. Ļeņina un Revolūcijas ielas stūris:
dzīvojamās un veikalu ēkas, 1938. g.,
arhit. J. Rengarts, racionālisms

Угол улиц Ленина и Революцияс:
жилые дома с магазинами, 1938 г.,
арх. Я. Рейнгарт, рационализм

The corner of Lenin and Revolūcijas
Streets: dwelling houses and shops, 1938,
arch. J. Rengardt, the Rationalism

231. Dzīvojamā un veikalu ēka Ļeņina
ielā 55, 1900. g., arhit. A. Gīzeke,
V. Neimanis, romantizētais jūgendstils

Жилое здание с магазинами на
ул. Ленина, 55, 1900 г., арх. А. Гизеке,
В. Нейман, романтизированный модерн

The dwelling house and shops 55 Lenin
Street, 1900, arch. A. Gieseke and
W. Neumann, the Romanticized Art
Nouveau

232. Noliktava Revolūcijas ielā 21,
1904. g., arhit. A. Vite, A. Folca skulptūra,
neogotika

Склад на ул. Революцияс, 21,
1904 г., арх. А. Витте, скульптура
А. Фольца, неоготика

The warehouse 21 Revolūcijas Street,
1904, arch. A. Vite, the sculpture
by A. Voltz, the Neo-Gothic

233. Vidzemes tirgus, 1902. g., arhit. R. Šmēlings,
eklektisms

Видземский рынок, 1902 г.,
арх. Р. Шмелинг, эклектизм

The Vidzeme Market, 1902, arch.
R. Schmaeling, the Eclecticism

234. Dzīvojamā un veikalu ēka Ļeņina ielā 57,
1909. g., arhit. J. Alksnis, romantizētais
jūgendstils

Жилое здание с магазинами на
ул. Ленина, 57, 1909 г., арх. Я. Алкснис,
романтизированный модерн

The dwelling house and shops 57 Lenin
Street, 1909, arch. J. Alksnis, the
romanticized Art Nouveau

235. Sarkanā Krusta slimnīca J. Asara
ielā 3, 1912. g., arhit. F. Šefels,
jūgendstils. Slimnīcas korpusi
Pērnavas ielā 62 un J. Asara ielā 5,
celti 20. gs. 30. gados racionālisma
stilā, arhit. A. Klinklāvs

Больница Красного Креста на
ул. Я. Асара, 3, 1912 г.,
арх. Ф. Шеффель, модерн. Больничные
корпуса на ул. Пернавас, 62 и Я. Асара,
5 построены в 30-е гг. XX в. в стиле
рационализма, арх. А. Клинклавс

The Red Cross Hospital 3
J. Asara Street, 1912, arch. F. Schephel,
the Art Nouveau. The buildings of
the hospital 62 Pērnavas Street and
5 J. Asara Street were built in the
1930s in the rational style by arch.
A. Klinklāvs

236. Dzīvojamā ēka Suvorova ielā 55,
1910. g., arhit. A. Vanags, nacionālais
romantisms

Жилое здание на ул. Суворова, 55,
1910 г., арх. А. Ванаг, национальный
романтизм

The dwelling house and shops 55 Suvorov
Street, 1910, arch. A. Vanags, the
National Romanticism

237. Telefonu centrāle K. Barona ielā 67/69, 1927. g., arhit. D. Zariņš, art deco stils

Телефонная централь на ул. К. Барона, 67/69, 1927 г., арх. Д. Зариньш, стиль арт-деко

The telephone exchange 67/69 K. Barona Street, 1927, arch. D. Zariņš, the Art-deco

238. Skvērs P. Stučkas un Lāčplēša ielu stūrī, 1985. g., arhit. G. Stirna, māksliniece A. Zariņa

Сквер на углу ул. П. Стучки и Лачплеша, 1985 г., арх. Г. Стирна, художник А. Зариня

The square on the corner of P. Stučkas and Lāčplēša Streets, 1985, arch. G. Stirna, painter A. Zariņa

239. Jaunā Ģertrūdes baznīca Ļeņina ielā 119, 1906. g., arhit. V. fon Strīks, neogotika

Новая церковь св. Гертруды на ул. Ленина, 119, 1906 г., арх. В. фон Стрик, неоготика

The new church of St. Gertrude 119 Lenin Street, 1906, arch. W. von Strуk, the Neo-Gothic

240. Dzīvojamā un veikalu ēka, t.s. Sniķera nams, tag. skola, Ļeņina ielā 39, 1935. g., arhit. E. Laube, racionālisms

Жилое здание с магазинами, т.н. дом Сникера, нын. школа, на ул. Ленина, 39, 1935 г., арх. Э. Лаубе, рационализм

The dwelling house and shops, the so-called Sniķeris' house, today a school 39 Lenin Street, arch. E. Laube, the Rationalism

241. Banka un dzīvojamā ēka K. Barona ielā 3, 1911. g., arhit. J. Alksnis, neoklasicisms

Банк и жилое здание на ул. К. Барона, 3, 1911 г., арх. Я. Алкснис, неоклассицизм

The bank and the dwelling house 3 K. Barona Street, 1911, arch. J. Alksnis, the Neo-Classicism

242. Dzīvojamā ēka Lāčplēša ielā 4, 1905. g., arhit. K. Pēkšēns, nacionālais romantisms (fragments)

Жилое здание на ул. Лачплеша, 4, 1905 г., арх. К. Пекшен, национальный романтизм (фрагмент)

A fragment of the dwelling house 4 Lāčplēša Street, 1905, arch. K. Pēkšēns, the National Romanticism

243. Dzīvojamā un veikalu ēka P. Stučkas
ielā 49/51, 1909. g., arhit. E. Laube,
jūgendstils

Жилое здание с магазинами на
ул. П. Стучки, 49/51, 1909 г., арх. Э. Лаубе,
модерн

The dwelling house and shops 49/51
P. Stučkas Street, 1909, arch. E. Laube,
the Art Nouveau

244. Dzīvojamā un veikalu ēka K. Marksa
ielā 46, 1908. g., arhit. K. Pēkšēns,
nacionālais romantisms

Жилое здание с магазинами на
ул. К. Маркса, 46, 1908 г.,
арх. К. Пекшен, национальный
романтизм

The dwelling house and shops 46 K. Marx
Street, 1908, arch. K. Pēkšēns, the
National Romanticism

245. Dzīvojamā un veikalu ēka Ļeņina ielā 93,
1908. g., arhit. F. Šefels, eklektiskais
jūgendstils

Жилое здание с магазинами на
ул. Ленина, 93, 1908г., арх. П. Шеффель,
эклектический модерн

The dwelling house and shops 93 Lenin
Street, 1908, arch. F. Schephel, the
Eclectic Art Nouveau

246. 7. vidusskola Sarkanarmijas ielā 24a,
ap 1910. g., arhit. R. Šmēlings, romantizētais
jūgendstils. Arhit. E. Šēnbergs piebūves
racionālās formās projektējis 1982. g.

7-я средняя школа на
ул. Сарканармияс, 24а, около 1910 г.,
арх. Р. Шмелинг, романтизированный
модерн. Арх. Э. Шенбергс спроектировал
в 1982 г. пристройки рациональной
формы

Secondary School No. 7 24a Sarkanarmijas
Street, around 1910, arch. R. Schmaeling,
the Romanticized Art Nouveau. In 1982
extensions were added to the building in
rational forms by arch. E. Šēnbergs

247. Banka un dzīvojamā māja Ļeņina ielā 38
vai Kirova ielā 57, 1911. g., arhit.
E. Pole, neoklasicisms

Банк и жилой дом на ул. Ленина, 38,
или ул. Кирова, 57, 1911 г.,
арх. Э. Поле, неоклассицизм

The bank and the dwelling house
38 Lenin Street or 57 Kirov Street,
1911, arch. E. Pole, the Neo-Classicism

248. 6. vidusskola Suvorova ielā 102, 1956. g.,
arhit. A. Pūpols, retrospektīvisms

6-я средняя школа на ул. Суворова, 102,
1956 г., арх. А. Пуполс, ретроспективизм

Secondary School No. 6 102 Suvorov Street,
1956, arch. A. Pūpols, the Fifties' Style

249., 250. Dzīvojamo ēku kvartāls Ausekļa,
V. Lāča un Sakaru ielās, 1927. g., arhit.
P. Dreijmanis, tēlnieks R. Maurs,
art deco stils

Квартал жилых зданий на ул. Ауселиса,
В. Лациса и Сакару, 1927. г.,
арх. П. Дрейманис, скульп. Р. Маурс,
стиль арт-деко

A quarter of dwelling houses in Ausekļa,
V. Lāča and Sakaru Streets, 1927,
arch. P. Dreijmanis, sculptor R. Maurs,
the Art-deco style

251. Sporta pils K. Barona ielā 75, 1970. g.,
arhit. O. Krauklis, B. Burčika, Ā. Išhānova,
M. Skalberga. Universālajā zālē var
izvietoties no trīs līdz septiņi tūkstoši
skatītāju

Дворец спорта на ул. К. Барона, 75,
1970 г., арх. О. Крауклис, Б. Бурчик,
А. Ишханова, М. Скалберга. В
универсальном зале могут разместиться
от 3 до 7 тысяч зрителей

Sports Palace 75 K. Barona Street, 1970,
arch. O. Krauklis, B. Burčika, A. Ishkhanova
and M. Skalberga. From three to seven
thousand spectators can be seated in the
universal hall

252. Dzīvojamā ēka K. Marksa ielā 20, 1938. g.,
arhit. N. Voits, racionālisms

Жилое здание на ул. К. Маркса, 20,
1938 г., арх. Н. Войт, рационализм

The dwelling house 20 K. Marx Street, 1938,
arch. N. Voits, the Rationalism

253. Skolas un dzīvojamā ēka K. Marksa
ielā 27, 1930. g., arhit. T. Hermanovskis,
racionālisms

Школьное и жилое здание на
ул. К. Маркса, 27, 1930 г.,
арх. Т. Германовский, рационализм

The school and the dwelling house
27 K. Marx Street, 1930, arch.
T. Hermanovskis, the Rationalism

254. Administratīvā ēka R. Blaumaņa ielā 38/40,
1935. g., arhit. A. Birkhāns, racionālisms

Административное здание на
ул. Р. Блаумdescription, 38/40, 1935 г.,
арх. А. Биркхан, рационализм

The office building 38/40 R. Blaumaņa
Street, 1935, arch. A. Birkhāns, the
Rationalism

255., 257. Dzīvojamā un veikalu ēka Miera
ielā 5, 1912. g., arhit. A. Šmēlings ar
līdzstrādniekiem, racionālisms

Жилое здание с магазинами на
ул. Миера, 5, 1912 г., арх. А. Шмелинг
с сотрудниками, рационализм

The dwelling house and shops 5 Miera
Street, 1912, arch. A. Schmaeling with a
team, the Rationalism

256. Dzīvojamā ēka Veidenbauma ielā 31,
1908. g., arhit. R. Donbergs, P. Rībenzāms,
jūgendstils

Жилое здание на ул. Вейденбаума, 31,
1908 г., арх. Р. Донберг, П. Рибензам,
модерн

The dwelling house 31 Veidenbauma
Street, 1908, arch. R. Dohnberg and
P. Riebenzamm, the Art Nouveau

252

253

254

255

258. Dzīvojamā un veikalu ēka, t.s. Neiburga nams, Ļeņina ielā 38, 1938. g., arhit. A. Klinklāvs, racionālisms

Жилое здание с магазинами, т.н. дом Нейбурга, на ул. Ленина, 38, 1938 г., арх. А. Клинклавс, рационализм

The dwelling house and shops, the so-called Neuburg's house, 38 Lenin Street, 1938, arch. A. Klinklāvs, the Rationalism

259. Dzīvojamā un veikalu ēka Ļeņina ielā 97, 1935. g., arhit. P. Mandelštams, racionālisms

Жилое здание с магазинами на ул. Ленина, 97, 1935 г., арх. П. Мандельштам, рационализм

The dwelling house and shops 97 Lenin Street, 1935, arch. P. Mandelstamm, the Rationalism

260. Dzīvojamā ēka Veidenbauma ielā 45, 1971. g., arhit. M. Ģelzis

Жилое здание на ул. Вейденбаума, 45, 1971 г., арх. М. Гелзис

The dwelling house 45 Veidenbauma Street, 1971, arch. M. Ģelzis

261. Dzīvojamā ēka un restorāns, t.s. Rudzīša nams, Kirova ielā 65, 1932. g., arhit. A. Klinklāvs, racionālisms

Жилое здание и ресторан т.н. дом Рудзита, на ул. Кирова, 1932 г., арх. А. Клинклавс, рационализм

The dwelling house and the restaurant, the so-called Rudzītis' house 65 Kirov Street, 1932, arch. A. Klinklāvs, the Rationalism

262. Administratīvā ēka un kafejnīca «Ļeņingrada» Raiņa bulvārī 25, 1973. g., arhit. O. Ostenbergs, I. Šņore

Административное здание и кафе «Ленинград» на бульв. Райниса, 25, 1973 г., арх. О. Остенбергс, И. Шнёре

The office building and the café LENINGRAD 25 Rainis Boulevard, 1973, arch. O. Ostenbergs and I. Šņore

263. Dzīvojamā un veikalu ēka Ļeņina ielā 82, 1913. g., arhit. B. Bīlenšteins, stateniskais jūgendstils

Жилое здание с магазинами на ул. Ленина, 82, 1913 г., арх. Б. Биленштейн, вертикальный модерн

The dwelling house and shops 82 Lenin Street, 1913, arch. B. Bielenstein, the vertical Art Nouveau

264. Viesnīca «Latvija» Kirova ielā 55, 1978. g., arhit. A. Reinfelds, A. Grīna, V. Maike, internacionālais stils; priekšplānā: Ļeņina piemineklis, 1950. g., tēlnieki V. Ingals un V. Bogoļubovs, arhit. E. Štālbergs

Гостиница «Латвия» на ул. Кирова, 55, 1978 г., арх. А. Рейнфелдс, А. Грина, В. Майке, интернациональный стиль; на переднем плане — памятник В. И. Ленину, 1950 г., скульп. В. Ингалс, В. Боголюбов, арх. Э. Шталбергс

Hotel LATVIA 55 Kirov Street, 1978, arch. A. Reinfelds, A. Grīna and V. Maike, the International style; in the foreground: statue of Lenin, 1950, sculptors V. Ingal and V. Bogolyubov, arch. E. Štālbergs

265. Kinētisks dekors viesnīcas «Latvija» fasādē, mākslinieks A. Riņķis

Кинетический декор на фасаде гостиницы «Латвия», художник А. Ринькис

Kinetic decoration on the façade of the hotel LATVIA, designer A. Riņķis

266. Administratīva ēka Gorkija ielā 31, 1982. g.,
arhit. A. Biķe. Ēkas portālā izmantotas
A. Folca skulptūras, kuras
saglabājušās no 20. gs. sākuma, kad
gruntsgabalā atradās tēlnieka darbnīca

Административное здание на
ул. Горького, 31, 1982 г., арх. А. Бике.
На портале здания размещены скульптуры
А. Фольца, сохранившиеся с начала XX в.,
когда на этом участке земли находилась
мастерская скульптора

The office building 31 Gorky Street,
1982, arch. A. Biķe. The sculptures of
A. Voltz were used in the portal of the
building because the studio of the sculptor
was on the plot of land at the beginning
of the 20th century

267., 268., 269. Raiņa Akadēmiskais Dailes
teātris Ļeņina ielā 75, 1959.—1976. g.,
arhit. M. Staņa, I. Jākobsons, H. Kanders

Академический театр Дайлес
им. Райниса на ул. Ленина, 75,
1959—1976 гг., арх. М. Станя, И. Якобсонс,
Х. Кандерс

Rainis' Academic Art Theatre 75 Lenin
Street, 1959—1976, arch. M. Staņa,
I. Jākobsons, H. Kanders

266

267

270. Latvijas grāmatrūpnieku arodapvienības
ēka, tag. Poligrāfiķu centrālais klubs,
Lāčplēša ielā 43/45, 1931. g., arhit.
A. Karrs, K. Betge, racionālisms

Здание Латвийского профобъединения
книгопромышленников, нын. Центральный
клуб полиграфистов, на
ул. Лачплеша, 43/45, 1931 г.,
арх. А. Карр, К. Бетге, рационализм

The building of the Trade Union of
Latvia's Publishers, today the Central
Publishers' Club 43/45 Lāčplēsis Street,
1931, arch. A. Karrs and K. Betge, the
Rationalism

271. Kinoteātris «Pionieris» A. Upīša ielā 2
ir viens no pirmajiem pēckara modernās
arhitektūras objektiem Rīgā, 1964. g., arhit.
J. Pētersons

Кинотеатр «Пиониерис» на
ул. А. Упита, 2 — один из первых
объектов послевоенной современной
архитектуры в Риге, 1964 г.,
арх. Ю. Петерсонс

The cinema PIONIERIS 2 A. Upītis Street
is one of the first buildings in modern
design in the post-war period, 1964,
arch. J. Pētersons

272. Dzīvojamā un veikalu ēka K. Barona ielā 49,
1911. g., arhit. E. Laube, stateniskais
jūgendstils

Жилое здание с магазинами на
ул. К. Барона, 49, 1911 г., арх. Э. Лаубе,
вертикальный модерн

The dwelling house and shops 49 K. Barona
Street, 1911, arch. E. Laube, the vertical
Art Nouveau

273. Dzīvojamās un veikalu ēkas
Suvorova ielā 8 un 10, 1926.—1927. g.,
arhit. T. Hermanovskis, art deco stils

Жилые здания с магазинами на
ул. Суворова, 8 и 10, 1926—1927 гг.,
арх. Т. Германовский, стиль арт-деко

The dwelling houses and shops 8 and
10 Suvorov Street, 1926—1927, arch.
T. Hermanovskis, the Art-deco style

274. Universālveikals «Bērnu pasaule»
Revolūcijas ielā 21, 1963. g., arhit.
J. Goldenbergs, L. Vaičulaitis. Veikala
tirdzniecības zāļu platība ir ap 4000 m²

Универмаг «Детский мир» на
ул. Революцияс, 21, 1963 г.,
арх. И. Гольденберг, Л. Вайчулайтис.
Площадь торговых залов около 4000 м²

The department store BĒRNU PASAULE
21 Revolūcijas Street, 1963, arch.
J. Goldenbergs and L. Vaičulaitis. The
total trading territory contains about
4000 m²

275. Dzemdību nams Miera ielā 45, 1973. g.,
arhit. A. Siņicins

Родильный дом на ул. Миера, 45, 1973 г.,
арх. А. Синицын

The maternity home 45 Miera Street, 1973,
arch. A. Sinitsin

276. **Administratīva ēka Gorkija ielā 63, 1982. g., arhit. A. Purgailis ar līdzstrādniekiem**

Административное здание на ул. Горького, 63, 1982 г., арх. А. Пургайлис с сотрудниками

The office building 63 Gorky Street, 1982, arch. A. Purgailis with a team

277. **Administratīva ēka Gorkija ielā 112, 1983. g.**

Административное здание на ул. Горького, 112, 1983 г.

The office building 112 Gorky Street, 1983

278. **Tautas nams, tag. administratīva ēka, Sarkanarmijas ielā 29/31, 1929. g., arhit. A. Karrs, K. Betge, racionālisms**

Народный дом, нын. административное здание, на ул. Сарканармияс, 29/31, 1929 г., арх. А. Карр, К. Бетге, рационализм

Culture centre, now an office building 29/31 Sarkanarmijas Street, 1929, arch. A. Karrs, K. Betge, the Rationalism

279. **Dzīvojamā ēka Gorkija ielā 76, 1987. g., arhit. J. Paegle, E. Treimanis**

Жилое здание на ул. Горького, 76, 1987 г., арх. Ю. Паэгле, Э. Трейманис

The dwelling house 76 Gorky Street, 1987, arch. J. Paegle, E. Treimanis

280. **Dzīvojamā ēka Gorkija ielā 110, 1953. g., arhit. P. Fogelis, M. Brodskis, retrospektīvisms**

Жилое здание на ул. Горького, 110, 1953 г., арх. П. Фогелис, М. Бродский, ретроспективизм

The dwelling house 110 Gorky Street, 1953, arch. P. Fogelis and M. Brodskis, the Retrospective Style

281. **Dzīvojamā ēka Gorkija ielā 78, 1978. g., arhit. O. Krauklis, Ā. Išhānova**

Жилое здание на ул. Горького, 78, 1978 г., арх. О. Крауклис, А. Ишханова

The dwelling house 78 Gorky Street, 1978, arch. O. Krauklis and A. Ishkhanova

MASKAVAS PRIEKŠPILSĒTA UN
AUSTRUMU RAJONS

282. Maskavas priekšpilsēta un Austrumu rajons: 1 — Purvciems, 2 — Dreiliņi, 3 — Pļavnieki, 4 — Dārzciems, 5 — Krasta rajons, 6 — Ķengarags, 7 — Rumbula

Московское предместье и Восточный район: 1 — Пурвциемс, 2 — Дрейлини, 3 — Плявниеки, 4 — Дарзциемс, 5 — район Краста, 6 — Кенгарагс, 7 — Румбула

Moscow Suburb and the Eastern District: 1 — Purvciems, 2 — Dreiliņi, 3 — Pļavnieki, 4 — Dārzciems, 5 — Krasta area, 6 — Ķengarags, 7 — Rumbula

Rīgas transporta maģistrāles pilsētas rajonus apvieno un reizē sadala lielākās vai mazākās neformālās vienībās, kurām vajadzētu būt «savai sejai». Pilsētās administratīvās robežas izsenis ir noteikuši administratori un tautsaimnieki bez ainavu arhitektu līdzdalības; pilsētas uztverei tās dod visai maz materiāla. Rīgas ģenerālais plāns paredz mūsdienu Rīgas sešu administratīvo rajonu robežu maiņu, tuvinot tās pilsētas rajonu vēsturiskajām un dabiskajām robežām. No Ļeņina, Ļeņingradas, Kirova, Oktobra, Proletāriešu un Maskavas rajoniem tikai pēdējais savā novietojumā un nosaukumā ir saglabājis pārmantojamību.

Rīgas centra dienvidu pusē, aiz pilsētas mūra, jau viduslaikos sāka veidoties Maskavas priekšpilsēta. Starp Daugavu, Rīdzeni un Speķupi, kas ietecēja Rīdzenē, 1240. gadā

minēta Lielā sala, uz kuras bija Rīdzenes osta, no 1337. gada arī virvju darbnīca (Reeperbahne) un no 1442. gada — kuģubūvētava (Lastadie).

Posts, ko Daugava nodarīja Rīgas apkārtnei, kā arī nepieciešamība regulēt Daugavas kuģu ceļu piespieda rīdziniekus būvēt dambjus. Jau 13. gadsimta beigās pie Rīdzenes grīvas Daugavā uzcelts liels koka krasta nocietinājums (Bollwerk) pret Daugavas ledu, kas pavasarī bojāja pilsētas mūri. Vecākie Rīgas dambji ir Inča dambis, tag. Maskavas iela, celts 16. gadsimtā, un Ganību dambis. Kapteinis G. Veismanis 1764. gadā sastādīja pirmo vispārējo plānu Daugavas regulēšanai ar dambjiem no Ķengaraga līdz ietekai jūrā. No uzceltajiem 4 dambjiem daļēji saglabājušies Krīdenera, tag. Stadiona, dambis un Katrīndambis.

283. Purvciema plāna fragments, 20. gs. 60. gadi. Piecstāvu ēkas veido heksagonālus pagalmus, lielo ielas telpu norobežo daudzsekciju deviņstāvu ēkas

Фрагмент плана Пурвциемса, 60-е гг. XX в. Пятиэтажные здания образуют гексагональные дворы, крупное уличное пространство ограничивается многосекционными девятиэтажными зданиями

A fragment of the plan of Purvciems residential area, the 1960s. Five-storeyed buildings form hexagonal yards, the street is marked off by nine-storeyed blocks of houses

Pirms Rīgas aizsargvaļņu celtniecības Rāte 1502. gadā izdeva rīkojumu, ka noplēšamas visas ēkas ārpus mūriem. Šī pirmā priekšpilsēta ar tirgotāju noliktavām atradās Lastādijā, tag. Centrāltirgus rajonā. Pēc vaļņu izbūves sāka rasties jaunas priekšpilsētas, kuras 1626. gadā iežogoja ar palisādēm (nocietinājumu žogs no resniem, nosmailinātiem baļķiem). Šo nocietinājumu līnijas vietu bija saglabājis Palisādes ielas nosaukums, tag. Revolūcijas iela.

Uzbūvētās ēkas gāja bojā 1812. gadā priekšpilsētu dedzināšanas laikā, gatavojoties Napoleona karaspēka uzbrukuma atvairīšanai, kurš, starp citu, Rīgu neskāra. Maskavas priekšpilsētu atjaunojot, 19. gadsimta vidū jau bija izveidotas 34 galvenās un 27 šķērsielas. Tā ir sava laika nacionālo minoritāšu — krievu, poļu, ebreju — mājvieta.

Apbūves liktenis mūsdienu projektētājiem šaubas neizraisa; tās lielākā daļa ir morāli novecojusi, nav kultūras pieminekļi un tātad — nav saglabājama. Problēma, kas pastāv joprojām, ir jaunās celtniecības raksturs. Pilsētbūvniecisko projektu Maskavas «forštatei» izstrādāja 1969. gadā arhitekti M. Medinskis, Ē. Fogelis, I. Millers, S. Alksne. Toreiz, pēc speciālistu priekšlikuma uzskalojot grunti no upes gultnes, izveidojās teritorija jaunai satiksmes maģistrālei, kura, šķērsojot kādreizējās

Zvirgzdu, Lībiešu un Putnu salas, ievada Rīgā Maskavas virziena transportu, kā arī perspektīvajam dzīvojamajam rajonam. Tā nosaukums — K r a s t a r a j o n s — akcentē novietni Daugavas krastā.

Tiešais Vecrīgas silueta tuvums vienmēr dara arhitektus uzmanīgus. Krasta rajona autori mēģināja atrast saskares punktus pilsētbūvniecības filozofijā, dažiem viduslaiku pilsētas pievilcīguma aspektiem un Maskavas priekšpilsētas stāvoklim. Standartizēta dzīvojamā rajona shēma, saskaņā ar kuru dzīvojamais rajons tiek sasmalcināts anonīmās vienībās, Krasta rajonā kā galvenais plānojuma elements iecerēta kopēja g ā j ē j u i e l a, gar kuru izvietotas sabiedriskās ēkas. Tā vienlaicīgi ir arī apstādījumu pamats, kuru lineārās uzbūves analogs — pilsētas kanāls. Dzīvojamo ēku augstums svārstīsies no četriem līdz divdesmit diviem stāviem.

Īstenā Maskavas «forštate» — Ludzas, Kijevas, Frunzes ielu rajons — grūti padodas rekonstrukcijai, jo šeit samērā daudz kapitālas apbūves. Koriģētais detaļplānojuma projekts (1986. g., arh. Ē. Fogelis, J. Taurens) joprojām patur spēkā autoru pieteikumu — rajona jaunajam siluetam ir jābūt variācijai par Vecrīgas silueta tēmu.

Starp Daugavu un Rīgas—Maskavas dzelzceļu izstieptās priekšpilsētas nākošais rajons ir Ķ e n g a r a g s, izbūvēts sešdesmitajos gados (arhitekti G. Melbergs, R. Paikūne, I. Strautmanis, A. Berķe, L. Muntere, A. Plēsums, M. Brodskis, A. Ozoliņa u.c.). Vienāda plānojuma kvartāli, pavērsti pret Daugavu, rindojas gar Maskavas ielu. Piecstāvīgo apbūvi papildina divpadsmitstāvīgas torņēkas.

Pilsētas apbūvei attīstoties tālāk gar upi Salaspils virzienā, perspektīvs dzīvojamais rajons Daugavas krastā ir R u m b u l a. Tā vēsturiskais nosaukums saistās ar bargajām Rumbulas krācēm, kuras «pazuda», izveidojot Rīgas HES ūdenskrātuvi.

Aiz Rīgas robežas, otrā pasaules kara koncentrācijas nometnes vietā, atrodas S a l a s p i l s m e m o r i ā l s, 1970. g., arhitekti G. Asaris, O. Ostenbergs, I. Strautmanis, O. Zakamennijs, tēlnieki Ļ. Bukovskis, O. Skarainis, J. Zariņš.

Par jaunajiem Rīgas «vārtiem» austrumu virzienā jākļūst A u s t r u m u p l ā n o j u m a r a j o n a m, kurš projektēts 1968. g. (arhitekti M. Medinskis, Ē. Fogelis, I. Millers). Rajona kompozīcijas ass ir A. Deglava iela, kādreizējais Rumpmuižas dambis. Iela, kura ir perspektīvās automaģistrāles Maskava—Rīga ievads pilsētā, «uzver» virkni jauno dzīvojamo rajonu: P u r v c i e m u (1965.—1975. g., arhitekti G. Melbergs, R. Paikūne, D. Sila, M. Medinskis, E. Drande, A. Ozoliņa u.c.), P ļ a v n i e k u s (1980. g., arh. M. Medinskis, Ē. Fogelis, I. Millers, L. Saško, A. Āboliņš, G. Lukstiņa u.c.), D ā r z c i e m u (1981. g., arh. Ē. Fogelis, A. Šēnbergs, L. Saško u.c.) un D r e i l i ņ u s, kuru perspektīvajai celtniecībai ir izstrādāts detaļplānojums (1985. g., arh. G. Melbergs, I. Millers).

A. Deglava iela telpā orientēta ar augstbūvju akcentiem dzīvojamo rajonu centru zonās, kuras īpaši tuvinātas maģistrālei. Tādas sabiedriskās ēkas kā *Mēbeļu nams* (1980. g., arhitekti R. un S. Ļuboviči) jau iezīmē perspektīvo centru vietas. Tās iespējami tuvinātas iedzīvotāju atpūtas teritorijām B i ķ e r n i e k u m e ž a p a r k ā.

Pļavnieku dzīvojamā rajona uzbūves pamatā tika liktas gājēju ielas — g a t v e s. Arhitekta Ē. Fogeļa piedāvātie nosaukumi Atvasaras, Jāņunakts, Saulrieta u.c. gatvēm rosināja meklēt to māksliniecisko tēlu ar mākslu sintēzes līdzekļu palīdzību — skulptūru, mazajām arhitektūras formām.

284. Rīgas plāna fragments, 1843. g., Novickis. *VRVM neg. Nr. 30528. 1—3.* Tehnikas piemineklis Krīdenera, tag. Stadiona dambis, ap 18. gs. (γ—γ); redzamas Daugavas salas: B — Lībiešu, C — Putnu, D — Vīberta, E — Grāpju, F — Zvirgzdu. Saglabājušās tikai divas pēdējās, kuras veido Grāpju pussalu

Фрагмент плана Риги, 1843 г., Новицкий. Памятник техники — дамба Криденера, нын. Стадиона, около XVIII в. (γ—γ), видны острова на Даугаве: B — Либиешу, C — Путну, D — Виберта, E — Грапью, F — Звиргзду. Сохранились лишь два последних, образующих полуостров Грапью

The fragment of the plan of Riga, 1843, Novický. The monument of the 18th century (γ—γ) technique Krīdenera, todaγ Stadiona Dam; the islands of the Daugava are seen: B — Lībiešu, C — Putnu, D — Vīberta, E — Grāpju, F — Zvirgzdu. The last two exist and make the Grāpju péninsula

МОСКОВСКИЙ ФОРШТАДТ
И ВОСТОЧНЫЙ РАЙОН

Рижские транспортные магистрали объединяют городские районы и одновременно разделяют их на большие или меньшие неформальные единицы, которым должно быть присуще свое лицо. Административные границы города исстари определялись администраторами и экономистами без участия пейзажных архитекторов, что отнюдь не способствует цельному восприятию города. Генеральным планом развития Риги предусмотрено изменить границы шести рижских административных районов, приблизив их к историческим, естественно сложившимся пределам.

Только Московский район (а помимо него в Риге есть еще Ленинский, Ленинградский, Кировский, Октябрьский, Пролетарский районы) унаследовал от своего предшественника месторасположение и название.

К югу от центра Риги, за крепостной оградой, уже в средние века начал образовываться М о с к о в с к и й ф о р - ш т а д т. К 1240 году относится упоминание о Большом острове между Даугавой, Ридзене и Спекьупе, впадавшей в Ридзене, на котором располагалась Ридзенская гавань, с 1337 года здесь существовала также канатная мастерская *(reeperbane)*, а с 1442 года — верфь *(lastadie)*.

Ежегодные наводнения, производящие в рижской округе большие разрушения, а также необходимость регулировать судоходный путь по Даугаве вынудили рижан приступить к строительству д а м б. Уже в конце XIII века в устье Ридзини на Даугаве было возведено деревянное береговое укрепление *(bolewerk)*, сдерживавшее натиск речного льда, который весной разрушал городскую стену. Старейшие рижские дамбы — Инча (ныне ул. Маскавас; построена в XVI веке) и Ганибу (Выгонная). Капитан Г. Вейсман в 1764 году составил первый общий план по регулированию Даугавы с помощью дамб на участке от Кенгарагса до впадения ее в море. Из сооруженных четырех дамб частично сохранились дамбы Криденера (ныне Стадиона) и Катрины.

Перед тем как начали насыпать оборонительные валы, магистрат отдал распоряжение о сносе всех зданий, находящихся за крепостной оградой. Это первое предместье с лабазами (торгово-складскими помещениями) находилось в Ластадии, в районе совр. Центрального рынка. После насыпки валов стали возникать новые предместья, в 1626 году их обнесли п а л и с а д а м и (оборонительными сооружениями в виде частокола из толстых бревен, заостренных кверху). Название улицы Палисадес (ныне Ре-

волуцияс) напоминает нам, что именно здесь проходила полоса этих укреплений.

Возведенные здания погибли в пламени пожаров в 1812 году, когда предместья были преднамеренно преданы огню — город готовился к отражению наполеоновского нашествия. Правда, войска неприятеля не подошли к Риге. В ходе восстановления Московского форштадта в середине XIX века здесь появилось уже 34 главных и 27 пересекающих улиц. В то время тут селились представители национальных меньшинств: русские, поляки, евреи.

У современных проектировщиков не вызывала сомнений участь застройки: она не подлежала сохранению, поскольку не была памятником культуры и являлась морально устаревшей. Проблема, существующая и поныне, — это характер нового строительства. Градостроительный проект для Московского форштадта в 1969 году разработали архитекторы М. Мединскис, Э. Фогелис, И. Миллер, С. Алксне. В то время специалисты предложили намыть грунт из речного русла и создать таким образом территорию для возведения перспективного жилого района и для прокладки новой магистрали, которая, пересекая бывш. острова Звиргзду, Либиешу и Путну, разгрузила бы другие улицы Риги от транспорта московского направления. Название района — К р а с т а (Береговой) подчеркивает его месторасположение на берегу Даугавы.

Именно эта близость силуэта Старой Риги всегда настораживала архитекторов. Авторы района Краста взамен схемы стандартизированного жилого района, в соответствии с которой жилой район дробится на безличные единицы, старались найти точки соприкосновения между философией градостроительства, некоторыми аспектами притягательности средневековых городов и современным состоянием Московского пригорода. В районе Краста главным элементом планировки решено было сделать общую п е - ш е х о д н у ю у л и ц у, вдоль которой размещались бы общественные здания. Так одновременно создается основа для закладки зеленых насаждений, аналогом линейного построения которых является система озеленения городского канала. Высота жилых домов — от четырех до двадцати двух этажей.

Собственно Московский форштадт — район улиц Лудзас, Киевас, Фрунзе — трудно поддается реконструкции. Откорректированный проект детальной планировки (1986, арх. Э. Фогелис, Я. Тауренс) оставляет в силе авторскую заявку — новому силуэту района следует стать вариацией

285. Krasta rajona detaļplānojuma projekts, 1986. g., arhit. E. Fogelis, J. Taurens, postmodernisms. Projektētās augstceltnes interpretē vēsturisko Rīgas siluetu

Проект детальной планировки района Краста, 1986 г., арх. Э. Фогелис, Я. Тауренс, постмодернизм. Проектируемые высотные здания — интерпретация исторического силуэта Риги

The detailed project of the Krasta residential area, 1986, arch. E. Fogelis and J. Taurens. The high-rise buildings interpret the traditional skyline of Riga

151

286. Dzelzs tilti, 20. gs. 30. gadi. R. Johansona foto. *RVKM neg. Nr. 115.665*

Железнодорожные мосты, 30-е гг. XX в. *Фото Р. Иохансона*

The railway bridges across the Daugava, the 1930s. Photo by R. Johansons

на тему силуэта Старой Риги.

Между Даугавой и железнодорожной линией Рига—Москва протянулся следующий район предместья — К е н-г а р а г с, возведенный в 60-е годы (арх. Г. Мелбергс, Р. Пайкуне, И. Страутманис, А. Берке, Л. Мунтере, А. Плесумс, М. Бродский, А. Озолиня и др.). Кварталы одинаковой планировки, обращенные к Даугаве, выстроились вдоль улицы Маскавас. Пятиэтажную застройку дополняют двенадцатиэтажные здания б а ш е н н о г о т и п а.

В развитии городской застройки вдоль реки в направлении Саласпилса перспективным жилым районом на берегу Даугавы является Р у м б у л а. Это историческое название связано с грозными Румбульскими порогами, которые поглотило водохранилище Рижской ГЭС.

За границей Риги, на месте концентрационного лагеря, существовавшего здесь в годы второй мировой войны, находится *Саласпилсский мемориал* (1970, арх. Г. Асарис, О. Остенберг, И. Страутманис, О. Закаменный, скульп. Л. Буковский, О. Скарайнис, Я. Зариньш).

Новыми «воротами» Риги на востоке должен стать Восточный планировочный район (1968, арх. М. Мединскис, Э. Фогелис, И. Миллерс). Композиционная ось района — улица А. Деглава, бывш. дамба Румпмуйжас. На улицу, вводящую в город перспективную магистраль Москва—Рига, «нанизан» ряд новых жилых массивов: П у р в ц и е м с (1965—1975, арх. Г. Мелбергс, Р. Пайкуне, Д. Сила, М. Мединскис, Э. Дранде, А. Озолиня и др.), П л я в н и е к и (1980, арх. М. Мединскис, Э. Фогелис, И. Миллерс, Л. Сашко, А. Аболиньш, Г. Лукстиня и др.), Д а р з ц и е м с (1981, арх. Э. Фогелис, А. Шенбергс, Л. Сашко и др.), Д р е й л и н и, для перспективного строителства которого разработана детальная планировка (1985, арх. Г. Мелбергс, И. Миллерс).

Улица А. Деглава ориентирована в пространстве с помощью акцентов — высоких строений, поднимающихся в центрах зон жилых районов, максимально приближенных к магистрали. Такие общественные здания, как *Дом мебели*

THE SUBURB OF MOSCOW AND THE EASTERN DISTRICT

(1980, арх. Р. и С. Лубовичи), уже обозначают места перспективных центров. Они размещены по возможности близко от территорий для отдыха населения в Б и к е р-н и е к с к о м л е с о п а р к е.

В основу застройки жилого района Плявниеки положены пешеходные улицы — а л л е и *(gatves)*. Предложенные Э. Фогелисом названия аллей (бабьего лета, Яновой ночи, Заката) побуждали искать их художественный образ с помощью синтеза искусств, используя скульптуру, малые архитектурные формы.

The transportation routes of Riga both unite and split the districts of Riga in smaller or larger informal units, each needing its own «face». Administrators and economists have for a long time determined the administrative borders of the town without the participation of architects. This contributed little to the perception of the town. The general plan of Riga envisages the change of the borders of six contemporary districts of Riga, bringing them closer to the historical and natural borders of the districts of the town. From Lenin, Leningrad, Kirov, October, Proletarian and Moscow districts only the last one has preserved its heritage in both location and name.

The M o s c o w S u b u r b began to develop already in the Middle Ages in the southern part of Riga behind the fortress wall. Between the Daugava, Rīdzene and Speķupe, which flowed into the Rīdzene, the Larger Island was mentioned as early as 1240. There was Rīdzene port, a cord workshop (Reeperbane) since 1337, and a shipyard (Lastadie) since 1442 on the island.

The necessity to regulate the Daugava trading route and the erosion forced the inhabitants of Riga to erect d y k e s along its banks. By the end of the 13th century a large wooden coastal fortification was erected in the mouth of the Rīdzene to protect the fortress wall from the ice of the Daugava in spring. The oldest dykes of Riga are Inču Dyke (now Maskavas Street) built in the 16th century, and Ganību Dyke. G. Weismann, a captain, made the first general plan for the use of dykes to regulate the Daugava from its mouth to Ķengarags in 1764.

Before the beginning of the construction of the rampart of Riga, the Town Council passed a regulation in 1502, stating that all the houses outside the fortress wall must be levelled. The first suburb was situated in Lastadie, now Central Market. After the construction of the rampart, new suburbs developed and were enclosed by p a l i s a d e s in 1626. Palisādes Street (now Revolūcijas Street) has remained in place of these fortifications.

The constructed buildings were destroyed in 1812 during the fire that erupted when the army was preparing to repel the attack of Napoleon's soldiers. But the war did not touch Riga. In the 19th century it was an area with 34 main streets and 27 by-streets.

The future of construction has been predetermined by architects. Most buildings are outdated and there are no monuments of architecture, there is nothing of value to preserve. The general project for the development of the Moscow «Vorstadt» was completed in 1969 (arch. M. Medinskis, E. Fogelis, I. Millers, S. Alksne). Specialists proposed to deepen the river and use the dredged sand to form the traffic route

287. Krievu tirgotāju sēta, celta ap 1820. g., atradās tag. Zinātņu akadēmijas augstceltnes vietā. Iznīcināta. *Pastkarte no O. Cinka kolekcijas*

Русский купеческий двор, построен около 1820 г., находился на месте нын. высотного здания Академии наук. *Почтовая открытка из коллекции О. Цинка*

The Russian trading yard, built around 1820, was situated in the area where the high-rise building of the Academy of Sciences is located now. Destroyed. *A postcard from the collection of O. Cinks*

crossing the former Zvirgzdu, Lībiešu and Putnu Islands. This would let the transport from Riga—Moscow route into the town. A new residential area was envisaged to be built on the created territory. Its name «Krasta» (Bank) stresses its location on the banks of the Daugava.

The closeness of the Old Town of Riga makes architects very cautious. Architects of the Krasta Residential Area tried to find common views in the philosophy of the city construction, common aspects with the medieval town and the existing situation in the Moscow Suburb. They made a standard scheme of the residential area, splitting it into anonymous units. The main element of the projected Krasta residential area is a p e d e s t r i a n   s t r e e t lined with public and social buildings. At the same time it is the basis of the greenery, the analogue of which is the linear construction along the city canal. The height of the apartment houses will fluctuate from four to twenty-two storeys.

The real Moscow «Vorstadt», the area around Ludza, Kiev and Fruntse Streets, does not take to reconstruction that easily because there are a great number of solid constructions. At the end of the sixties the general plan envisaged the construction of four large, c o n e l i k e   b u i l d i n g s to supplement the existing t o w e r   b u i l d i n g s. The corrected general plan (arch. E. Fogelis, J. Taurens, 1986) retains the proposal to make the new residential area a variation of the skyline of the Old Town of Riga.

The next residential area of the Moscow Suburb, Ķ e n g a - r a g s, was built in the sixties between the Daugava and the Riga—Moscow railway-line (arch. G. Melbergs, R. Paikūne, I. Strautmanis, A. Berķe, L. Muntere, A. Plēsums, M. Brodskis, A. Ozoliņa etc.). Block upon block of seemingly identical dwellings were built in rows all along Moscow Street and facing the Daugava.

As construction continues along the river in the direction of Salaspils, the next residential area to be built on the banks of the Daugava will be R u m b u l a. The historical name comes from the dangerous Rumbula rapids, which were destroyed when the Riga Hydroelectric Power-station was built.

Salaspils, the expressive Memorial Monument to the victims of the Nazi concentration camp, was built just near the Riga border in 1970 (arch. G. Asaris, O. Ostenbergs, I. Strautmanis, O. Zakamenny, sculptors L. Bukovsky, O. Skarainis, J. Zariņš).

The E a s t e r n   P l a n n i n g   A r e a (1968) is going to be the «gate» of Riga in the Eastern direction (arch. M. Medinskis, E. Fogelis, I. Millers). The compositional axis of the district is A. Deglava Street (the former Rumpa manor dam). The street which is the beginning of the future express-way Riga—Moscow passes a number of new residential districts: P u r v c i e m s (1965—1975, arch. G. Melbergs, R. Paikūne, D. Sila, M. Medinskis, E. Drande, A. Ozoliņa etc.), P ļ a v n i e k i (arch. M. Medinskis, E. Fogelis, I. Millers, L. Sashko, A. Āboliņš, G. Lukstiņa, 1980), D ā r z c i e m s (arch. E. Fogelis, A. Šēn- bergs, L. Sashko etc., 1981) and D r e i l i ņ i the detailed plan of which is already worked out (arch. G. Melbergs, I. Millers, 1985).

A. Deglav Street is orientated with sky-scraper accents in the space of the central zones of the dwelling areas. Social buildings like the *Furniture House* (arch. R. and S. Lyubovich, 1980) create a place for the future centre. These places are situated close to the recreational areas in B i ķ e r n i e k i   P a r k.

Landscaped pedestrian streets are laid as the basis of the residential area Pļavnieki. Architect E. Fogelis proposed the names for the streets: Indian Summer, Midsummer Night, Sundown etc. which urged to look for artistic images with synthetic means of art — sculpture, small forms of architecture.

288., 289. Ūdenstorņi Mazajā Matīsa ielā 2,
1898. g., inženieris O. Intce

Водонапорные башни на
ул. Маза Матиса, 2, 1898 г., инженер
О. Интце

Pump-houses 2 Mazā Matīsa Street, 1898,
eng. O. Intze

290., 291. Grebenščikova vecticībnieku lūgšanas
nams ar klosteri Krasta ielā 73, 1814. g.;
zvanu tornis, 1906. g., eklektisms ar
jūgendstila elementiem

Староверческий молельный дом
Гребенщикова с монастырем на
ул. Краста, 73, 1814 г.; колокольня,
1906 г., эклектизм с элементами модерна

Grebenshchikov's Church of the Old-
believers and the monastery 73 Krasta
Street, 1814, the bell-tower, 1906, the
Eclecticism with the elements of the
Art Nouveau

91

292. Komunāru siena Matīsa kapos, 1959. g.,
tēlnieks Ļ. Bukovskis, arhit.
A. Birzenieks, O. Zakamennijs

Стена Коммунаров на кладбище Матиса,
1959 г., скульп. Л. Буковский,
арх. А. Бирзениекс, О. Закаменный

Communards' Wall at Matīsa Cemetery,
1959, sculptor Ļ. Bukovskis, arch.
A. Birzenieks and O. Zakamenny

293. Salaspils memoriālais ansamblis, 1967. g.,
arhit. G. Asaris, O. Ostenbergs,
I. Strautmanis, O. Zakamennijs, tēlnieki
Ļ. Bukovskis, O. Skarainis, J. Zariņš

Саласпилсский мемориальный ансамбль,
1967 г., арх. Г. Асарис, О. Остенбергс,
И. Страутманис, О. Закаменный,
скульп. Л. Буковский, О. Скарайнис,
Я. Зариньш

The Memorial in Salaspils, 1967, arch.
G. Asaris, O. Ostenbergs, I. Strautmanis
and O. Zakamenny; sculptors Ļ. Bukovskis,
O. Skarainis, J. Zariņš

294. Ķengaraga sabiedriskais centrs
Maskavas ielā 264, 1968. g., arhit. G. Irbīte,
T. Krimska

Общественный центр в Кенгарагсе на
ул. Маскавас, 264, 1968 г., арх. Г. Ирбите,
Т. Крымская

The public centre in Ķengarags
264 Maskavas Street, 1968, arch. G. Irbīte
and T. Krimska

295. **19. gs. ierindas (fona) dzīvojamā apbūve Maskavas ielā**

Рядовая (фоновая) жилая застройка XIX в. на ул. Маскавас

The 19th century residential area in Maskavas Street

296. **Skola Stahanoviešu ielā 2, ap 1910. g., arhit. R. Šmēlings, romantizēts jūgendstils**

Школа на ул. Стахановиешу, 2, около 1910 г., арх. Р. Шмелинг, романтизированный модерн

The school 2 Stahanoviešu Street, around 1910, arch. R. Schmaeling, the romanticized Art Nouveau

297. **Lauktehnikas bāze Maskavas ielā 451, 1983. g., arhit. I. Kiseļovs, V. Priede**

База Латсельхозтехники на ул. Маскавас, 451, 1983 г., арх. И. Киселев, В. Приеде

The depot of agricultural technique 451 Maskavas Street, 1983, arch. I. Kiselγov and V. Priede

298. **26. pilsētas profesionāli tehniskā vidusskola Purvciemā, 1985. g., arhit. L. Gabliķe**

Городское профтехучилище № 26 в Пурвциемсе, 1985 г., арх. Л. Габлике

Vocational school No. 26 in Purvciems, 1985, arch. L. Gabliķe

295

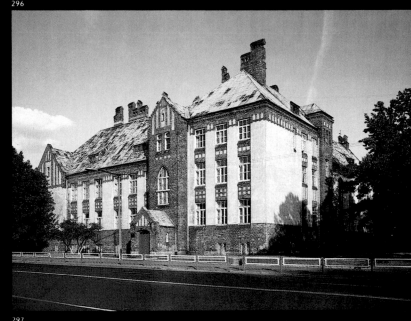
296

297

298

299., 300. Dzīvojamā ēka Lomonosova ielā 2, 1929. g., arhit. E. Štālbergs, tēlnieks K. Zemdega, racionālisms

Жилое здание на ул. Ломоносова, 2, 1929 г., арх. Э. Шталбергс, скульп. К. Земдега, рационализм

The dwelling house 2 Lomonosov Street, 1929, arch. E. Štālbergs, sculptor K. Zemdega, the Rationalism

301. Ķengaraga dzīvojamais rajons, 20. gs. 60. gadi

Жилой район Кенгарагс, 60-е гг. XX в.

The residential area in Ķengarags, the 1960s

302. Krasta rajona dzīvojamais rajons: 467. sērijas dzīvojamā apbūve, 20. gs. 70. gadi

В жилом районе Краста: жилая застройка 467-й серии, 70-е гг. XX в.

The residential area of Krasta district: the dwelling houses of the 467th type, the 1970s

303. Universālveikals «Dole» Maskavas ielā 357, 1987. g., arhit. L. Gintere, S. ĻuboviČs. Tirdzniecības zāļu platība — ap 6000 m²

Универмаг «Доле» на ул. Маскавас, 357, 1987 г., арх. Л. Гинтере, С. Любович. Площадь торговых залов — около 6000 м²

The department store DOLE 357 Maskavas Street, 1987, arch. L. Gintere and O. Lyubovich. The total trading area is about 6000 m²

304. Oškalnu dzelzceļa stacija, 1955. g., arhit. G. Rjasa, retrospektīvisms

Железнодорожная станция Ошкалны, 1955 г., арх. Г. Ряс, ретроспективизм

The railway station OŠKALNI, 1955, arch. G. Ryasa, the retrospective style

305. Dzīvojamās ēkas Ieriķu ielā, 1970. g., arhit. M. Ģelzis, A. Reinfelde

Жилые здания на ул. Иерикю, 1970 г., арх. М. Гелзис, А. Рейнфелде

The dwelling houses in Ieriķu Street, 1970, arch. M. Ģelzis and A. Reinfelde

306. Mēbeļu nams Dzelzavas ielā 72, 1980. g., arhit. R. ĻuboviČa, S. ĻuboviČs

Дом мебели на ул. Дзелзавас, 72, 1980 г., арх. Р. Любович, С. Любович

The Furniture Shop 72 Dzelzavas Street, 1980, arch. R. Lyubovicha and S. Lyubovich

303

304

307., 310. 602. sērijas dzīvojamā apbūve
Pļavniekos, 20. gs. 1980. gadi

Жилая застройка 602-й серии в Плявниеки,
80-е гг. XX в.

The dwelling houses of the 602nd type
in Pļavnieki, the 1980s

309. Tipveida vidusskola Purvciemā, 20. gs.
70. gadi, arhit. V. Fjodorovs

Типовая средняя школа в Пурвциемсе,
70-е гг. XX в., арх. В. Федоров

The standardized school in Purvciems, the
1970s, arch. V. Fуodorov

311. Tirdzniecības centrs Pļavniekos, 1985. g.,
arhit. A. Āboliņš

Торговый центр в Плявниеки, 1985 г.,
арх. А. Аболиньш

The shopping centre in Pļavnieki, 1985,
arch. A. Āboliņš

312. Dzīvojamais kvartāls A. Deglava ielā:
119. sērijas dzīvojamās ēkas, 20. gs.
80. gadi

Жилой квартал на ул. А. Деглава: жилые
здания 119-й серии, 80-е гг. XX в.

The dwelling houses of the 119th type in
A. Deglava Street, the 1980s

308., 313. Universālveikals «Pļavnieki», 1982. g.,
arhit. L. Saško

Универсам «Плявниеки», 1982 г.,
арх. Л. Сашко

The department store PĻAVNIEKI,
1982, arch. L. Sashko

314. Purvciems: Dzelzavas iela, 20. gs. 70. gadi

Пурвциемс: улица Дзелзавас, 70-гг. XX в.

The residential area Purvciems: Dzelzavas
Street, the 1970s

PĒTERBURGAS PRIEKŠPILSĒTA

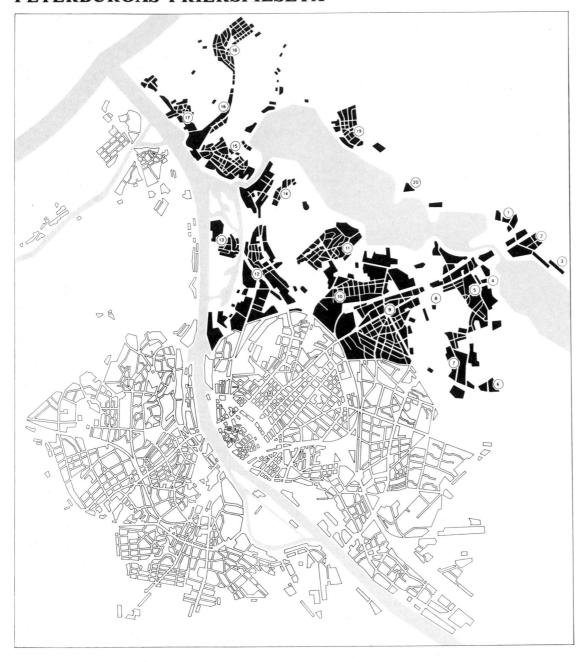

315. Pēterburgas priekšpilsēta: 1 — Bukulti, 2 — Baloži, 3 — Berģi, 4 — Strazdumuiža, 5 — Jugla, 6 — Biķernieki, 7 — Mežciems, 8 — Šmerlis, 9 — Teika, 10 — Čiekurkalns, 11 — Mežaparks, 12 — Sarkandaugava, 13 — Kundziņsala, 14 — Aplokciems, 15 — Vecmīlgrāvis, 16 — Vecdaugava, 17 — Mangaļsala, 18 — Vecāķi, 19 — Jaunciems, 20 — Suži

Петербургский фарштадт:
1 — Букулти, 2 — Баложи, 3 — Берги, 4 — Страздумуйжа, 5 — Югла, 6 — Бикерниеки, 7 — Межциемс, 8 — Шмерлис, 9 — Тейка, 10 — Чиекуркалнс, 11 — Межапарк, 12 — Саркандаугава, 13 — Кундзиньсала, 14 — Аплокциемс, 15 — Вецмилгравис, 16 — Вецдаугава, 17 — Мангальсала, 18 — Вецаки, 19 — Яунциемс, 20 — Сужи

The Suburb of Petersburg:
1 — Bukulti, 2 — Baloži, 3 — Berģi, 4 — Strazdumuiža, 5 — Jugla, 6 — Biķernieki, 7 — Mežciems, 8 — Šmerlis, 9 — Teika, 10 — Čiekurkalns, 11 — Mežaparks, 12 — Sarkandaugava, 13 — Kundziņsala, 14 — Aplokciems, 15 — Vecmīlgrāvis, 16 — Vecdaugava, 17 — Mangaļsala, 18 — Vecāķi, 19 — Jaunciems, 20 — Suži

Pilsētas inženieris F. Murrers 1650. gadā izdarīja pirmo priekšpilsētu regulēšanas mēģinājumu — visu rajonu iekšpus palisādēm ar perpendikulāru ielu tīklu sadalīja kvartālos. Ortogonālais plānojums pilsētas tālākajai attīstībai nebija piemērots. Realizēts tika 1709. gada Rīgas priekšpilsētu izbūves projekts. Tā pamatideja — veidot priekšpilsētas līdzīgi trijlapim. Katram rajonam, kas veidojās pie trim galvenajiem ceļiem: Pēterburgas, Maskavas un Ganību — bija paredzēts savs taisnleņķa plānojums ar ceļu kā galveno asi. Taisnvirziena ielas bija orientētas uz Vecrīgu.

Svarīgākie Rīgas austrumu virziena pievedceļi mūsdienu formu ieguva 19. gadsimtā — Vidzemes šoseja 1837. gadā, Rīgas—Valkas dzelzceļš 1889. gadā. Viduslaikos Lielajam ceļam (lat. Via Magna) no Rīgas uz Vidzemi vienīgie «vārti» bija

divus kilometrus garā zemes sažmauga starp Juglas ezeru un Ķīšezeru. Satiksmes uzlabošanai 1221. gadā tika celts dambis pār Juglas upes ieleju, 1226. gadā tilts — pirmais Livonijas teritorijā. Pieeju Rīgas vārtiem sargāja Bukultu dzirnavas, kur vācu ordenis 1297. gadā uzcēla pili (nopostīta 17. gs.). Bukultu vēsturiskās vietas attīstību ierobežoja ezers, mežs un Vidzemes ceļš. Ceļa pretējā pusē, Baložu muižas un kroga apkaimē, pastāv jaunāka apdzīvota vieta Berģi. Tur 1932. gadā sāka veidot *Latvijas Etnogrāfisko brīvdabas muzeju*.

Ūdens un zemes transporta klātbūtne veicinājusi manufaktūru, īpaši tekstilrūpniecības, attīstību pretējā Juglas ezera krastā — Juglas rajonā. Vietvārds «Jugla» cēlies no lībiešu «jog» — upe (pēc Z. Lancmaņa). Ezera krastā, Strazdu-

316. Rūpnīcas VEF ēkas, 1914. g., arhit. P. Bērenss. V. Rīdzenieka foto.
VRVM neg. Nr. 91.139/38

Здания завода ВЭФ, 1914 г., арх. П. Беренс. *Фото В. Ридзениека*

The buildings of the VEF factory, 1914, arch. P. Berenss. A photo by V. Rīdzenieks

317. Raksturīga nomales mazstāvu apbūve Vecmīlgrāvī 20. gs. sākumā.
Pastkarte no O. Cinka kolekcijas

Характерная окраинная малоэтажная застройка в Вецмилгрависе в начале XX в. *Почтовая открытка из коллекции О. Цинка*

A characteristic construction of the outskirts in Vecmīlgrāvis at the beginning of the 20th century. *A postcard from the collection of O. Cinks*

muižas apkārtnē, 1877. gadā nodibināta neredzīgo skola; tagad izbūvēts LPSR Neredzīgo biedrības ēku komplekss. Jugla devusi nosaukumu vienam no pirmajiem pēckara masveida dzīvokļu celtniecības rajoniem Rīgā — Lielajai Juglai (1961.— 1970. g., arh. O. Krauklis, D. Danneberga, R. Paikune, G. Melbergs, L. Nagliņš, P. Fogelis).

Pēterburgas jeb Vidzemes priekšpilsētas daļa pie Šmerļupītes, kur lielais Vidzemes ceļš nonāca līdz Rīgas smilšu kalniem, ir Šmerlis. Jau 18. gs. tā bija iecienīta rīdzinieku izbraukumu vieta, kur pastāvēja krogi, muiža. Šmerlis šodien ar

vairākiem Zinātņu akadēmijas institūtiem, slimnīcām, kinostudiju, ziemas sporta bāzēm un citām sabiedriskām ēkām ir Biķernieku mežaparka sastāvdaļa. Rīgas austrumu pievārtes vēsturiskās vietas — Biķernieku ievērojamākā celtne ir *Biķernieku baznīca* (1796. g.). Starp Biķernieku un Ļeņina ielām starpkaru periodā izbūvēts T e i k a s dzīvojamais rajons.

Neliels un savdabīgs ir M e ž c i e m a rajons (1975. g. — arhitekti M. Ģelzis, J. Paegle, A. Kronbergs, Z. Gaile, D. Paegle, A. Bisenieks). Ārēji noslēgtais dzīvojamais rajons atvērts uz iekštelpu, kurā dominē gājēju iela, ar skolu un bērnudārzu.

Oriģinālas ir sabiedriskās ēkas, bērnudārzu nojumes, kā arī tirdzniecības centra projektētais apjoms, kurš augšējā līmenī šķērso dzīvojamā rajona ielu. Mežciemā 1970. g. uzsākta *ārstniecības iestāžu kompleksa «Gaiļezers»* projektēšana un celtniecība (arh. A. Purviņš, V. Kadirkovs, M. Apsītis ar līdzstrādniekiem), notiek *Antīko automobiļu kluba celtniecība* (arh. V. Valgums, A. Briedis).

Rīgas industriālās nomales parādījās 18. gs., kad Rīgas Rāte izturējās noraidoši pret manufaktūru dibināšanu toreizējās pilsētas robežās (ļoti mūsdienīgi!). Īpaši strauji uzplauka jēlcukura pārstrādes rūpniecība. Pirmā Rīgas cukurfabrika — Rāves manufaktūra — radās 1784. gadā S a r k a n d a u g a v ā, tag. Psihiatriskās slimnīcas teritorijā. Ceļš no Rīgas uz cukurfabriku — Duntes iela — bija šaurs un smilšains. Visapkārt atradās smilšu pauguri, kurus vējš palēnām pārvietoja uz citu vietu, — tā saucamās ceļojošās kāpas. Sarkandaugava šodien ir viens no nedaudzajiem Rīgas rajoniem, kura seju pilnībā nosaka rūpniecība.

Č i e k u r k a l n s vēl 19. gs. nebija Rīgas priekšpilsētu skaitā; tas ietilpa patrimoniālajā apgabalā, kura teritorija sastāvēja no piepilsētas muižu zemēm. Tagadējā Čiekurkalna teritorija piederēja Šreienbušai. Muižas īpašnieks 1870. gadā sāka pārdot gruntsgabalus 1—2 stāvu apbūvei, pēc regulāra ielu tīkla plānojuma, ar 2 garajām līnijām un 7 šķērslīnijām. Īpaši intensīvi rajons apbūvējās pēc lielo rūpnīcu izveidošanās tā tuvumā: *«Fēnikss»*, tag. RVR, un *«Unions»*, tag. VEF. Čiekurkalna mazajā teritorijā taisnleņķa ielu plānojums nav nomācošs, tas ir pat pievilcīgs, ko gan nevar teikt par gadsimta sākuma dzīvojamo apbūvi. Nekad iepriekš Rīgā netika uzcelts tik daudz dzīvokļu ar pilnu komfortu kā pirms I pasaules kara, un arī nekad netika tik daudz celtas neveselīgas, slikti apgādātas un neestētiskas ēkas. Par strādnieku mājokļa izplatītāko tipu Rīgā kļuva dzīvoklis, kas sastāvēja no caurstaigājamas virtuves un

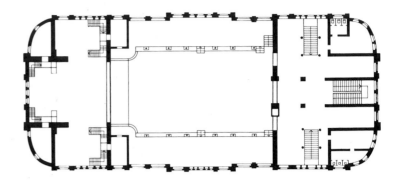

dzīvojamās istabas. Kāpņu laukumi pārvērtās par vairākiem dzīvokļiem kopīgu gaiteni, ap kuru grupējās tualetes telpas.

Mūdienās, masveida industriālās dzīvokļu celtniecības laikmetā, ir iespējamas ļoti straujas pilsētvides izmaiņas. Nojaucot gandrīz visu vēsturisko apbūvi, kā tas tika izdarīts sešdesmitajos gados Iļģuciemā, pilsētniekam pazūd ierastie orientieri apkārtējā vidē. Rekonstruējot Čiekurkalnu, detaļplānojuma autori arh. Ē. Fogelis, A. Mikanovskis 1981. g. paredzēja saglabāt esošo ielu tīklu, koku grupas. Jaunā apbūve, kura respektē arī saglabājamās divstāvu ēkas, ir pakāpienveida — no trijiem līdz divpadsmit stāviem. To projektē arhit. M. Dakteris, P. Feders, A. Ģelzis u.c.

Komfortablākais dzīvojamais rajons Rīgā ir kādreizējais Ķeizarmežs, tag. M e ž a p a r k s. Tā lielāko daļu aizņem savrup-

320. A. Dombrovska uzbūvētais «Burtnieku» nams latviešu inteliģencei Ziemeļblāzmas ielā 38, 1907. g.
Pastkarte no O. Cinka kolekcijas

Построенный для латышской интеллигенции «Буртниеку намс» («Дом кудесника») А. Домбровского на ул. Зиемельблазмас, 38, 1907 г.
Почтовая открытка из коллекции О. Цинка

BURTNIEKU house 38 Ziemeļblāzmas Street, 1907, built by A. Dombrovskis for the Latvian intelligentsia. *A postcard from the collection of O. Cinks*

MÜHLGRAHWIS-BURTNEEKPILS.

mājas. Ainavisko ielu tīklu plānoja divās kārtās: 1901. gadā pēc Rīgas dārzu direktora G. Kūfalta un 1911. gadā pēc Berlīnes arhitekta H. Jansena projekta. Lielu daļu no Mežaparka aizņem *Kultūras un atpūtas parks* un 1912. gadā dibinātais *Zooloģiskais dārzs*. Parkā atrodas Dziesmusvētku estrāde (1957. g., arhit. V. Šņitņikovs, G. Irbīte). Mežaparka teritorijā atrodas arī *Meža kapi* (1913), *Raiņa kapi* (1925), *Brāļu kapi* (1915—1932, arhit. P. Feders, A. Birzenieks, tēlnieks K. Zāle, dārza arhitekts A. Zeidaks).

Vēsturisks ir V e c m ī l g r ā v j a rajons (Mühlgraben — Dzirnavu kanāls). 20. gadsimta sākumā tur atradās rūpnieka un filantropa A. Dombrovska kokzāģētava. Zvejas osta un Kuģu remonta rūpnīca ir rajona izaugsmes stimuls. Vecmīlgrāvja detaļplānojuma projekta autori arhitekti G. Melbergs un R. Paikūne paredz saglabāt vēsturiskās dominantes: *«Ziemeļblāzmas»* biedrības ēku, kuras varbūtējais autors ir pats A. Dombrovskis, kā arī *Burtnieku namu* un *Balto baznīcu*. Jauno apbūvi projektē arhitekti K. Alksnis, E. Bušs, S. Fogele, J. Poga u.c.

Pie Rīgas jūras līča atrodas kādreizējais zvejniekciems V e c ā ķ i. Kopš 19. gs. beigām šeit sāka veidoties vasarnīcu rajons; 1934. gadā ar Rīgu to savieno dzelzceļš. Aiz Vecāķiem vērtīgais priežu mežs ir ieguvis *Piejūras dabas parka* statusu.

Городской инженер Ф. Муррер в 1650 году предпринял первую попытку регулирования предместий — территорию внутри палисадов с перпендикулярной уличной сетью разделили на кварталы. Ортогональная планировка для дальнейшего развития города оказалась неприемлемой. Реализовали проект застройки рижских предместий 1709 года. Основная его идея заключалась в формировании предместий в виде трилистника. Для каждого района, образовавшегося у трех главных дорог — Петербургской, Московской и Ганибу, предусмотрели свою прямоугольную планировку, осью которой и служила дорога. Прямо направленные улицы были сориентированы на Старую Ригу.

Важнейшие подъездные пути восточного направления оформились в современном виде в XIX веке: Видземское шоссе проложили в 1837 году, железную дорогу Рига—Валка — в 1889 году. В средние века на Большом пути (лат. *Via Magna*) из Риги в Видземе единственными «воротами» был двухкилометровый перешеек между озерами Юглас и Кишэзерс. Для улучшения сообщения в 1221 году построили дамбу, перекрывшую русло реки Юглы, а в 1226 году — мост, первый на территории Ливонии. Подход к воротам Риги охраняла Б у к у л т с к а я м е л ь н и ц а, где Ливонский орден в 1297 году возвел замок (разрушен в XVII веке). Развитие этого исторического места сдерживалось причинами территориального характера — естественными границами служили озеро, лес и Видземский путь. На противоположной стороне пути, в окрестностях имения и корчмы в Б а л о ж и, находится самое молодое из обжитых мест — Б е р г и. Там в 1932 году начали создавать *Латвийский этнографический музей под открытым небом*.

Наличие водного и наземного транспорта способствовало

321. Sarkandaugava 20. gs. sākumā. Daugavas attekas vēl nav aizbērtas.
VRVM neg. Nr. 37.866

Саркандаугава в начале XX в. Даугавские протоки еще не засыпаны

Sarkandaugava at the beginning of the 20th century. The branches
of the Daugava are not yet filled up

322. «Pavasara» biedrības nams Sarkandaugavā, tag. kultūras nams
«Draudzība», Tilta ielā 32, 1899. g., arhit. K. Pēkšēns, eklektisms

Дом общества «Павасарис» в Саркандаугаве, нын. Дом культуры
«Драудзиба», на ул. Тилта, 32, 1899 г., арх. К. Пекшен, эклектизм

PAVASARIS society house in Sarkandaugava, today the public
centre **DRAUDZĪBA** 32 Tilta Street, 1899, arch. K. Pēkšēns, the
Eclecticism

развитию мануфактур, особенно текстильного производства, на противоположном берегу озера Юглас — в районе Ю г л ы. Топоним «Югла» произошел от ливского *jog* — река (по З. Ланцманису). На берегу озера, в окрестностях и м е н и я С т р а з д у, в 1877 году была основана школа для слепых, а в наши дни здесь возведен комплекс зданий для нужд Общества слепых ЛССР. Югла дала название одному из первых послевоенных районов массового жилищного строительства в Риге — «Большой Югле» (1961—1970, арх. О. Крауклис, Д. Даннеберга, Р. Пайкуне, Г. Мелбергс, Л. Наглиньш, П. Фогелис).

Часть Петербургского, или Видземского, форштадта у речушки Шмерли, где Большой Видземский путь доходит до рижских песчаных холмов, носит название Ш м е р л и с. Уже в XVIII веке сюда охотно приезжали отдыхать рижане, здесь находились корчмы, усадьба. Шмерлис является сегодня составной частью Бикерниекского лесопарка, тут расположено несколько институтов Академии наук, больницы, киностудия, зимние спортивные базы и другие общественные здания. Наиболее значительная постройка в этом историческом месте на восточных подступах к городу — *Бикерниекская церковь* (1796). Между улицами Бикерниеку и Ленина в первой половине XX века возведен жилой массив малоэтажной застройки Т е й к а.

Своеобразен небольшой район М е ж ц и е м с (1975, арх. М. Гелзис, Ю. Паэгле, А. Кронбергс, З. Гайле, Д. Паэгле, А. Бисениекс). Жилой массив замкнут снаружи, однако внутренняя планировка создает ощущение простора. Доминантами являются пешеходная улица и размещенные поблизости от нее школа и детский сад. Оригинальны общественные здания, навесы на территории детского сада, а также существующий пока еще в проекте торговый центр, который на верхнем уровне пересечет улицу жилого района.

В 1970 году в Межциемсе было начато строительство *больничного комплекса «Гайльэзерс»* (арх. А. Пурвиньш, В. Кадырков, М. Апситис).

Рижские промышленные окраины возникли в XVIII веке, когда магистрат высказался против создания мануфактур в черте города (очень современно!). Особенно стремительно развивались предприятия по переработке сахара-сырца. Первая рижская сахарная фабрика открылась в 1784 году на С а р к а н д а у г а в е, на территории совр. психоневрологической больницы. Дорога от Риги к сахарной фабрике (ул. Дунтес) была узкой, песчаной. По обе стороны возвышались песчаные холмы, постепенно перемещаемые ветром с места на место, — это были т.н. странствующие дюны. Саркандаугава сегодня — один из немногих районов в Риге, облик которых полностью определяют промышленные предприятия.

Ч и е к у р к а л н с еще в XIX веке не входил в число рижских предместий, он находился в составе патримониального округа, территория которого состояла из участков пригородных имений. Земли, где разместился совр. Чиекуркалнс, принадлежали Шрейенбуш. Владелец имения в 1870 году начал продавать земельные участки для 1—2-этажных построек, согласно планировке регулярной уличной сети, с 2 длинными и 7 поперечными линиями. Особенно интенсивно район застраивался после появления вблизи него крупных промышленных предприятий *Феникс* (ныне РВЗ) и *Унион* (ныне ВЭФ).

На небольшой территории Чиекуркалнса прямоугольная планировка улиц не угнетает, а скорее привлекает, чего, конечно, нельзя сказать о жилой застройке начала века. Никогда прежде в Риге не было построено так много комфортабельных квартир, как перед первой мировой войной, а также никогда не возводилось столько неблагоустроен-

323. Villa «Vasa», tag. sanatorija,
Ezermalas ielā 34, 1904. g., arhit.
V. Neimanis, H. Zeiberlihs.
Rekonstruēta 1929. g., arhit.
N. Hercbergs. *RVKM neg.
Nr. 100.276/16*

Вилла, нын. санаторий, на
ул. Эзермалас, 34, 1904 г.,
арх. В. Нейман, Г. Зейберлих.
Реконструирована в 1929 г.,
арх. Н. Херцберг

The villa VASA, today the rest
home 34 Ezermalas Street, 1904,
arch. W. Neumann and
H. Seiberlich. Reconstructed in
1929 by arch. N. Hertzberg

Riga
Kaiserwald — Villa Wasa

324. Mežaparka plāna fragments, 20. gs.
sākums. Ielu un apbūves brīvo
plānojumu rosinājis reljefs un
priežu mežs

Фрагмент плана Межапарка,
начало XX в. Свободную планировку
улиц и застройки обусловили
рельеф и сосновый лес

A fragment of the plan of the
residential area Mežaparks at the
beginning of the 20th century. The
relief and the pine forest have
determined the free planning of
the streets and buildings

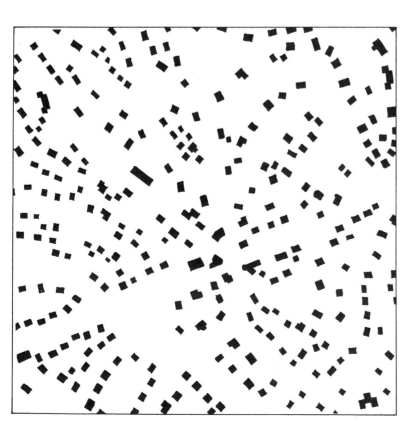

ных и неэстетичных зданий. Самым распространенным в Риге типом жилища для рабочих стала квартира, состоящая из проходной кухни и комнаты. Лестничные площадки превращались в общий коридор для нескольких квартир, вокруг него группировались уборные.

В наши дни, в эпоху массового промышленного строительства квартир, возможны стремительные перемены в городской среде. При сносе почти всей исторической застройки, как это было сделано в 60-е годы в Ильгюциемсе, горожанин теряет привычные ориентиры в окружающей среде. В Чиекуркалнсе авторы детальной планировки (1981, арх. Э. Фогелис, А. Микановскис) изыскали возможность сохранить существующую уличную сеть, группы деревьев. Новая застройка, в которой планируется оставить и старые двухэтажные здания, будет иметь ступенчатый характер: от 3 до 12 этажей (проект. арх. М. Дактерис, Х. Федерс, А. Гелзис и др.).

Самый комфортабельный жилой район в Риге — М е ж а п а р к (бывш. Царский лес). В застройке преобладают особняки. Пейзажная сеть улиц планировалась в две очереди: в 1901 году — по проекту директора рижских садов и парков Г. Куфальдта и в 1911-м — по проекту берлинского архитектора Г. Янзена. Большую территорию занимают *Парк культуры и отдыха* и основанный в 1912 году *зоосад*. В парке есть *эстрада Праздника песни* (1957, арх. В. Шнитников, Г. Ирбите). В Межапарке находятся: *Лесное кладбище* (1913), *кладбище Райниса* (1925), *Братское кладбище* (1915—1932, арх. П. Федерс, А. Бирзениекс, скульп. К. Зале, пейзажный арх. А. Зейдакс).

Исторически значим и район В е ц м и л г р а в и с (*Mühlgraben* — Мельничный канал). Некогда здесь размещалась лесопильня местного промышленника и филантропа Домбровского. Сегодня район своим процветанием обязан

325. Skola Gaujas ielā 23, 1910. g., arhit. R. Šmēlings; ūdenstornis Gaujas ielā 21, arhit. V. L. N. Bokslafs, romantizēta jūgendstila ansamblis

Школа на ул. Гауяс, 23, 1910 г., арх. Р. Шмелинг; водонапорная башня на ул. Гауяс, 21, арх. В. Л. Н. Бокслафф, ансамбль романтизированного модерна

The school 23 Gaujas Street, 1910, arch. R. Schmaeling, and the pump-house 21 Gaujas Street, 1913, arch. W. L. N. Bockslaff, the Romanticized Art Nouveau ensemble

326. Zooloģiskā dārza ieejas portāls, 1912. g., arhit. H. Zeiberlihs. *Pastkarte no O. Cinka kolekcijas*

Портал-вход в зоосад, 1912 г., арх. Г. Зейберлих. *Почтовая открытка из коллекции О. Цинка*

The entrance portal of the Zoo, 1912, arch. H. Seiberlich. *A postcard from the collection of O. Cinks*

рыбному порту и судоремонтному заводу. Авторы детальной планировки Вецмилгрависа архитекторы Г. Мелбергс, Р. Пайкуне предлагают сохранить исторические доминанты: *здание общества «Зиемельблазма»*, построенное, возможно, самим Домбровским, *«Буртниеку намс»* (Дом кудесника), *Белую церковь*. Новую застройку проектируют архитекторы К. Алкснис, Э. Буш, С. Фогеле, Ю. Пога и др.

На берегу Рижского залива, где некогда располагался рыбацкий поселок В е ц а к и, уже в конце XIX столетия начал складываться дачный район; в 1934 году железная дорога соединила его с Ригой. Сосновый лес за чертой Вецаки получил статус *Приморского природного парка*.

Engineer F. Murrer made the first attempt to regulate the suburbs into blocks within the palisade, as the rectangular planning was not suitable for the further development of the town. The sonstruction plan of the suburb created in 1709 was carried out. The basic idea was to make the suburb like a trefoil: three main districts near the three main roads — Petersburg, Moscow and Ganību. Every district was envisaged as having a rectangular plan with a road serving as the main axis, the straight streets orientated towards the Old Town of Riga.

The most important eastern roads obtained their present form in the 19th century. Vidzeme Highway was constructed in 1837, and Riga—Valmiera railway, in 1889. The narrow link between the Jugla Lake and the Ķīšu Lake was the two kilometres wide gate for the highway from Riga to Vidzeme (lat. *Via Magna*) in the Middle Ages. In 1221 a dam over the Jugla River was constructed for the improvement of transportation. In 1226 a bridge (the first in Livonia) was built. The B u k u l t u w a t e r-m i l l protected access to Riga. The Livonian Order constructed a castle in 1297 (destroyed in the 17th century). The lake, forest, and Vidzeme Highway limited the historical development of the district near Bukulti. A residential area of more recent origin — B e r ģ i — lies on the other side of the road near the B a l o ž i M a n o r and I n n. The arrangement of the *Latvian Ethnographic Open-air Museum* was started there in 1932.

The proximity of water and land transportation sponsored the development of manufactories, especially textile ones, on the opposite coast of the J u g l a L a k e. A school for the blind was established on the coast of the lake near the S t r a z d u M a n o r in 1877. Today there stands a set of buildings for the Society of the Blind of the Latvian SSR. Jugla has given name to one of the first post-war residential areas constructed in Riga (arch. O. Krauklis, D. Danneberga,

327. Šmerļa restorāns, 19. gs. beigas, eklektisms. *Pastkarte no O. Cinka kolekcijas*

Ресторан Шмерля, конец XIX в., эклектизм. *Почтовая открытка из коллекции О. Цинка*

The restaurant in Šmerlis, the end of the 19th century, the Eclecticism. *A postcard from the collection of O. Cinks*

328. Teikas rajona plāna fragments, 20. gs. 30. gadi. Savrupmājas izvietotas radiālā ielu plānojumā, mazstāvu ēku rinda akcentē Brīvības, tag. Ļeņina, ielu

Фрагмент плана района Тейка, 30-е гг. XX в. Особняки размещаются в планировке радиальных улиц, ряд малоэтажных зданий акцентируют улицу Бривибас, нын. Ленина

A fragment of the plan of Teika district, the 1930s. The private houses are situated in a radial net of streets, few-storeyed buildings accentuate the main street — Brīvības, today Lenin Street

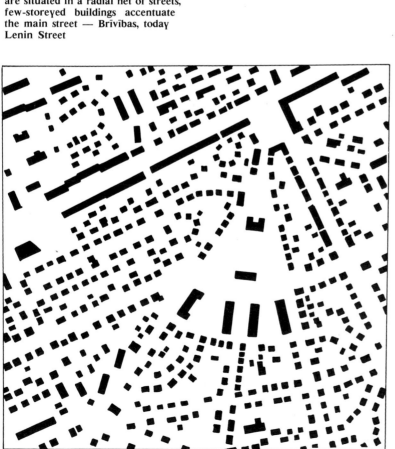

R. Paikune, G. Melbergs, L. Nagliņš, P. Fogelis, 1961—1970).

The outskirt of the Petersburg Suburb Š m e r l i s near the river with the same name, where Vidzeme Highway reached the sand hillocks, was a famous recreational area for the inhabitants of Riga since the 18th century. Today there are many institutes of the Academy of Sciences, hospitals, a film studio, winter sports facilities and other social buildings in Šmerlis which constitutes a part of the B i ķ e r n i e k i   P a r k. The *Church of Biķernieki* built in 1796 is one of the most noticeable historical buildings in this area. Between Biķernieki and Lenin Street T e i k a residential area was built between WWI and WWII.

M e ž c i e m s is a small and peculiar residential district (arch. M. Ģelzis, J. Paegle, A. Kronbergs, Z. Gaile, D. Paegle, A. Bisenieks, 1975). The outwardly closed dwelling district is open to the inner space, where pedestrian streets dominate along which a school and a kindergarten are located. The original public buildings, as well as the trading centres which cross the streets of the area on the top level draw special attention. The *set of hospital buildings GAIĻEZERS* was started in Mežciems in 1970 (arch. A. Purviņš, V. Kadirkov, M. Apsītis and their teams) and *the Museum of Ancient Automobiles* (arch. V. Valgums and A. Briedis).

The industrial suburbs appeared in Riga in the 18th century, when the Riga City Council hampered the establishment of manufactories within the limits of the town (very up-to-date). The sugar-refining industries flourished especially quickly. The first sugar factory in Riga — Rave's manufactory — was created in 1784 where the present *Hospital for Mentally Handicapped* now stands. The narrow sandy road to the sugar factory is now Dunte Street. The area in general was covered by the so-called «transwelling dunes». S a r k a n d a u g a v a is one of the few districts today whose industry determines the face of the district.

329. Sužu muiža, 19. gs., eklektisms.
VRVM neg. Nr. 128.357

Имение Сужу, XIX в., эклектизм

The Sužu manor, the 19th century,
the Eclecticism

Čiekurkalns was not among the suburbs of Riga in the 19th century. It was one of the patrimonial regions containing the lands of manors. The present territory previously belonged to Schreienbush, who began to sell his land for two-storeyed construction in 1870. A regular grid of streets was introduced with two long streets and seven by-streets. Particularly intensive construction was going on in the district when the factories FENIKSS (today Riga Carriage Works) and UNION (today VEF) were built. The planning of the streets in the small territory of Čiekurkalns is not monotonous, which cannot be said about the construction at the beginning of the century. Never before have such a lot of dwellings — unhealthy, badly supplied and ugly — been built in Riga as before World War I. Most of the workers resided in flats which consisted of a walk-through kitchen and a living-room. The landings were converted into common corridors around which wash-rooms were located.

Since the industrial construction of flats is so widespread today, the environment of the town changes rapidly. If the historical buildings are torn down as was done in Iļģuciems in the sixties, the town loses all its environmental reference points. When the architects E. Fogelis and A. Mikanovskis reconstructed Čiekurkalns in 1981, they envisaged the preservation of the existing network of streets and sets of trees. The new constructions are erected with great respect to two-storeyed buildings, consisting of two to twelve-storeyed buildings, and

330. Baložu krogs pie Vidzemes šosejas,
19. gs., tautas arhitektūra. *VRVMp
neg. Nr. 28.904/1b*

Баложская корчма на Видземском
шоссе, XIX в., народная
архитектура

The Baložu pub near the Vidzeme
Highway, the 19th century,
vernacular architecture

331. Strazdumuiža Pāles ielā 14, 18. gs.,
klasicisms. *VRVM neg. Nr. 128.355*

Имение Стразду на ул. Палес, 14,
XVIII в., классицизм

The Strazdu manor 14 Pāles Street,
the 18th century, the Classicism

331a. Biķernieku baznīca, 1796. g. *VRVM*
neg. Nr. 128.383

Бикерниекская церковь, 1796 г.

The church in Biķernieki, 1796

construction as a whole is more gradual. The authors of the project are architects M. Dakteris, H. Feders, A. Ģelzis etc.

The most comfortable residential area today is the former Keiserwald Forest Park, today M e ž a p a r k s, consisting mainly of private houses. The planning of streets in this district has undergone two stages: the director of Riga parks G. Kuphaldt was the initiator of the first stage in 1901, and H. Jansen, an architect from Berlin, produced the second set of plans in 1911. *The Riga Zoo* (founded in 1912) and the *Forest Park of Culture and Recreation* occupy a great part of Mežaparks' territory. A large stage was erected for the Song and Dance Festivals in 1957, arch. V. Shnytnikov and G. Irbīte. There are a number of cemeteries in Mežaparks: the *Forest Cemetery* (1913), *the Rainis Cemetery* (1925), the *Memorial Brethren Cemetery* (arch. P. Feders, A. Birzenieks, sculptor K. Zāle, landscape designer A. Zeidaks, 1915—1932).

V e c m ī l g r ā v i s is another historical area of Riga (German *Mühlgraben*). The former saw-mill of A. Dombrovskis, today's Fishing Port and Vessel Repair Works, is the stimulus for the development of the district. The creators of the plan for Vec-mīlgrāvis G. Melbergs and R. Paikune have decided to preserve the historical components: the *building of the society ZIE-MEĻBLĀZMA, Burtnieku House* and the *White Church*. The new construction was designed by K. Alksnis, E. Bušs, S. Fo-gele, J. Poga etc.

V e c ā ķ i, a former village of fishermen, is located near the Gulf of Riga. An area of rest homes has been developing in this district since the end of the 19th century. A railway-line links it with Riga since 1934. The valuable pine forest has obtained the status of the *Nature Park*.

332. Proletāriešu rajona administratīvā ēka
Ļeņina ielā 266, 1980. g., arhit. O. Krauklis,
A. Išhanova

Административное здание Пролетарского
района на ул. Ленина, 266, 1980 г.,
арх. О. Крауклис, А. Ишханова

The office building of the Proletāriešu
district 226 Lenin Street, 1980, arch.
O. Krauklis and A. Ishkhanova

333. VEF kultūras pils J. Gagarina ielā 1,
1960. g., arhit. N. Semencovs, retrospektīvisms

Дом культуры и техники ВЭФ на
ул. Ю. Гагарина, 1, 1960 г., арх.
Н. Семенцов, ретроспективизм

VEF Cultural Centre 1 Gagarin Street,
1960, arch. N. Sementsov, the retrospective
style

334. Savrupmāja Zemgaļu ielā 1, 1936. g.,
inženieris N. Makedonskis, racionālisms

Особняк на ул. Земгалю, 1, 1936 г.,
инж. Н. Македонский, рационализм

The private house 1 Zemgaļu Street,
1936, eng. N. Makedonskis, the Rationalism

335. Savrupmāja Laimdotas ielā 30, 1936. g.,
inženieris E. Bethers, racionālisms

Особняк на ул. Лаймдотас 30, 1936 г.,
инж. Э. Бетхер, рационализм

The private house 30 Laimdotas Street,
1936, eng. E. Betkher, the rational style

336. Rūpnīca VEF Ļeņina ielā 214, 1898. g.,
arhit. H. Šēls, eklektisms

Завод ВЭФ на ул. Ленина, 214, 1898 г.,
арх. Г. Шеель, эклектизм

The VEF factory 214 Lenin Street, 1898,
arch. H. Scheel, the Eclecticism

337. Administratīva ēka Ļeņina ielā 233, 1982. g.,
arhit. A. Voļatovskis ar līdzstrādniekiem

Административное здание на
ул. Ленина, 233, 1982 г., арх. А. Волятовскис
с сотрудниками

The office building 233 Lenin Street, 1982,
arch. A. Volyatovsky with a team

338. Zinātņu akadēmijas Elektronikas institūts
Akadēmijas ielā 14, 1965. g., arhit.
J. Platonovs, V. Raņevs

Институт электроники АН ЛССР на
ул. Академияс, 14, 1965 г.,
арх. Ю. Платонов, В. Ранев

The Institute of Electronics of the Academy
of Sciences 14 Akadēmijas Street, 1965,
arch. J. Platonov and V. Ranyev

339. Kinoteātris «Teika» un dzīvojamās ēkas
21. jūlija laukumā 2 un 4, 1933. g., arhit.
T. Hermanovskis, racionālisms

Кинотеатр «Тейка» и жилые здания на
пл. 21 Июля, 2 и 4, 1933 г.,
арх. Т. Германовский, рационализм

The cinema TEIKA and dwelling houses
2 and 4 Square of the 21st July, 1933,
arch. T. Hermanovskis, the Rationalism

340. Krusta baznīca J. Gagarina ielā, 1909. g.,
arhit. V. L. N. Bokslafs, E. Frīzendorfs,
nacionālais romantisms

Церковь Креста на ул. Ю. Гагарина,
1909 г., арх. В. Л. Н. Бокслафф,
Э. Фризендорф, национальный романтизм

The Church of Cross in Y. Gagarin Street,
1909, arch. W. L. N. Bockslaff and
E. Friesendorf, the National Romanticism

341. Savrupmāja J. Peives ielā 4, 1938. g., arhit.
S. Antonovs, racionālisms

Особняк на ул. Я. Пейве, 4, 1938 г.,
арх. С. Антонов, рационализм

The private house 4 J. Peives Street, 1938,
arch. S. Antonov, the Rationalism

342. Zemkopības zinātniskās pētniecības institūts
J. Peives ielā 14, 1975. g., arhit.
R. Kuzņecovs, L. Klešņina

Научно-исследовательский институт
земледелия на ул. Я. Пейве, 14, 1975 г.,
арх. Р. Кузнецов, Л. Клешнина

The Institute of Agricultural Research
14 J. Peives Street, 1975, arch. R. Kuznetsov
and L. Kleshnina

343. Kafejnīca «Argo» Aizkraukles ielā, 1970. g.,
arhit. L. Saško

Кафе «Арго» на ул. Айзкрауклес, 1970 г.,
арх. Л. Сашко

The café ARGO in Aizkraukles Street,
1970, arch. L. Sashko

344., 345. 346. Brāļu kapi, 1924.—1936. g.,
tēlnieks K. Zāle, arhit. A. Birzenieks,
P. Feders, dārza arhit. A. Zeidaks

Братское кладбище, 1924—1936 гг., скульп.
К. Зале, арх. А. Бирзениекс, П. Федерс,
садовый арх. А. Зейдакс

The Soldiers' Common Graves (the
Brethren Cemetery), 1924—1936, sculptor
K. Zāle, arch. A. Birzenieks and P. Feders,
landscape design by A. Zeidaks

347. Raiņa kapa pierrineklis, 1935. g., tēlnieks
K. Zemdega, arhit. P. Ārends

Надгробный памятник Райнису, 1935 г.,
скульп. К. Земдега, арх. П. Арендс

Rainis' tombstone, 1935, sculptor K. Zemdega,
arch. P. Ārends

344

345

346

347

348. Dzīvojamās ēkas J. Gagarina ielā 130/138, 1926. g., arhit. P. Dreijmanis, racionālisms

Жилые здания на
ул. Ю. Гагарина, 130/138, 1926 г.,
арх. П. Дрейманис, рационализм

The dwelling houses 130/138 Y. Gagarin Street, 1926, arch. P. Dreijmanis, the Rationalism

349. Zinātņu akadēmijas Fizikāli enerģētiskais institūts Aizkraukles ielā 21, 1957. g., arhit. I. Jerofalova

Физико-энергетический институт
АН ЛССР на ул. Айзкрауклес, 21,
1957 г., арх. И. Ерофалова

The Institute of Physical Energy of the Academy of Sciences 21 Aizkraukles Street, 1957, arch. I. Yerofalova

350. Juglas dzīvojamais rajons, 20. gs. 60. gadi, arhit. E. Urņiks

Жилой район Югла, 60-е гг. XX в.

The residential area in Jugla, the 1960s, arch. E. Urnyik

351. Juglas ezers, redzamas Latvijas Etnogrāfiskā brīvdabas muzeja ēkas ezera pretējā krastā

Озеро Юглас, на противоположном берегу — постройки Латвийского этнографического музея под открытым небом

The Jugla Lake, the buildings of the Latvian Ethnographic Open-air Museum are seen on the opposite shore of the lake

352. Rūpnīca «Provodņik», tag. Rīgas Elektromašīnu rūpnīca, Ganību dambī 31, 1894. g., inženieris E. Trompovskis

Завод «Проводник», нын. Рижский электромашиностроительный завод, на Ганибу дамбис, 31, 1894 г., инж. Э. Тромповский

The factory PROVODNIK, today Riga Electric Works 31 Ganību Dam, 1894, eng. E. Trompovskis

349

353. 354. Dziesmusvētku estrāde Mežaparkā,
1955. g., arhit. V. Šņitņikovs, G. Irbīte.
Amfiteātrī ir 30 000 vietu, estrādē —
12 000 vietu

Эстрада Праздника песни в Межапарке,
1955 г., арх. В. Шнитников, Г. Ирбите.
В амфитеатре — 30 000 мест, на эстраде —
12 000 мест

The stage of the Song Festival in
Mežaparks, 1955, arch. V. Shnitnykov and
G. Irbīte. The auditorium comprises 30.000
seats, the stage is accomodated for 12.000
performers

355. Poliklīnika Sarkandaudavā, Sliežu ielā, 19,
20. gs. 30. gadi, racionālisms

Поликлиника в Саркандаугаве на
ул. Слиежу, 19, 30-е гг. XX в., рационализм

The polyclinic 19 Sliežu Street, the
1930s, the Rationalism

356. Mākslīgās pilsdrupas Valdšleshena alus
brūža, tag. rūpnīcas «Aldaris», parkā,
1898. g., G. F. Kūfalts

Искусственные руины замка в парке
пивоварни Валдшлехена, нын. завода
«Алдарис», 1898 г., Г. Ф. Куфальдт

The artificial ruins in the park of the
Waldschleshen brewery, today the factory
ALDARIS, 1898, G. F. Kuphaldt

357. Dzīvojamā ēka Čiekurkalnā I garajā līnijā,
1955. g., arhit. V. Ramane, E. Kalniņa,
retrospektīvisms

Жилое здание на 1-й длинной линии в
Чиекуркалнсе, 1955 г., арх. В. Рамане,
Э. Калныня, ретроспективизм

The dwelling house in the First Long
Road of Čiekurkalns, 1955, arch. V. Ramane
and E. Kalniņa, the retrospective style

358. Vecāķu dzelzceļa stacija, 20. gs. 40. gadi, retrospektīvisms

Железнодорожная станция в Вецаки, 40-е гг. XX в., ретроспективизм

The Vecāķi railway station, the 1940s, the retrospective style

359. Rūpnīca «Kaija» Vecmīlgrāvī, Atlantijas ielā, 1981. g.

Завод «Кайя» на ул. Атлантияс в Вецмилгрависе, 1981 г.

The factory KAIJA in Atlantijas Street, 1981

360. K. Sebra vasarnīca Zvejas ielā, 1970. g., arhit. O. Ostenbergs

Дача К. Себриса на ул. Звеяс, 1970 г., арх. О. Остенбергс

K. Sebris' summer house in Zvejas Street, 1970, arch. O. Ostenbergs

361. 467. sērijas dzīvojamā apbūve Vecmīlgrāvī, 20. gs. 70. gadi

Жилая застройка 467-й серии в Вецмилгрависе, 70-е гг. XX в.

The dwelling houses of the 467th type in Vecmīlgrāvis, the 1970s

362. 103. sērijas dzīvojamā apbūve Vecmīlgrāvī, 20. gs. 70. gadi

Жилая застройка 103-й серии в Вецмилгрависе, 70-е гг. XX в.

The dwelling houses of the 103rd type in Vecmīlgrāvis, the 1970s

358

359

361

360

362

363. 464. sērijas dzīvojamā apbūve Vecmīlgrāvī
20. gs. 70. gadi

Жилая застройка 464-й серии в
Вецмилгрависе, 70-е гг. XX в.

The dwelling houses of the 464th type in
Vecmīlgrāvis, the 1970s

364. Vecmīlgrāvja baznīca Lašu ielā 50, 1788. g.,
bezordera klasicisms

Церковь в Вецмилгрависе на
ул. Лашу, 50, 1788 г., безордерный
классицизм

The church in Vecmīlgrāvis 50 Lašu
Street, 1788, the orderless classicism

365. Ziedu veikals Vecmīlgrāvī, 1982. g., arhit.
A. Vītols

Цветочный магазин в Вецмилгрависе,
1982 г., арх. А. Витолс

The florist shop in Vecmīlgrāvis, 1982,
arch. A. Vītols

366. Dzīvojamā ēka Sarkandaugavas ielā,
1985. g., arhit. E. Bušs

Жилое здание на ул. Саркандаугавас,
1985 г., арх. Э. Буш

The dwelling house in Sarkandaugavas
Street, 1985, arch. E. Bušs

367. Mežciems: dzīvojamā rajona centrālā
gājēju iela

Межциемс: центральная пешеходная
улица

Mežciems: the main pedestrian street of the
residential area

7

368. Gaiļezera ārstniecības iestāžu komplekss: slimnīca 1200 vietām, specializētas klīnikas, 5. medicīnas skola P. Dauges ielā 2, projektēšana sākta 1970. g., arhit. A. Purviņš, V. Kadirkovs ar līdzstrādniekiem

Комплекс лечебных учреждений в Гайльэзерсе: больница на 1200 мест, специализированные клиники, медицинское училище № 5 на ул. П. Дауге, 2, проектирование начато в 1970 г., арх. А. Пурвиньш, В. Кадырков с сотрудниками

The complex of medical establishments GAIĻEZERS: the hospital with 1.200 beds, specialized clinics, a nurse school 2 P. Dauges Street, the construction was begun in 1970, arch. A. Purviņš and V. Kadirkov with a team

369. Mežciems: celtnes sadzīves pakalpojumiem bloķētas ar 602. sērijas dzīvojamajām ēkām, 1979. g., arhit. A. Kronbergs, E. Treimanis

Межциемс: постройки для услуг быта сблокированы с жилыми зданиями 602-й серии, 1979 г., арх. А. Кронбергс, Э. Трейманис

Mežciems: small architectural objects are interspersed among the dwelling houses of the 602nd type, 1979, arch. A. Kronbergs and E. Treimanis

370., 371. Bērnu slimnīca Juglas ielā 20, 1974. g., arhit. M. Ģelzis, Z. Kalinka, A. Reinfelde

Детская больница на ул. Юглас, 20, 1974 г., арх. М. Гелзис, З. Калынка, А. Рейнфелде

The Children's Hospital 20 Juglas Street, 1974, arch. M. Ģelzis, Z. Kalinka and A. Reinfelde

372. Mežciems: bērnudārza vasaras nojumes, 1979. g., arhit. A. Kronbergs

Межциемс: летние навесы для детского сада, 1979 г., арх. А. Кронбергс

The kindergarten in Mežciems, 1979, arch. A. Kronbergs

373. Skaitļošanas centrs S. Eizenšteina ielā 29, 1981. g., arhit. O. Krauklis, A. Staņislavskis

Вычислительный центр на ул. С. Эйзенштейна, 29, 1981 г., арх. О. Крауклис, А. Станиславскис

The Computer Centre S. Eizenstein Street, 1981, arch. O. Krauklis and A. Staņislavskis

368

369

374. Savrupmāja J. Poruka ielā 10, 1936. g.,
inženieris K. Jansons, racionālisms

Особняк на ул. Я. Порука, 10, 1936 г.,
инж. К. Янсонс, рационализм

The private house 10 J. Poruka Street,
1936, eng. K. Jansons, the rational style

375. Transformatoru apakšstacija Augšielā,
1938. g., arhit. A. Ramans, racionālisms

Трансформаторная подстанция на
ул. Аугшиела, 1938 г., арх. А. Раманс,
рационализм

The transformer substation in Augšiela,
1938, arch. A. Ramans, the rational style

376. Transporta pietura uz Suvorova ielas
viadukta, 1985. g., arhit. D. Paegle

Остановка транспорта на виадуке по
ул. Суворова, 1985 г., арх. Д. Паэгле

The stop of the public transport on the
viaduct at the end of Suvorov Street, 1985,
arch. D. Paegle

377. Dzīvojamo ēku kvartāls J. Asara ielā,
1931. g., arhit. O. Tīlmanis, racionālisms

Квартал жилых зданий на ул. Я. Асара,
1931 г., арх. О. Тилманис, рационализм

The block of dwelling houses in J. Asara
Street, 1931, arch. O. Tīlmanis, the
Rationalism

376

377

JELGAVAS PRIEKŠPILSĒTA

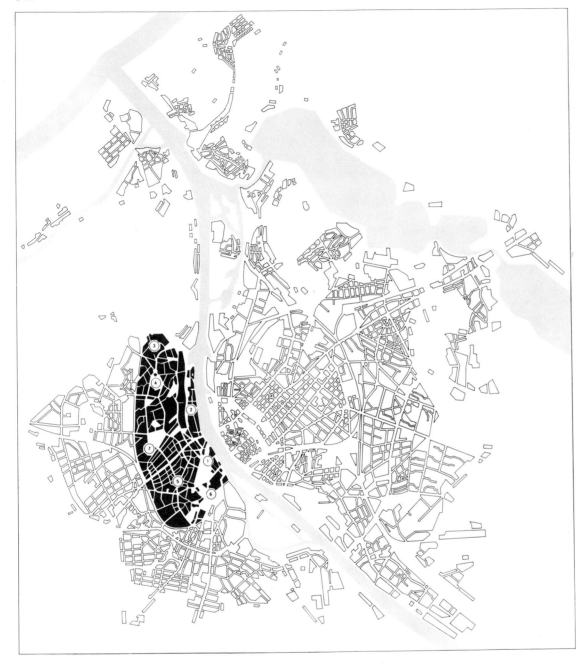

378. Jelgavas priekšpilsēta: 1 —
Klīversala, 2 — Ķīpsala,
3 — Iļģuciems, 4 — Nordeķi,
5 — Āgenskalns, 6 — Torņakalns,
7 — Zasulauks

Елгавский форштадт: 1 —
Кливерсала, 2 — Кипсала,
3 — Ильгюциемс, 4 — Нордеки,
5 — Агенскалнс, 6 — Торнякалнс,
7 — Засулаукс

The Jelgava Suburb: 1 — Klīversala,
2 — Ķīpsala, 3 — Iļģuciems,
4 — Nordeķi, 5 — Agenskalns,
6 — Torņakalns, 7 — Zasulauks

Rīgas daļa, kas atrodas Daugavas kreisajā krastā, tiek apzīmēta ar vārdu — Pārdaugava. Tā faktiski atzīta par Rīgas trešo — Jelgavas priekšpilsētu 1778. gadā, attiecinot uz to pilsētas ugunsgrēku dzēšanas noteikumus.

Pārdaugavas smilšu kalni bija maz apdzīvoti vēl 17. gs., kad satiksmi ar Rīgu uzturēja latviešu pārcēlāji. 1714. gadā iepretim Vecrīgai uzbūvēja plostu tiltu, kuram bija 13 laidumi un izvelkamā daļa, lai varētu izlaist cauri laivas un plostus. Būvi dēvēja par Rīgas trešo brīnumu (pirmais bija pulksteņa zvans, kurš karājās ārpus Jēkaba baznīcas torņa, otrais — pārcēlāju aizbildņa Kristapa skulptūra).

Jelgavas priekšpilsēta 19. gs. kļuva par Rīgas pilsoņu vasarnīcu rajonu un svētdienas izpriecu vietu. Vienlaikus atsevišķās teritorijās izvietojās Rīgas manufaktūras. Vēsturiskos rajonus:

Torņakalnu, Āgenskalnu, Iļģuciemu, Nordeķus un Zasulauku — ietvēra 1873. gadā izbūvētais dzelzceļš uz Bolderāju.

Vecākās Jelgavas priekšpilsētas daļas ir Daugavas kreisā krasta s a l a s, kur iepretī Vecrīgai viduslaikos izvietojās kuģu būvētavas, kokzāģētavas, noliktavas, manufaktūras, un upes ieleja līdz s e n k r a s t a m.

K l ī v e r s a l a veidojusies 18. gadsimtā; nosaukums cēlies no tirgotāja Klīvera vārda, kurš rentēja to kokmateriālu krautuvei. 1764. gadā dambis savienoja salu un cietzemi vietā, kur sākās Rīgas—Jelgavas ceļš, tag. Vienības gatve. Pamazām Daugavas atteka aizauga, līdz 19. gadsimta otrajā pusē sala galīgi saplūda ar kontinentu.

Ķ ī p s a l a vēl pagājušajā gadsimtā sastāvēja no divām salām, kuras Daugavas straume vēlāk apvienoja. Zvejnieku un plost-

379. Skats uz Vecrīgu no Dzegužkalna.
RVKM neg. Nr. 100.276/123

Вид на Старую Ригу с Дзегужкалнса

A view from Dzegužkalns on the Old Riga

380. Āgenskalna plāna fragments ar 19.—20. gs.
apbūvi. Neregulārais ielu tīkls veidojies,
apbūvējot dažāda lieluma un konfigurācijas
zemes īpašumus. Rajonu šķērso Lielā
Nometņu, tag. L. Laicena, iela, kura
kādreiz veda uz karaspēka nometņu
vietu tag. Republikas klīniskās slimnīcas
teritorijā

Фрагмент плана Агенскалнса с застройкой
XIX—XX вв. Нерегулярная сеть улиц
формировалась при застройке земельных
участков различного размера и
конфигурации. Район пересекает
ул. Л. Нометню, нын. Л. Лайцена,
которая некогда вела к месту
расположения военного лагеря (лат.
nometne), территория нын.
Республиканской клинической больницы

The fragment of the plan of Āgenskalns
with the construction of the 19th and
20th centuries. The irregular net of
streets formed when the plots of land
of different size and configuration were
covered with buildings. Lielā Nometņu
Street, today L. Laicena Street, crosses
the district. It leads to the former military
camp in the territory of the present
Teach-in Hospital

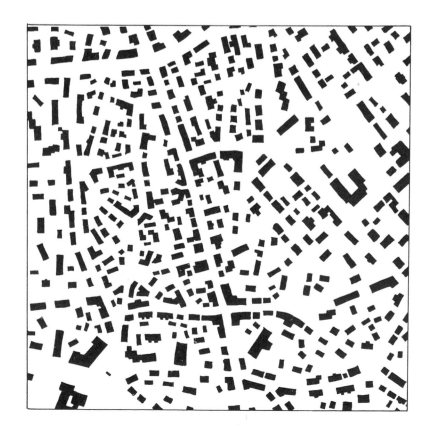

nieku apdzīvotajā salā izvietojās dažas manufaktūras. Pēckara
periodā Ķīpsala atvēlēta studentu pilsētiņas izbūvei. Kopš seš-
desmitajiem gadiem salā noris *Rīgas Politehniskā institūta*
celtniecība (arhitekti D. Danneberga, K. Alksnis, Z. Lazdiņš
u.c.), tur uzcelts *Preses nams* (arh. J. Vilciņš, 1978).

Daugavas s e n k r a s t s izteiktas kāpu joslas veidā stiepjas
cauri Pārdaugavai no Bišumuižas dienvidos līdz Iļģuciemam
ziemeļos. Vislabāk tas jūtams, iebraucot Āgenskalnā, E. Smiļģa
ielas rajonā. No senkrasta pacēluma ārpilsētas virzienā plešas
nedaudz viļņota smilšu platforma, uz kuras veidojušies vecākie
Pārdaugavas rajoni. Stipri attālināta, aiz Spilves pļavām, ir
Daugavas grīva.

Priekšpilsētām vienmēr ir bijušas savas priekšrocības. Tur
varēja dzīvot lētāk nekā pilsētā, jo nebija jāceļ mūra mājas,
bet pietika ar koka ēkām, zemes gabals pie mājām deva iespēju
audzēt saknes, turēt lopus. Pārdaugavā latviešu rokās bija zvej-
nieku, pārcēlāju, namdaru u.c. amati, kuri nodrošināja lielai
daļai neseno dzimtcilvēku iespēju patstāvīgi saimniekot. Priekš-
pilsētās latviešiem bija tiesības iepirkt apbūves gabalus no
muižu īpašniekiem.

Pārdaugavā 17. gadsimtā bija 5 muižas, no tām viena piede-
rēja Heinriham fon Hāgenam (Hagenshof), no kurienes arī
radies nosaukums Ā g e n s k a l n s. Vēl vecāka izcelsme ir
T o r ņ a k a l n a nosaukumam. 1669. gadā Rīgas pilsēta ierīkoja
savu ķieģeļnīcu apmēram tur, kur no 1483. gada ir minēts Sar-
kanais tornis, celtne, kuras attēlu saglabājušas tikai dažas vecās
gravīras. Zviedru pulkvedis Kobrons šajā apkārtnē, tag. Jelga-
vas un Bauskas ielu sākumā, uzcēla t.s. Kobronskansti — vienīgo
militāro nocietinājumu Pārdaugavā. 18. gadsimta otrajā pusē
Torņakalns iemantoja Altonas vārdu, pēc Altonas muižiņas
— bagātu rīdzinieku atpūtas vietas Altonavas, tag. O. Vācieša ielā.
1852. gadā K. H. Vērmanis ierīkoja slēgtu parku ar oranžēriju
teritorijā, kura gadsimta beigās kļuva par Kleina parku, bet no

195

BOLDERĀJA
JAUNCIEMS
VECMILGRĀVIS
APLOKCIEMS
MEŽAPARKS
SARKANDAUGAVA
KLEISTI
ČIEKURKALNS
JUGLA
TEIKA
MEŽCIEMS
IĻGUCIEMS
SARKANKALNS
PĒTERSALA
PURVCIEMS
GRIZINKALNS
DREILIŅI
IMANTA
DZEGUŽKALNS
VECRĪGA
ZASULAUKS
DĀRZCIEMS
SOLITŪDE
ĀGENSKALNS
KRASTA RAJONS
PĻAVNIEKI
PLESKODĀLE
TORŅAKALNS
TV
ĶENGARAGS
BIERIŅI
ZIEPNIEKKALNS
KATLAKALNS

DAUGAVAS SENKRASTU MARĶĒJUMS
MAĢISTRĀĻU TELPISKĀS UZTVERES SHĒMA

381. Rīgas telpiskās organizācijas pamatshēma, arhit. Ē. Fogelis, 1981. g. Pirmo reizi Rīga tiek projektēta uztverei kustībā pa transporta maģistrālēm, augstceltnes izvietotas saskaņā ar reljefu

Основная схема пространственной организации Риги, арх. Э. Фогелис, 1981 г. Впервые Рига проектируется для восприятия в движении по транспортным магистралям, а высотные здания размещаются в соответствии с рельефом

The scheme of space of Riga, 1981, arch. Ē. Fogelis. The space of the town is planned together with the public transport for the first time, the high-rise buildings are located according to the relief

20. gadsimta sākuma — *Arkādijas dārzu*. 19. gadsimtā Torņakalnā sāka darboties vairākas manufaktūras, rajona rūpniecības un dzīvojamais raksturs ir saglabājies līdz mūsdienām. Ievērojams arhitektūras piemineklis ir *Bloka muižiņas* ansamblis 19. gadsimta klasicisma stilā.

Z a s u l a u k a nosaukums radies no Zasu muižas, kas atrodās Rīgas patrimoniālajā apgabalā. Dzīvojamais rajons sāka veidoties 18. gadsimta beigās, kad muižu nopirka Rīgas kroņu mastu šķirotājs latvietis Jānis Šteinhauers un uzcēla tur papīra ražošanas manufaktūru. Zasulauks īpaši uzplauka pēc Rīgas—Bolderājas un Rīgas—Tukuma dzelzceļa līniju atklāšanas. 20. gadsimta sākumā lielākā daļa Zasu muižas zemes tika sadalīta apbūves gabalos un pārdota. Teritoriju pamazām iekļāva Rīgas pilsētā. Pēckara periodā Zasulaukā uzceltas daudzstāvu dzīvojamās ēkas, klubs «Rītausma» (1962. g., arh. M. Ģelzis).

Ceļš uz jūras pusi gar Daugavas krasta kāpām ir Daugavgrīvas iela, viena no vecākajām Pārdaugavā. D z e g u ž k a l n a apkārtnē 18. gadsimtā pastāvēja divi latviešu ciemi: Jura ciems ap tag. Ūdens ielu uz Sv. Jura hospitāļa zemes, un I ļ ģ u c i e m s — uz Sv. Gara hospitāļa zemes. Tā pirmā īpašnieka Sv. Gara konventa vārds izmainoties ieguvis tagadējo skanē-

jumu: Convent zum heiligen Geist — Hilligengeisthof — Hilligeszeem — Ilgezeem. To apdzīvoja latviešu zvejnieki, enkurnieki, mastu brāķeri, pārcēlāji. 19. gadsimta pirmajā pusē parādījās vairākas manufaktūras, kas veicināja iedzīvotāju pieplūdumu. Pēckara periodā Iļģuciemā uzcēla dzīvojamo masīvu (arhitekti R. Lelis, R. Paikune, N. Rendelis, T. Francmane) ar komfortabliem dzīvokļiem, bet likvidēja vietējo kolorītu un savdabību. Dominē sešdesmito gadu f u n k c i o n ā l i s m a stereotips: daudzsekciju garas un taisnas dzīvojamās ēkas, lieli pagalmi.

N o r d e ķ i kādreiz bija Pārdaugavas apbūvētās daļas dabiskā ziemeļu robeža, aiz kuras līdz Bolderājai pletās neapbūvētais zemais Spilves līdzenums. Nordeķi veidojušies uz kādreizējās Nordeķu muižas (16.—17. gs.) zemes. To vēsture līdzīga visai Pārdaugavai. 19. gadsimta vidū sākta zemes parcelēšana sīkos apbūves gabalos. Nordeķu tuvumā atradās manufaktūras: to strādnieki cēla nelielas dzīvojamās ēkas, kuras apvieno piederība t.s. b e z s t i l a a r h i t e k t ū r a i. Tās gan saglabāja līdzību ar sava laika Latvijas lauku un mazpilsētu dzīvojamo ēku tipiem, ko raksturo trīsdaļīgs plāns, ar manteļskursteni jeb apvalkdūmeni vidusdaļā. Ēkām bija viens vai pusotrs stāvs;

382. Slokas un Kalnciema ielas stūris, 20. gs. sākumā. *Pastkarte no O. Cinka kolekcijas*

Угол улиц Слокас и Калнциема, начало XX в. *Почтовая открытка из коллекции О. Цинка*

The corner of Slokas and Kalnciema Streets, the beginning of the 20th century. *A postcard from the collection of O. Cinks*

tās segtas ar augstu divslīpju vai mansarda kārniņu jumtu. Šīs raksturīgās iezīmes saglabājās līdz 19. gadsimta vidum, kad pilsēta pieprasīja arī Pārdaugavā būvēt ēkas pēc klasicisma paraugfasādēm.

383. Jahtklubs Balasta dambī, 1897. g., arhit. V. Neimanis, eklektisms. *VRVM neg. Nr. 89.426*

Яхт-клуб на Баласта дамбис, 1897 г., арх. В. Нейман, эклектизм

The yachting club in Balasta Dam, 1897, arch. W. Neumann, the Eclecticism

Название Пардаугава (Задвинье) относится к левобережной части Риги. Эта песчаная, холмистая местность была малообжитой еще в XVII веке. В те времена, чтобы переправиться через реку, надо было прибегнуть к услугам перевозчиков-латышей. В 1714 году напротив Старой Риги построили плотовой мост, состоящий из 13 пролетов. Одно из звеньев моста в случае необходимости могло выдвигаться, образуя свободное пространство для прохождения лодок и плотов. Сооружение именовалось третьим чудом Риги (первым стал часовой колокол, висевший снаружи башни церкви св. Иакова, вторым — скульптура Христофора, патрона рижских перевозчиков).

Пардаугаву признали фактически третьим (Митавским) рижским форштадтом в 1778 году, когда и на эту часть города распространили противопожарные правила. В XIX веке Задвинье стало дачным районом, где строили летние дома и проводили воскресные дни рижане. Одновременно на некоторых участках появились мануфактуры.

Старейшей частью Пардаугавы являются как левобережные острова на Даугаве, где в средние века как раз напротив Старой Риги размещались верфь, лесопильни, складские мануфактуры, так и долина реки до древнего берега и исторические районы: Торнякалнс, Агенскалнс, Ильгюциемс, Нордеки и Засулаукс. Их соединяла построенная в 1873 году железная дорога на Болдераю.

Остров Кливерсала образовался в XVIII веке, название его произошло от фамилии купца Кливера, арендовавшего здесь склад лесоматериалов. В 1764 году дамба соединила остров и береговую часть в том месте, где брала начало дорога Рига—Елгава (ныне Виенибас гатве). Понемногу протока Даугавы зарастала, и во второй половине XIX века остров полностью слился с берегом.

Riga
Балластная дамба
Рига

Остров К и п с а л а еще в прошлом столетии состоял из двух островов, которые позднее слились воедино благодаря речным наносам. На острове, населенном рыбаками и плотовщиками, разместилось несколько мануфактур. В послевоенный период тут началось строительство студенческого городка. С 60-х годов здесь ведется строительство *Рижского политехнического института* (арх. Д. Данненберга, К. Алкснис, З. Лаздыньш и др.), там же возведен и *Дом печати* (1978, арх. Ю. Вилциньш).

Древний берег Даугавы в виде ярко выраженной дюнной зоны тянется от Бишумуйжи на юге до Ильгюциемса на севере. Нагляднее всего это проявляется при въезде в Агенскалнс, в районе ул. Э. Смильгиса. От поднятия древнего берега в направлении городских границ простирается несколько волнистая песчаная платформа, на которой формировались старейшие районы Задвинья. На порядочном отдалении, за спилвескими лугами, находится устье Даугавы.

Предместья всегда имели некоторые преимущества. Там можно было жить более экономно: не требовалось строить каменный дом, достаточно было и деревянного, а участок земли около дома давал возможность выращивать овощи, держать скот. В Задвинье рыбаки, перевозчики, плотники были латышами по национальности, что позволяло недавним крепостным (в большинстве своем) самостоятельно вести хозяйство. В предместьях латыши имели право приобретать застроенные участки у владельцев имений.

В Пардаугаве в XVII веке было 5 имений, из них одно принадлежало Генриху фон Гагену (*Hagenshof*); отсюда и пошло название А г е н с к а л н с. Еще древнее происхождение топонима Т о р н я к а л н с. В 1669 году город построил свой кирпичный завод примерно в том месте, где уже с 1483 года находилась Красная башня (*Sarkanais tornis*).

386. Pilsētas peldētava pie Pontontilta,
20. gs. 20. gadi. *Pastkarte no
O. Cinka kolekcijas*

Городская купальня у Понтонного
моста, 20-е гг. XX в. *Почтовая
открытка из коллекции О. Цинка*

The city swimming-pool near the
Raft Bridge, the 1920s. *A postcard
from the collection of O. Cinks*

Изображение этого сооружения сохранилось лишь на нескольких старинных гравюрах. Шведский полковник Коброн возвел здесь (в начале совр. ул. Елгавас и Баускас) т.н. Кобронский редут — единственное военное укрепление в Пардаугаве. Во второй половине XVIII века Торнякалнс стал называться Алтона по названию небольшого Алтонского имения — места отдыха богатых рижан на совр. ул. О. Вациетиса. В 1852 году К. Г. Верман разбил закрытый парк с оранжереями, который в конце столетия именовался Клейнским парком, а с начала XX века — *садом Аркадии.* В XIX столетии в Торнякалнсе начало действовать несколько мануфактур, и по сей

387. Viadukts Kapu ielā Torņakalnā, 20. gs. sākums, inženierbūve
jūgendstila formās. *RVKM neg. Nr. 82.286*

Виадук на ул. Капу в Торнякалнсе, начало XX в., инженерное
сооружение в формах модерна

The viaduct in Kapu Street in Torņakalns, the beginning of the 20th
century, the construction in the forms of the Art Nouveau

день район сохранил свой промышленный и жилой характер. Замечательным памятником архитектуры является ансамбль имения Блока, построенный в XIX веке в стиле классицизма.

В рижском патримониальном округе существовало имение Засу, отсюда и название — Засулаукс. Жилой район начал формироваться в конце XVIII столетия, когда рижский императорский браковщик мачт латыш Янис Штейнхауэрс купил имение и поставил здесь мануфактуру по производству бумаги. После открытия железнодорожных линий Рига—Болдерая и Рига—Тукумс Засулаукс вступил в пору расцвета. В начале XX века большая часть земли имения Засу была разделена на застроенные участки и распродана. Территорию постепенно присоединили к Риге. В послевоенный период в Засулауксе возведены многоэтажные жилые здания, *клуб «Ритаусма»* (1962, арх. М. Гелзис).

Дорога в сторону моря вдоль дюнного берега Даугавы — это ул. Даугавгривас, одна из старейших в Задвинье. В окрестностях Дзегужкалнса (Кукушкиной горы) в XVIII веке существовало два латышских поселения: Юрациемс около совр. ул. Уденс на землях, принадлежавших госпиталю св. Георгия (Юра), и Ильгюциемс на земле госпиталя св. Духа. Так имя первого владельца — конвента Святого Духа, — изменяясь, приобрело нынешнее звучание: *Convent zum heiligen Geist — Hilligengeisthof — Hilligeszeem — Ilgezeem.* Район населяли латышские рыбаки, лоцманы, браковщики мачт, перевозчики. В первой половине XIX столетия появилось несколько мануфактур, в результате чего количество жителей существенно увеличилось. В послевоенный период в Ильгюциеме был выстроен жилой массив (арх. Р. Лелис, Р. Пайкуне, Н. Рендель, Т. Францмане) с комфортабельными квартирами, но

THE JELGAVA SUBURB

Riga, Marien-Mühlen-Teich, Thorensberg.

388. Māras dzirnavas pie Māras dīķa,
19. gs. sākums. Iznīcinātas. *Pastkarte
no O. Cinka kolekcijas*

Мельница у пруда Марас, начало
XIX в. Уничтожена. *Почтовая
открытка из коллекции О. Цинка*

The Māra's Mill near the Māra
Pond, the beginning of the 19th
century. Destroyed. *A postcard from
the collection of O. Cinks*

при этом были утрачены местный колорит и своеобразие. Доминировал стереотип функционализма 60-х годов: многосекционные протяженные и прямые жилые здания, большие дворы.

Нордеки когда-то были естественной северной границей застроенной части Пардаугавы, за ней начиналась

389. Rūpnīca «Motors» Šampētera ielā 2, 20. gs. sākums, ir viena no pirmajām liellaiduma pārseguma konstrukcijas ēkām. *RVKM neg. Nr. 82.215*

Завод «Мотор» на ул. Шампетера, 2, начало XX в., одно из первых зданий с широкопролетным покрытием

The factory MOTORS 2 Šampētera Street, the beginning of the 20th century, was one of the first buildings where the construction of the flight coverage was used

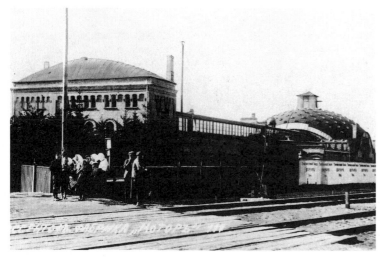

незастроенная низменная Спилвеская равнина, простиравшаяся до Болдераи. Нордеки сформировались на территории бывш. Нордекского имения (XVI—XVII вв.). Его история характерна для всей Пардаугавы. В середине XIX века началось деление земли на мелкие участки. Вблизи Нордеки находились мануфактуры, рабочие которых строили небольшие жилые дома, объединенные принадлежностью к т.н. бесстилевой архитектуре. Правда, эти постройки все же были похожи на дома, типичные в то время для сельской местности и небольших городов Латвии. Общим является трехчастный план с каминной трубой в средней части. Здания имели один или полтора этажа, характеризовались высокой двухскатной крышей или черепичной крышей с мансардой. Эти отличительные черты сохранились до середины XIX века, когда по требованию города и в Пардаугаве стали строить здания с образцовыми классическими фасадами.

The left bank of the Daugava is known as Pārdaugava (English *over the Daugava*). The sand hillocks were not that densely populated in the 17th century when the Latvian ferrymen were employed to communicate with Riga. A pontoon bridge was built over the Daugava in front of the Old Town of Riga in 1714. It had 13 flights and a removable section to facilitate the passage of boats and rafts. This construction was called the third wonder of Riga (the first being the striking clock hanging on the tower of the St. Jacob's, the second, the sculpture of the Big Kristaps, patron of ferrymen).

The Jelgava Suburb was considered the third suburb of Riga since 1778 upon the application of fire regulations in this area. In the 19th century the suburb became a district of summer and weekend cottages.

390. Restorāns «Arkādija», tag. kinoteātris, 1884. g., rekonstruēts 1911. g., arhit. L. Rīmers, eklektiskais jūgendstils. *Pastkarte no O. Cinka kolekcijas*

Ресторан «Аркадия», нын. кинотеатр, 1884 г., реконструирован в 1911 г., арх. Л. Ример, эклектический модерн. *Почтовая открытка из коллекции О. Цинка*

The restaurant ARKĀDIJA, today the cinema hall, 1884, reconstructed in 1911, arch. L. Riemer, the Eclectic Art Nouveau. *A postcard from the collection of O. Cinks*

391. Sporta biedrības nams Torņakalnā, 20. gs. sākums, eklektiskais jūgendstils

Дом спортивного общества в Торнякалнс, начало XX в., эклектический модерн

The Sports Club in Torņakalns, the beginning of the 20th century, the Eclectic Art Nouveau

The oldest part of the left-bank construction was situated on the i s l a n d s, where the shipyards, saw-mills and warehouses were situated in the Middle Ages. The historical districts of the Jelgava Suburb were Āgenskalns, Iļģuciems, Torņakalns, Nordeķi, and Zasulauks. The railway to Bolderāja linked them in 1873.

The K l ī v e r i I s l a n d area was formed in the 18th century. The name comes from the surname of the merchant Klīvers, who rented it for lumber. In 1764 a dam linked the island with the mainland where the Riga-Jelgava highway began (today Vienības Lane). Eventually the tributaries of the Daugava overgrew and in the 19th century merged with the mainland completely.

In the previous century Ķīpsala consisted of two islands to be later merged by the Daugava. Several manufactories were founded on the island previosly inhabited by fishermen and ferrymen. In the post-war period the s t u d e n t c a m p u s was constructed on the site. Since the sixties the *Riga Polytechnic* (arch. D. Danneberga, K. Alksnis, Z. Lazdiņš etc.) and the *Publishing House* have been built there (arch. J. Vilciņš, 1978).

The zone of dunes crossed Pārdaugava along the a n c i e n t b a n k of the Daugava from the south of manor Bišumuiža to the north of village Iļģuciems. The oldest Pārdaugava districts were built on sandy wavelike elevations spreading from the centre to the outskirts, the mouth of the Daugava lying in the distance behind the Spilve meadows.

The suburbs have always had some advantages. Life was less expensive than in the centre, due to the fact that one did not have to build in brick; all one needed was a wooden house and a plot of land for a garden and livestock. Fishermen,

ferrymen and other craftsmen lived in Pārdaugava as these trades allowed a number of former serfs to become economically independent.

There were five manors in Pārdaugava. One of them belonged to Heinrich von Hagen; hence the name of the district Ā g e n s-k a l n s. The name T o r ņ a k a l n s is of an older origin. In 1669 a brick factory was erected on the site housing a red brick tower known since 1483, however preserved only in few etchings. The Swedish colonel Kobron built the only fortification in Pārdaugava, called Kobronskanste. It was located near the present Jelgava and Bauska Streets. In the second half of the 18th century Torņakalns was renamed Altona, the name coming from the manor of Altona. Later it became a resort for the prosperous Riga inhabitants. In 1852 K. H. Wöhrmann established a closed park and arboretum, which were later turned into Klein's Park. Since the beginning of the 20th century it has been known as *Arkady Park*. In the 19th century several manufactories began to work in Torņakalns, developing a unique industrial character which has been preserved until today. The group of buildings known as the M a n o r o f B l o k h is a noticeable monument built in the 19th century Classicism style.

The name Z a s u l a u k s comes from the Zasu Manor, which was situated in the patrimonial region of Riga. The residential area began to develop at the end of the 18th century when the Latvian forester Jānis Šteinhauers bought the manor and established a paper-mill. The region flourished especially after the Riga—Bolderāja and Riga—Tukums railway-lines were opened. At the beginning of the 20th century the majority of the land of Zasu Manor was divided into construction plots and sold. Gradually the territory became part of the town.

Anstalt für diätetische Kuren
Riga-Sassenhof
Kandauer Str. № 4/6. □ Tel. № 2438.

392. Diētiskā pansija, tag. dzīvojamā ēka, Kandavas ielā 4/6, 1877. g., rekonstruēta 1902. g., arhit. H. Pīrangs, eklektisms. *Pastkarte no O. Cinka kolekcijas*

Диетический пансион, нын. жилое здание, на ул. Кандавас, 4/6, 1877 г., реконструировано в 1902 г., арх. Г. Пиранг, эклектизм. *Почтовая открытка из коллекции О. Цинка*

The diet boarding-house, today the dwelling house 4/6 Kandavas Street, 1877, reconstructed in 1902, arch. H. Pierang, the Eclecticism. *A postcard from the collection of O. Cinks*

393. Alberta baznīca Liepājas ielā, 19. gs. beigās, arhit. J. Kohs, neobaroks; pilsētas II slimnīca, tag. Republikas klīniskā slimnīca, 1910. g., arhit. R. Šmēlings, romantizēts jūgendstils. *RVKM neg. Nr. 10.276/194*

Церковь Альберта на ул. Лиепаяс, конец XIX в., арх. И. Кох, необарокко; 2-я городская больница, нын. Республиканская клиническая больница, 1910 г., арх. Р. Шмелинг, романтизированный модерн

The Church of Alberts in Liepājas Street, the end of the 19th century, arch. J. Koch, the Neo-Baroque; the second hospital of Riga, today the Teach-in Hospital of the Republic, 1910, arch. R. Schmaeling, the Romanticized Art Nouveau

Many-storeyed buildings have been built in Zasulauks in the post-war period, including the culture centre RĪTAUSMA (arch. M. Ģelzis, 1962).

Daugavgrīva Street is one of the oldest in Pārdaugava and follows the Daugava coast to the sea. Two Latvian villages existed in Dzegužkalns area in the 18th century. Latvian fishermen, wood-floaters, loggers and ferrymen inhabited the village of Iļģuciems. In the first half of the 19th century the appearance of several plants contributed to the influx of workers. A residential area was built in Iļģuciems in the post-war period (arch. R. Lelis, R. Paikune, N. Rendelis, T. Francmane) housing many comfortable flats but losing the individuality of the district in the process. The area is now dominated by functional stereotypes with long and straight blocks of flats divided by large yards.

Nordeķi formed on the lands of the former Nordeķu Manor. Its history is very much like the history of Pārdaugava. The lands were divided into small lots in the middle of the 19th century. As there were plants close to Nordeķi, the workers built dwellings belonging to the so-called suburban architecture, similar to those in the countryside and in small towns. A tripartite planning and a covered chimney were the characteristic features of these buildings. The houses were covered with a double-steep or garret-tiled roof. These features remained until the end of the 19th century when the Town Council demanded to build houses with exemplary Classicism façades in Pārdaugava.

394. Savrupmāja pie Māras dīķa L. Altonavas, tag. O. Vācieša, ielā 13, 1931. g., arhit. T. Hermanovskis, racionālisms. R. Johansona foto. *RVKM neg. Nr. 120.112*

Особняк у пруда Марас на ул. Л. Алтонавас, нын. О. Вациетиса, 13, 1931 г., арх. Т. Германовский, рационализм. *Фото Р. Иохансона*

The private house near the Māra Pond 13 L. Altonavas, today O. Vācieša Street, 1931, arch. T. Hermanovskis, the Rationalism. A photo by R. Johansons

395. Restorāns «Iļģuciems», 20. gs. sākums. Iznīcināts. Arī nomales arhitektūra pelna ievērību kā kultūrvēsturisks fakts. *Pastkarte no O. Cinka kolekcijas*

Ресторан «Ильгецем», начало XX в. Уничтожен. Архитектура городских окраин также заслуживает внимания как культурно-исторический факт. *Почтовая открытка из коллекции О. Цинка*

The restaurant IĻĢUCIEMS, the beginning of the 20th century. Destroyed. Suburban architecture also relates to the history of architecture. *A postcard from the collection of O. Cinks*

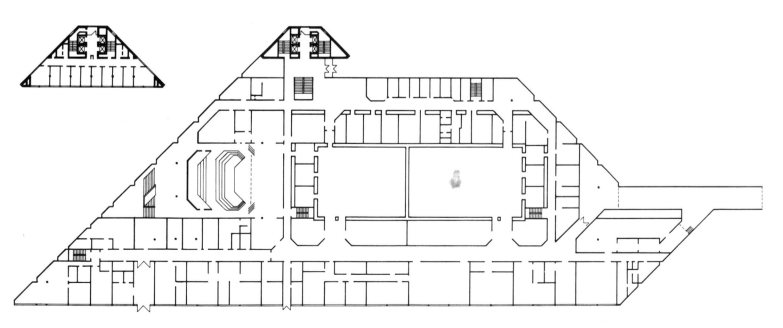

96. Televīzijas centrs Zaķusalā, 1987. g., arhit. A. Purviņš, V. Kadirkovs, B. Maike. Augstceltni aptver četrstāvīga stilobata daļa, kuras centrā atrodas koncertzāle 350 vietām un telestudijas. Projektā paredzēts bloķēt vēl vienu augstceltni radiocentram

Телевизионный центр на острове Закюсала, 1987 г., арх. А. Пурвиньш, В. Кадырков, Б. Майке. Высотное здание охвачено четырехэтажным строением, в котором находятся концертный зал на 350 мест и телестудии. Проектом предусмотрено пристроить еще одно высотное здание — для радиоцентра

The TV Centre in Zaķusala, 1987, arch. A. Purviņš, V. Kadirkov and B. Maike. The tower is surrounded by a four-storeyed building with the concert hall (350 seats) and the TV studios. It is envisaged to make another high-rising building for the Radio Centre

399. Uzvaras monuments PSKP XXII kongresa
     parkā, 1985. g., arhit. E. Bāliņš,
     E. Vecumnieks, V. Zilgalvis, tēlnicki
     Ļ. Bukovskis, A. Gulbis, piedaloties
     L. Kristovskim, mākslinieks A. Bugajevs

     Монумент Победы в парке XXII съезда
     КПСС, 1985 г., арх. Э. Балиньш,
     Э. Вецумниекс, В. Зилгалвис,
     скульп. Л. Буковский, А. Гулбис, с участием
     Л. Кристовского, художник А. Бугаев

     The Victory Memorial in the Park of the
     22nd Congress of the CPSU, 1985, arch.
     E. Bāliņš, E. Vecumnieks and V. Zilgalvis,
     sculptors Ļ. Bukovskis and A. Gulbis, artist
     A. Bugayev

400. Mārtiņa baznīca Slokas ielā 34, 1825. g.,
     arhit. J. D. Felsko; zvanu torņi piebūvēti
     1888. g., arhit. H. Šēls

     Церковь св. Мартина на ул. Слокас, 34,
     1825 г., арх. И. Д. Фельско; колокольня
     пристроена в 1888 г., арх. Г. Шеель

     The Church of St. Martin 34 Slokas Street,
     1825, arch. J. D. Felsko; the bell towers
     were built in 1888 by arch. H. Scheel

401. Rīgas Medicīnas institūts Dzirciema ielā,
     1987. g., arhit. V. Čikste

     Рижский медицинский институт на
     ул. Дзирциема, 1987 г., арх. В. Чиксте

     Riga Medical Institute in Dzirciema Street,
     1987, arch. V. Čikste

400

401

402. Āgenskalna tirgus L. Laicena ielā 64, 1913. g., arhit. R. Šmēlings, romantizēts jūgendstils

Агенскалнский рынок на ул. Лайцена, 64, 1913 г., арх. Р. Шмелинг, романтизированный модерн

The market in Āgenskalns 64 L. Laicena Street, 1913, arch. R. Schmaeling, the Romanticized Art Nouveau

403., 405. Bloka muižiņas ansamblis Vienības gatvē 27, 19. gs., klasicisms. Restaurēta 1952.—1954. g. un 1963. g.

Ансамбль «Блокмуйжа» на Виенибас гатве, 27, XIX в., классицизм. Реставрировался в 1952—1954 и 1963 г.

The Blokh manor 27, Vienības Lane, the 19th century, the Classicism. Reconstructed in 1952—1954 and 1963

404. Skats uz Vecrīgu no viadukta Kapu ielā Torņakalnā

Вид на Старую Ригу с виадука на ул. Капу в Торнякалнсе

A view from the viaduct in Torņakalns on the Old Riga

406.—412. TV centrs Zaķusalā: rekreācijas telpas, koncertzāle, kafejnīca, 1987. g., arhit. A. Purviņš, V. Kadirkovs, B. Maike, interjerists arhit. M. Gundars

ТВ центр на Закюсале: помещения для отдыха, концертный зал, кафе, 1987 г., арх. А. Пурвиньш, В. Кадырков, В. Майке, интерьерист арх. М. Гундарс

The TV Centre in Zaķusala: recreational rooms, the concert hall and the café, 1987, arch. A. Purviņš, V. Kadirkov and B. Maike, interior design by arch. M. Gundars

406

407

413. Iļģuciema sabiedriskais centrs, 20. gs. 70. gadi, arhit. T. Krimska, T. Francmane

Ильгуциемский общественный центр, 70-е гг. XX в., арх. Т. Крымская, Т. Францмане

The public centre in Iļģuciems, the 1970s, arch. T. Krimska and T. Francmane

414. Profesora E. Laubes savrupmāja, tag. administratīva ēka, Baložu ielā 20a, 1924. g., arhit. E. Laube, neoklasicisms

Особняк профессора Э. Лаубе, нын. административное здание, на ул. Баложу, 20a, 1924 г., арх. Э. Лаубе, неоклассицизм

The private house of prof. E. Laube, today the office building 20a Baložu Street, 1924, arch. E. Laube, the Neo-Classicism

415. Teātra darbinieku savienības ēka E. Smiļģa ielā 37/39, 1971. g., arhit. I. Stukmanis, R. Stukmanes interjeri

Здание Союза театральных деятелей на ул. Э. Смильгиса, 41, 1971 г., арх. И. Стукманис

The Actors' Society house 37/39 E. Smiļģa Street, 1971, arch. I. Stukmanis, interior design by R. Stukmane

416. Mikrorajona «Āgenskalna priedes» tirdzniecības centrs, 1961. g., autoru kolektīvs N. Rendeļa vadībā

Торговый центр микрорайона Агенскалнские сосны, 1961 г., авторский коллектив под руководством Н. Ренделя

The shopping centre of the residential area Āgenskalna Priedes, 1961, arch. N. Rendelis with a team

411

412

417., 418. Rīgas lombards, tag. Valsts arhīvs, Slokas ielā 16, 1908. g., arhit. V. Reslers, nacionālais romantisms

Рижский ломбард, нын. Госархив, на ул. Слокас, 16, 1908 г., арх. В. Ресслер, национальный романтизм

The Pawnshop of Riga, today the State Archives 16 Slokas Street, 190, arch. V. Roessler, the National Romanticism

419., 420. Ūdenstornis Alises ielā 4 (fragments), 1910. g., arhit. V. L. N. Bokslafs

Водонапорная башня на ул. Алисес, 4 (фрагмент), 1910 г., арх. В. Л. Н. Бокслафф

The pump-house 4 Alises Street, 1910, arch. W. L. N. Bockslaff

421. Republikas klīniskās slimnīcas morgs Liepājas ielā, ap 1910. g., arhit. R. Šmēlings, romantizēts jūgendstils

Морг Республиканской клинической больницы на ул. Лиепаяс, около 1910 г., арх. Р. Шмелинг, романтизированный модерн

The morgue in Liepājas Street, around 1910, arch. R. Schmaeling, the Romanticized Art Nouveau

422. Keramiķu darbnīca un izstāžu zāle Ķīpsalā, 1984. g., arhit. K. Alksnis, S. Fogele, reģionālisms

Мастерская керамистов и выставочный зал на Кипсале, 1984 г., арх. К. Алкснис, С. Фогеле, регионализм

The workshops of ceramists and the exhibition hall in Ķīpsala, 1984, arch. K. Alksnis and S. Fogele, the Regionalism

423. Savrupmāja O. Vācieša ielā 29, 1931. g.,
arhit. T. Hermanovskis, racionālisms

Особняк на ул. О. Вациетиса, 29, 1931 г.,
арх. Т. Германовский, рационализм

The private house 29 O. Vācieša Street,
1931, arch. T. Hermanovskis

424. Dzīvojamā ēka L. Laicena ielā 47, 1909. g.,
arhit. V. L. N. Bokslafs, E. Frīzendorfs,
jūgendstils

Жилое здание на ул. Л. Лайцена, 47,
1909 г., арх. В. Л. Н. Бокслафф,
Э. Фризендорф, модерн

The dwelling house 47 L. Laicena Street,
1909, arch. W. L. N. Bockslaff and
E. Friesendorf, the Art Nouveau

425. Ļeņina rajona administratīva ēka E. Smiļģa
ielā 46, 1973. g., arhit. M. Ģelzis, J. Kārkliņš,
V. Valgums

Административное здание Ленинского
района на ул. Э. Смильгиса, 46, 1973 г.,
арх. М. Гелзис, Я. Карклиньш, В. Валгумс

The office building 46 E. Smiļģa Street,
1973, arch. M. Ģelzis, J. Kārkliņš and
V. Valgums

426. Hartmaņa muižiņa, tag. administratīva ēka,
Kalnciema ielā 28, 18. gs. beigas, klasicisms

Имение Гартмана, нын. административное
здание, на ул. Калнциема, 28, конец
XVIII в., классицизм

The Hartmann's manor, today the office
building 28 Kalnciema Street, the end
of the 18th century, the Classicism

423

424

427. **Savrupmāja O. Vācieša ielā 33 (fragments), 1927. g., arhit. T. Hermanovskis, art deco stils**

Особняк на ул. О. Вациетиса, 33 (фрагмент), 1927 г., арх. Т. Германовский, стиль арт-деко

The private house 33 O. Vācieša Street, 1927, arch. T. Hermanovskis, the Art-deco style

428. **Dzīvojamā ēka Alises ielā 5, 1913. g., arhit. E. Frīzendorfs, jūgendstils**

Жилое здание на ул. Алисес, 5, 1913 г., арх. Э. Фризендорф, модерн

The dwelling house 5 Alises Street, 1913, arch. E. Friesendorf, the Art Nouveau

429. **Dzīvojamā ēka Āgenskalna ielā, 1979. g., arhit. V. Savisko**

Жилое здание на ул. Агенскална, 1979 г., арх. В. Happy

The dwelling house in Āgenskalna Street, 1979, arch. V. Savisko

430. **Kinoteātris «Renesanse», tag. «Sarkanā Ausma», L. Laicena ielā 44, 1938, arhit. S. Antonovs, racionālisms**

Кинотеатр «Ренессанс», нын. «Саркана аусма», на ул. Л. Лайцена, 44, 1938 г., арх. С. Антонов, рационализм

The cinema RENAISSANCE, today SARKANĀ AUSMA 44 L. Laicena Street, 1938, arch. S. Antonov, the Rationalism

431. Lutera baznīca Kapu ielā 3, 1891. g., arhit.
J. Kohs, neogotika

Лютеранская церковь на ул. Капу, 3,
1891 г., арх. И. Кох, неоготика

The Church of Luther 3 Kāpu Street,
1891, arch. J. Koch, the Neo-Gothic

432. Pasts A. Stučenko ielā 10, 1929. g., arhit.
D. Zariņš, art deco stils

Почта на ул. А. Стученко, 10, 1929 г.,
арх. Д. Зариньш, стиль арт-деко

The post-office 10 A. Stuchenko Street,
1929, arch. D. Zariņš, the Art-deco

433. Dzīvojamā ēka Mārupes ielā 2, 1931. g.,
arhit. P. Kundziņš, racionālisms

Жилое здание на ул. Марупес, 2, 1931 г.,
арх. П. Кундзиньш, рационализм

The dwelling house 2 Mārupes Street,
1931, arch. P. Kundziņš, the Rationalism

434. Latvijas KP CK izdevniecība Balasta
daṃbī 3, 1978. g., arhit. J. Vilciņš,
internacionālais stils

Издательство ЦК КП Латвии на Баласта
дамбис, 3, 1978 г., арх. Я. Вилциньш,
интернациональный стиль

The Publishing House of the Central
Committee of the Latvian Communist Party
3 Balasta Dam, 1978, arch. J. Vilciņš,
the International Style

431

PĀRDAUGAVAS NOMALES

435. Pārdaugavas nomales: 1 — Daugavgrīva, 2 — Bolderāja, 3 — Spilve, 4 — Voleri, 5 — Kleisti, 6 — Imanta, 7 — Anniņmuiža, 8 — Zolitūde, 9 — Šampēteris, 10 — Pleskodāle, 11 — Bieriņi, 12 — Bieķēnsala, 13 — Ziepniekkalns, 14 — Bišumuiža, 15 — Katlakalns

Пардаугавские окраины:
1 — Даугавгрива, 2 — Болдерая, 3 — Спилве, 4 — Волери, 5 — Клейсти, 6 — Иманта, 7 — Анниньмуйжа, 8 — Золитуде, 9 — Шампетерис, 10 — Плескодале, 11 — Биерини, 12 — Биекенсала, 13 — Зиепниеккалнс, 14 — Бишумуйжа, 15 — Катлакалнс

The outskirts of Pārdaugava: 1 — Daugavgrīva, 2 — Bolderāja, 3 — Spilve, 4 — Voleri, 5 — Kleisti, 6 — Imanta, 7 — Anniņmuiža, 8 — Solitūde, 9 — Šampēteris, 10 — Pleskodāle, 11 — Bieriņi, 12 — Bieķēnsala, 13 — Ziepniekkalns, 14 — Bišumuiža, 15 — Katlakalns

Vecākā un svarīgākā Rīgas priekšpilsēta ir D a u g a v g r ī v a, jo nocietinājumiem pie pilsētas jūras vārtiem bija liela stratēģiska nozīme. Tie bieži kļuva par Rīgas pilsētas, bīskapa un ordeņa sadursmju vietu. Daugavgrīva vēsturiskajos avotos pirmoreiz minēta 1205. gadā, kad bīskaps Alberts uzcēla cistercīešu klosteri ar pili (Dünamünde), tiesa gan — toreizējās Daugavas grīvas labajā krastā. Upei izveidojot jaunu ieteku jūrā, vecā Daugavgrīva zaudēja nozīmi, un 17. gadsimta sākumā zviedru karaspēks uzcēla s k a n s t i (zemes uzbērumu) mūsdienu Daugavgrīvas cietokšņa vietā (Neumünde). Gadsimta beigās veco cietoksni iznīcināja, un šodien tik vien atlicis kā skanste upes labā krasta zemajās V e c d a u g a v a s pļavās, kas devusi nosaukumu tur uzceltajām mājām — Skanstenieki.

Jauno cietoksni Daugavgrīvā izbūvēja piecstūra, vēlāk sešstūra bastiona formā ar e s k a r p i e m un k o n t r e s k a r p i e m (aizsardzības grāvju nocietinātās iekšējās un ārējās malas). Pēckara gados Daugavgrīvā ārpus nocietinājumu būvēm pēc projektēšanas institūta «Karaprojekts» iecerēm izaudzis liels daudzstāvu dzīvojamo ēku kvartāls.

B o l d e r ā j a radusies 18. gadsimtā pēc Ziemeļu kara Lielupes attekas Buļļupes labajā krastā, pie tās ietekas Daugavā, iepretim Daugavgrīvas cietoksnim. Nosaukums no vācu — Bulderaa, kas savukārt cēlies no latviešu Buldurupes. Bolderāju veidoja zvejnieki, jūrnieki un strādnieki, kuri iznomāja muižas zemi dzīvojamo ēku celtniecībai uz smilšu kāpu grēdām, kas stiepjas starp Buļļupi, zemajām S p i l v e s pļavām un sakņu

436. Pleskodāle, 19. gs. vidus. *VRVM neg. Nr. 32889 XXXII—1/8*

Плескодале, середина XIX в.

Pleskodāle in the middle of the 19th century

dārziem. Nelielas zvejnieku apmetnes Daugavas krastā bija arī Vo l e r i un K r ē m e r i. Dzelzceļa izbūve satiksmei ar Rīgu 1873. gadā veicināja rūpniecības attīstību Bolderājā. Īpaši nozīmīga šodien ir silikātu ķieģeļu ražošana, kam izmanto vietējās smiltis, pamazām pauguraino reljefu pārvēršot līdzenumā. Pēckara periodā Bolderājai izstrādāti vairāki detaļplānojuma projekti: arhitekti G. Melbergs, L. Muntere, I. Strautmanis, R. Paikune, Ē. Fogelis, J. Taurens. Apbūvi projektējuši L. Nagliņš, A. Vītols u.c.

Kādreizējā Pārdaugavas priekšpilsētu muižu rajona Š a m-pē t e r a nosaukumu ir saglabājusi pagaidām nomaļa Šampētera iela (no fr. champêtre — lauku). Vairāk ir paveicies Pl e s k o d ā l e i, jo šis vēsturiskais vietvārds ir perspektīvā dzīvojamā rajona nosaukums. Rajonam vairākkārt izstrādāti detaļplānojuma projekti (arhitekti G. Melbergs, A. Berķe, L. Muntere, 1971. g., un Ē. Fogelis, J. Taurens, 1987. g.). Esošās apbūves raksturs — tipiska priekšpilsētu bezstila arhitektūra.

Z o l i t ū d e (fr. solitude — vientulība), 18. gadsimtā bieži sastopamais izpriecu piļu nosaukums, ir devis vārdu Pārdaugavas priekšpilsētai dienvidos no Rīgas—Tukuma dzelzceļa līnijas, tagad jau arī vienam no visjaunākajiem dzīvojamiem rajoniem. Celtniecība sākta 1983. gadā (arhitekts J. Gertmanis ar līdzstrādniekiem V. Neilandu, J. Stuci, Z. Bušu, A. Pabrūkli, A. Āboliņu — Zolitūde I un ar Z. Kalinku, J. Stuci, Z. Bušu, A. Pabrūkli, V. Rauhvargeri — Zolitūde II). Dzīvojamā rajona kompozīcijas pamatā ir gājēju iela, kura «šķeļ» teritoriju pa diagonāli, vedot uz četru mikrorajonu kopīgo sabiedrisko centru. Iela ir optimāli piesātināta ar sadzīves pakalpojumu objektiem, bērnu spēļu laukumiem. Visjaunākās — 119. sērijas dzīvojamās ēkas tiek būvētas, dažādojot stāvu skaitu sekcijās. Akcentiem kalpo torņēkas. Bagātīgais rajona kopsiluets, no sešiem līdz

divpadsmit stāviem, atbilst «laika garam», gluži tāpat kā nelielie sabiedrisko ēku apjomi p o s t m o d e r n i s m a stilā (arh. V. Neilands). Vēsturiskās arhitektūras citāti, sarežģītāka kopforma ir atbilde arhitektūras kritikas (H. Lediņš) prasībai pēc «vietas atmosfēras».

Z i e p n i e k k a l n s, bijusī Līves muižas apkārtne, ir liels un ekstensīvi apbūvēts rajons starp Bauskas šoseju un Vienības gatvi. Pēckara gados noritējusi vienģimenes ēku celtniecība pēc A. Baikova, J. Purgaiļa parcelāciju projektiem. Rajonam vairākkārt izstrādāts detaļplānojuma projekts (arh. G. Melbergs, A. Berķe, L. Muntere, 1972. g.) un tas pats autoru kolektīvs, piedaloties M. Čeburaškinam, 1987. gadā. Kopš 1985. gada saistībā ar jaunas rūpnīcas celtniecību M ā r u p e s rūpniecības zonā noris intensīva dzīvokļu celtniecība Ziepniekkalnā (arh. M. Apsītis, A. Purviņš, V. Valgums, A. Briedis u.c.).

Nākamais «kalns» Daugavas kreisajā krastā ir K a t l a k a l n s, sena vēsturiska vieta, ievērojama ar K. Hāberlanda 1791. gadā celto *Katlakalna baznīcu*.

18. un 19. gadsimtā bagātākie Rīgas pilsoņi iegādājās priekšpilsētās zemi muižu celtniecībai. Vēsturnieki ir saskaitījuši apmēram sešdesmit muižu vietu tagadējās Rīgas robežās. Pārdaugavas priekšpilsētās B i š u m u i ž a un K l e i s t u m u i ž a jeb K l e i s t i ir īpaši nozīmīgas. Kopā ar parku teritorijām tās ir paredzēts izveidot par pilsētas mežaparkiem.

Daudzi vēsturisko vietu nosaukumi, kuros ir vārds — muiža, trīsdesmitajos gados tika nomainīti. A n n i ņ m u i ž a ieguva tolaik nesen nodibinātā vienģimenes dzīvojamo ēku celtniecības kooperatīva I m a n t a nosaukumu. Tagadējā Imantas dzīvojamā rajona centrā saglabātais parkmežs ir kādreizējā parka fragments. Imantā sešdesmitajos gados tika uzbūvēts dzīvojamais rajons, kuru veido pieci radiāli izvietoti mikrorajoni — Imanta I, II, III, IV, V. Pilsētbūvnieciskās koncepcijas autori

ОКРАИНЫ ПАРДАУГАВЫ

ir arhitekti R. Lelis, R. Paikune, L. Stīpnieks. Apbūves projektus izstrādājuši R. Paikune, L. Nagliņš, T. Francmane, Z. Kalinka u.c.

Paņēmiens numurēt dzīvojamos mikrorajonus gan neatbilst Rīgas ģeogrāfiskās izaugsmes vēsturei, kuru vienmēr ir pavadījuši labskanīgi vietvārdi. Problēma joprojām aktuāla, jo unifikācijas tendences pastāv tiklab arhitektūrā, kā toponīmijā. Rīgas priekšpilsētu vecie vietvārdi ir viena no mūsu kultūrvēsturiskajām bagātībām, kura jālieto — arī dodot vārdus jauniem pilsētbūvnieciskiem veidojumiem.

Даугавгрива (Усть-Двинск) — старейшее и наиболее значительное рижское предместье, поскольку укрепления у морских ворот города имели важное стратегическое значение. Здесь нередко происходили столкновения между войсками города, епископа и ордена. Даугавгрива в исторических источниках впервые упомянута в 1205 году, когда епископ Альберт построил здесь цистерцианский монастырь с замком *(Dünamünde)*, правда на правом берегу тогдашнего устья Даугавы. После того как изменилось место впадения Даугавы в море, старое устье потеряло значение, и в начале XVII века шведские войска возвели редуты (земляные насыпи) там, где находится Даугавгривская крепость *(Neumünde)*. В конце столетия древняя крепость была уничтожена, и единственное, что сегодня от нее осталось, — это редут на правом берегу реки, в низинных лугах Вецдаугавы. Именно к редуту восходит название появившегося здесь хутора — Сканстениеки (латыш. *skanste* — редут).

Новая крепость в Даугавгриве была воздвигнута в форме пятиугольного, позже — шестиугольного бастиона с эс-

карпами и контрэскарпами (укрепленные внутренние и внешние откосы крепостного рва). В послевоенные годы в Даугавгриве за крепостными постройками по проекту института Военпроект вырос крупный квартал многоэтажных жилых зданий.

Болдерая возникла в XVIII в., после Северной войны, на правом берегу Булльупе — притока Лиелупе — в месте ее впадения в Даугаву, напротив Даугавгривской крепости. В Болдерае селились рыбаки, моряки, рабочие, которые брали в аренду поместные земли и строили дома на песчаных дюнных грядах, тянувшихся между Булльупе и низменными спилвескими лугами, огородами. Небольшими рыбацкими поселениями на берегу Даугавы были также Волери и Кремери. Строительство железной дороги в 1873 году, связавшей этот район с Ригой, способствовало развитию промышленности в Болдерае. В наши дни особое значение имеет производство силикатного кирпича, для чего используют местный песок, превращая медленно, но неуклонно холмистый рельеф в равнинный. В послевоенный период разработано несколько проектов детальной планировки Болдераи (арх. Г. Мелбергс, Л. Мунтере, И. Страутманис, Р. Пайкуне, Э. Фогелис, Я. Тауренс). Застройку проектировали Л. Наглиньш, А. Витолс и др.

Бывшее название района пардаугавских предместных имений — Шампетера сохранила лишь окраинная улочка (фр. *Champetre* — сельский). Больше повезло топониму Плескодале — именно такое название носит перспективный жилой район, для которого разработано несколько проектов детальной планировки (арх. Г. Мелбергс, А. Берке, Л. Мунтере в 1971 г. и Э. Фогелис, Я. Тауренс в 1987 г.). Характер существующей застройки — типичная бесстилевая архитектура предместий.

Золитуде (фр. *Solitude* — уединение), распростра-

437. Merķeļa muiža Katlakalnā, 19. gs., klasicisms. *VRVM neg. Nr. 128.358*

Имение Меркеля в Катлакалнсе, XIX в., классицизм

The Merķelis manor in Katlakalns, the 19th century, the Classicism

ненное в XVIII в. название загородных замков, дало имя пардаугавскому предместью южнее железнодорожной линии Рига—Тукумс, а заодно и одному из самых молодых жилых районов. Строительство начато в 1983 году (арх. Ю. Гертманис с сотрудниками В. Нейландсом, Я. Стуцисом, З. Бушей, А. Пабрукле, А. Аболиней — Золитуде I и З. Калынкой, Я. Стуцисом, З. Бушей, А. Пабрукле, В. Раухваргере — Золитуде II). В основе композиции жилого района — пешеходная улица, рассекающая территорию по диагонали и ведущая к общему для четырех микрорайонов общественному центру. Улица оптимально насыщена объектами бытовых услуг, детскими игровыми площадками. Жилые здания 119-й серии строятся разноэтажными секциями. Акцентами служат здания башенного типа. Насыщенный общий силуэт района (от 6 до 12 этажей) соответствует «духу времени», равно как некрупные объемы общественных зданий в стиле постмодернизма (арх. В. Нейландс). Историко-архитектурные цитаты, усложненная форма — ответ на требование «атмосферы места», выдвинутое архитектурными критиками (Х. Лединьш).

З и е п н и е к к а л н с, бывш. окрестность имения Ливес, — крупный и экстенсивно застроенный район между Бауским шоссе и Виенибас гатве. В послевоенные годы проходило строительство односемейных зданий по парцелляционным проектам А. Байкова, Ю. Пургайлиса. Для района неоднократно разрабатывался проект детальной планировки: в 1972 году — арх. Г. Мелбергс, А. Берге, Л. Мунтере, в 1987 году — тот же авторский коллектив при участии М. Чебурашкина. С 1985 года в связи со строительством нового завода в М а р у п с к о й промышленной зоне идет интенсивное жилищное строительство в

Зиепниеккалнсе (арх. М. Апситис, А. Пурвиньш, В. Валгумс, А. Бриедис и др.).

К а т л а к а л н с — древнее историческое место, примечательное тем, что в 1791 году К. Хаберланд построил здесь церковь, ставшую памятником архитектуры.

В XVIII—XIX вв. состоятельные рижане приобретали предместные земли для строительства имений. Историки располагают сведениями примерно о шестидесяти имениях в современных границах Риги. Пардаугавские предместья Б и ш у м у й ж а и К л е й с т м у й ж а, или Клейсти, имеют наибольшее значение. Вместе с прилегающими парковыми территориями их предусмотрено превратить в городские лесопарки.

Многие исторические названия мест, в которых присутствовало слово имение (латыш. — *muiža*), были переименованы в 30-е годы нашего столетия. А н н и н ь м у й ж а получила название по имени вновь созданного кооператива по строительству односемейных жилых домов — И м а н т а. Сохранившийся в центре нынешнего жилого района Иманта парковый лес — это фрагмент некогда существовавшего парка Анниньмуйжи. В 60-е годы в Иманте вырос жилой район, сформированный пятью радиально размещенными микрорайонами. Авторы градостроительной концепции — арх. Р. Лелис, Р. Пайкуне, Л. Стипниекс. Проекты застройки разрабатывали Р. Пайкуне, Л. Наглиньш, Т. Францмане, З. Калынка и др. Тенденция к унификации проявляется в архитектуре так же явно, как и в топонимике. Древние топонимы рижских предместий — это культурно-историческое достояние народа, которое необходимо использовать при наименовании новых градостроительных образований.

THE OUTSKIRTS OF PĀRDAUGAVA

The oldest and the most important outskirts of Pārdaugava is D a u g a v g r ī v a, because of its great strategic importance as a fortification. This caused a clash of interests between the Town of Riga, the Bishop and the Livonian Order. Daugavgrīva was first mentioned in history in 1205 when the bishop Albert built a cistertian monastery and a castle (Dünamünde) on the right bank of the Daugava. When the new mouth of the river formed, the old Daugavgrīva lost its importance. The Swedish Army built a r a m p a r t (skanste) at the beginning of the 17th century. At the end of the century the fortress was destroyed and the only thing remaining was the rampart in the low meadows of V e c d a u g a v a on the right bank of the river and the name «Skanstnieki» given to a farmstead.

The new fortress of Daugavgrīva was built in pentagonal form, later in hexagonal form with e s c a r p m e n t s and c o u n t e r-e s c a r p m e n t s (fortified inner and outer banks of a moat). A large residential area was built outside the fortifications in the post-war period following the project of the institute «Karaprojekts».

B o l d e r ā j a appeared in the 18th century on the right bank of the Buļļupe, a tributary of the Lielupe. It was located in front of the Daugavgrīva fortress. The name comes from German Bulderea, which in turn comes from Latvian Buldurupe. Fishermen, sailors and workers created Bolderāja by leasing the manor land for the construction of houses in the dunes spreading from Buļļupe to the low meadows and orchards

of S p i l v e. Small fishing-villages appeared on the bank of the Daugava near V o l e r i and K r ē m e r i. The construction of the railway-line to Riga promoted the industrial development of Bolderāja in 1873. The brick plant is especially important today. Detailed projects have been worked out for Bolderāja in the post-war years (arch. G. Melbergs, L. Muntere, I. Strautmanis, R. Paikune, E. Fogelis, J. Taurens; construction designed by L. Nagliņš, A. Vītols).

The name of the former suburb of Pārdaugava Š a m p ē t e r i s has been preserved only in one of the lonely streets — Šampēteris Street (French *Champetre*). P l e s k o d ā l e was a little bit luckier because this historical name will be given to a future residential area (plans by arch. G. Melbergs, A. Berķe, L. Muntere, 1971, and E. Fogelis, J. Taurens, 1987). The existing constructions are of typical suburban architecture.

The name Z o l i t ū d e was very often given to the palaces of entertainment in the 18th century (French *Solitude*). This was also the name of a suburb located in south of the Riga—Tukums railway-line. Recently a residential area has been developed there, its construction starting in 1983 (arch. J. Gertmanis, V. Neilands, S. Stuce, Z. Buša, A. Pabrūkle, A. Āboliņš designed Zolidūte-I, and Z. Kalinka, J. Stuce, Z. Buša, A. Pabrūkle, V. Rauhvargere designed Zolitūde-II). A pedestrian street obliquely splits the territory and leads to four smaller districts with a common social centre. The street is filled with a service industry as ell as play-grounds. The 119-series apartment houses contain a varied number of sections and storeys, tower-buildings serving as accents. The rich skyline of the district responds to the spirit of the time, as well as the small social houses in the P o s t m o d e r n i s m s t y l e (arch. V. Neilands).

Ziepniekkalns is an extensively developed area between the Bauska Highway and Vienības Lane, the former site of Līve Manor, where the private houses were built in the postwar period. A detailed plan of the district has been worked out several times (arch. G. Melbergs, A. Berķe, L. Munture, 1972). The same group of architects made the second plan together with M. Cheburashkin in 1987. Since 1985 a residential district has been developed (arch. M. Apsītis, A. Purviņš, V. Valgums, A. Briedis etc.) in Ziepniekkalns.

Another «hill» (in Latvian *kalns* means *hill*) is Katlakalns on the left bank of the Daugava. It is an ancient historical place renowned for its *Church of Katlakalns* built in 1791 (arch. C. Haberland).

In the 18th and 19th centuries wealthy Riga inhabitants bought the land for the construction of suburban manors. Historically one can count about sixty manors within the limits of present-day Riga. Bišumuiža and Kleistumuiža or Kleisti are prominent suburbs of Pārdaugava; it is envisaged to convert these territories into forest parks.

There are many historical names which include the word «muiža», which means «manor». In the thirties these names were changed. For instance, Anniņmuiža was changed for the newly started district of private houses and became Imanta. The present residential district Imanta has obtained a part of the former park of Anniņmuiža and preserved it as a forest park of the district. A residential area was built in Imanta in the sixties consisting of five radially situated housing complexes: Imanta-I, II, III, IV, V. The concept was carried out by architects R. Lelis, R. Paikune, L. Stīpnieks. The projects for the construction were designed by architects R. Paikune, L. Nagliņš, T. Francmane, Z. Kalinka etc.

Enumeration of housing complexes is not characteristic of the historical and geographical development of Riga; orally pleasant proper names were usually employed for these districts. The problem is still urgent as the tendency of unification exists not only in architecture but also in toponymy. The proper names of our old suburbs contain the historical wealth of our culture, which must be used when the new names are chosen for new architectural objects.

40. Zolitūdes stacija, tag. stacija «Imanta», 20. gs. sākums, eklektisms. *Pastkarte no V. Eihenbauma kolekcijas*

Станция Золитуде, нын. станция Иманта, начало XX в., эклектизм. *Почтовая открытка из коллекции В. Эйхенбаума*

The railway station ZOLITŪDE, today IMANTA, the beginning of the 20th century, the Eclecticism. *A postcard from the collection of V. Eihenbaums*

441. Piemineklis 6. Rīgas pulka karavīriem —
pilsētas aizstāvjiem pret Bermontu 1919. g.
Sudrabkaniņā, Slokas ielā, 1937. g., arhit.
E. Štālbergs, tēlnieks K. Zāle

Памятник бойцам 6-го Рижского полка —
защитникам города от банд Бермонта
в 1919 г., Судрабкалниньш, ул. Слокас,
1937 г., арх. Э. Шталбергс, скульп. К. Зале

The memorial to the soldiers of the 6th
regiment, who defended the town from
Bermont's troops in 1919, at Sudrabkalniņš
in Slokas Street, 1937, arch. E. Štālbergs,
sculptor K. Zāle

442. Mikrorajons Imanta-2, 20. gs. 70. gadi

Микрорайон Иманта-2, 70-е гг. XX в.

The residential area Imanta-2, the 1970s

443. Mikrorajons Imanta-4

Микрорайон Иманта-4

The residential area Imanta-4

444. Dzīvojamā ēka Imantas ielā, 1981. g., arhit.
O. Krauklis

Жилое здание на ул. Имантас, 1981 г.,
арх. О. Крауклис

The dwelling house in Imantas Street,
1981, arch. O. Krauklis

441

445. 467. sērijas dzīvojamā apbūve mikrorajonā
Imanta-5

Жилая застройка 467-й серии в
микрорайоне Иманта-5

The dwelling houses of the 467th type in
the residential area Imanta-5

446. Tirdzniecības centrs Imantā-4, arhit.
O. Ostenbergs, L. Klešņina, S. Vītola

Торговый центр в Иманте-4,
арх. О. Остенбергс, Л. Клешнина, С. Витола

The shopping centre in the residential
area Imanta-4, arch. O. Ostenbergs,
L. Kleshnina and S. Vītola

447. Rīgas 19. vidusskola Bolderājā, Miglas
ielā 9, 1930. g., arhit. P. Dreijmanis

Рижская 19-я средняя школа в Болдерае
на ул. Миглас, 9, 1930 г., арх. П. Дрейманис

Riga Secondary School No. 19 in Bolderāja
9 Miglas Street, 1930, arch. P. Dreijmanis

448. Ātrās palīdzības stacija Imantā, 1982. g.,
arhit. A. Sahovs

Станция скорой помощи в Иманте, 1982 г.,
арх. А. Сахов

The ambulance station in Imanta, 1982,
arch. A. Sakhov

445

446

449. Sabiedriskais centrs Imantā-2, 1979. g.,
    arhit. M. Ģelzis, J. Kārkliņš, J. Paegle

    Общественный центр в Иманте-2, 1979 г.,
    арх. М. Гелзис, Я. Карклиньш, Ю. Паэгле

    The public centre in Imanta-2, 1979, arch.
    M. Ģelzis, J. Kārkliņš and J. Paegle

450. Dzīvojamā ēka Lielirbes ielā, 1983. g.,
    arhit. V. Allē

    Жилое здание на ул. Лиелирбес, 1983 г.,
    арх. В. Алле

    The dwelling house in Lielirbes Street, 1983,
    arch. V. Alle

451. Ražošanas apvienība «Radiotehnika»
    Popova ielā 1, 1965. g.

    ПО «Радиотехника» на ул. Попова, 1,
    1965 г.

    The enterprise RADIOTEHNIKA 1 Popov
    Street, 1965

452. Skola Slokas ielā 30, 1931. g., arhit.
    A. Grīnbergs, racionālisms

    Школа на ул. Слокас, 30, 1931 г.,
    арх. А. Гринбергс, рационализм

    The school 30 Slokas Street, 1931, arch.
    A. Grīnbergs, the Rationalism

453., 454., 455. Dzīvojamais rajons Zolitūde, 20. gs. 80. gadi, autoru kolektīvs J. Gertmaņa vadībā

Жилой район Золитуде, 80-е гг. XX в., авторский коллектив под руководством Ю. Гертманиса

The residential area in Zolitūde, the 1980s, arch. J. Gertmanis with a team

456. Dzīvojamā ēka Ziepniekkalnā, 1986. g., arhit. M. Apsītis

Жилое здание в Зиепниеккалнсе, 1986 г., арх. М. Апситис

The dwelling house in Ziepniekkalns, 1986, arch. M. Apsītis

457. Dzīvojamā ēka Imantā, Sudrabkalna bulvārī, 1987. g., arhit. Z. Kalinka, V. Rauhvargere

Жилое здание на бульв. Судрабкална в Иманте, 1987 г., арх. З. Калынка, В. Раухваргере

The dwelling house in Imanta in Sudrabkalna Boulevard, 1987, arch. Z. Kalinka and V. Rauhvargere

458., 459. Sadzīves pakalpojumu objekti Zolitūdē, 1987. g., arhit. V. Neilands

Объекты соцкультбыта в Золитуде, 1987 г., арх. В. Нейландс

The buildings for supplying public needs in the residential area Zolitūde, 1987, arch. V. Neilands

460., 461. Bērnu rotaļu laukums un skola Zolitūdē

Детская игровая площадка и школа в Золитуде

The play-ground and the school in Zolitūde

458

459

462. Katlakalna baznīca, 1794. g., arhit.
K. Hāberlands, klasicisms

Катлакалнская церковь, 1794 г., арх.
К. Хаберланд, классицизм

The Church in Katlakalns, 1794, arch.
C. Haberland, the Classicism

463. Bērnudārzs Bolderājā, Gobas ielā, 1987. g.,
arhit. G. Kadirkova, A. Ģelzis

Детский сад в Болдерае на ул. Гобас,
1987 г., арх. Г. Кадыркова, А. Гелзис

The kindergarten in Gobas Street in
Bolderāja, 1987, arch. G. Kadirkova and
A. Ģelzis

464. Baznīca Bolderājā, Gobas ielā 17, 20. gs.
sākums

Церковь в Болдерае на ул. Гобас, 17,
начало XX в.

The Church in Bolderāja 17 Gobas Street,
the beginning of the 20th century

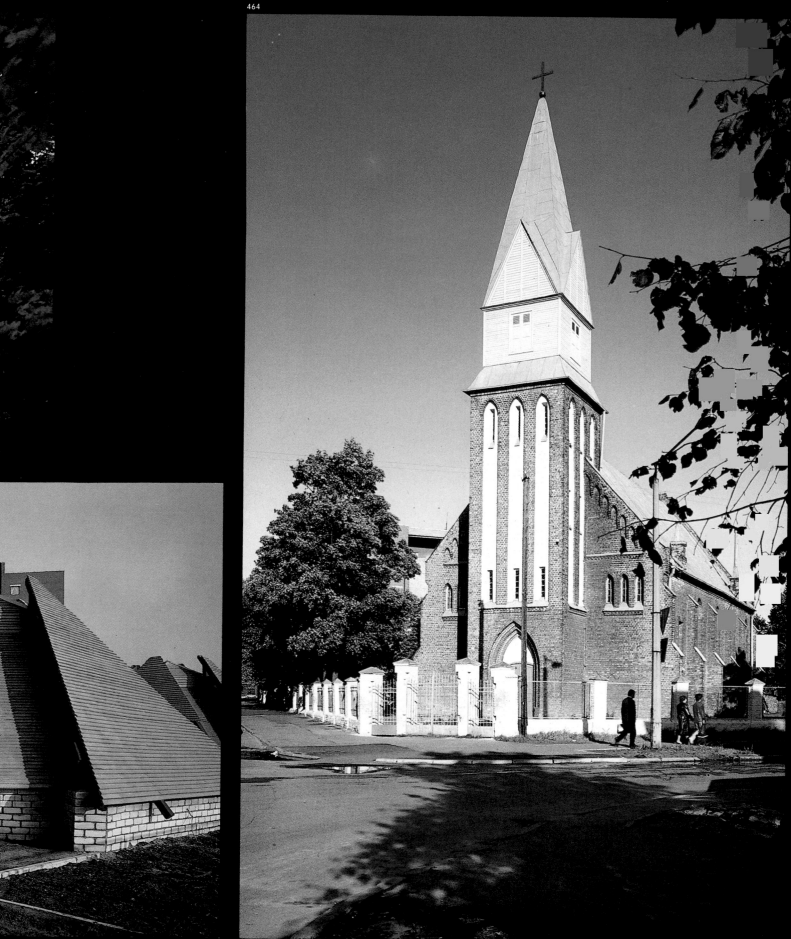

PĒCVĀRDS

465. Rīgas ģenerālā plāna projekts, 1985. g., arhit. G. Melbergs. Dažu radiālo virzienu — uz Ogri, Jelgavu, Bausku — īpaši strauja attīstība var deformēt prognozēto pilsētas radiālo koncentrisko attīstību

Проект генерального плана Риги, 1985 г., арх. Г. Мелбергс. Стремительное развитие некоторых радиальных направлений — на Огре, Елгаву, Бауску может деформировать прогнозируемое радиально-концентрическое развитие города

The general plan of Riga, 1985, arch. G. Melbergs. The forecasted radially concentric development of the town may be deformed in the directions towards Ogre, Jelgava and Bauska

Rīgai kopš tās attīstības sākuma bija pakļauts p a t r i m o-n i ā l a i s a p g a b a l s — landfogtija jeb pilsētas l a u k u n o-v a d s. Novada vispārīgā pārraudzība bija uzdota Rīgas pilsētas īpašumu pārvaldei — Ķemerejai (vāc. Cammerei), kas bija pakļauta Rātei un pēc būtības bija pilsētas finansu valde. Tā izskatīja arī jautājumus par lielāko būvju celšanu.

Daļu novada zemju izmantoja rīdzinieki, par to maksājot pilsētai gruntsnomu, daļu — zemnieki, maksājot zemes renti. Patrimoniālā apgabala teritorija 19. gadsimtā bija 750 km², Rīgas pilsētas teritorija šodien — 307 km². Izvietojot pirmās manufaktūras un attīstoties lielrūpniecībai, pilsēta «izpletās» uz sava lauku novada rēķina.

Trīsdesmitajos gados pilsētbūvnieks prof. A. Lamze, strādā-jot pie t.s. L i e l-R ī g a s p r o j e k t a, ņēma vērā pilsētas lielos zemes īpašumus un paredzēja Rīgas attīstību dārzu pilsētas mazstāvu apbūves formā. Lamze prognozēja lielpilsētu pus-otram miljonam iedzīvotāju teritorijā, kura apmēram sakrita ar patrimoniālā apgabala robežām. Tika paredzēts radīt īpašu

ПОСЛЕСЛОВИЕ

jaunizbūves novadu, kurš ļautu Rīgai kontrolēt savas attīstības politikas ietekmes sfēru. Patrimoniālais apgabals bija pakļauts Rīgas jurisdikcijai līdz pat pilsētas zemju īpašumu nacionalizācijai 1940. gadā.

Pēckara ģenplānos (1955. g., 1969. g., 1985. g.) pilsētas attīstību prognozē saistībā ar tai pieguļošo, patstāvīgo administratīvo vienību — Rīgas rajonu. Urbanizācijas procesā Rīga integrē savas piepilsētas, sākumā ekonomiski un infrastrukturāli, jo tajās dzīvojošie cilvēki sāk strādāt pilsētā, to darbs un sadzīve aizvien vairāk saistās ar Rīgu, līdz lielpilsēta var integrēt kādreizējās piepilsētas arī administratīvi. Pēckara periodā Rīgai pievienoti Vecāķi, Bukulti un Berģi. Dzīvokļu komforta pakāpe mūsdienu piepilsētā ir augstāka nekā pilsētas nomalēs, kuru vecās apbūves rekonstrukcija ir apgrūtinoša. Jaunie urbanizētie rajoni veidojas piepilsētās: Ādažu, Stopiņu, Salaspils, Ulbrokas ciemati tuvojas Rīgai no austrumiem, savukārt Ķekavas, Baložu, Mārupes, Salienas ciemati būvējas netālu no pilsētas dienvidu robežas. Agrofirmas, zinātniskās pētniecības iestādes, celtniecības organizācijas un citi uzņēmumi strauji attīstās labvēlīgajā Rīgas tuvumā.

Rīgas tālākās paplašināšanas iespējas ir visai ierobežotas. Uz austrumiem, tāpat arī virzienā uz Rīgas jūras līci, tās vispār izslēdz augstvērtīgās priežu mežu joslas. Purvi starp Rīgu un Jelgavu ir dabisks šķērslis attīstībai dienvidu virzienā. Ģeogrāfiskie apstākļi veicina Rīgas attīstību tikai virzienā gar abiem Daugavas krastiem uz augšu. Pilsētas ģenerālplānā (1969. g.) tika izteikts teorētisks priekšlikums par Rīgas paralēlpilsētas radīšanu. Kā piemērotākā tika minēta Jelgava, apsverot arī iespēju, vai līdzīgam nolūkam nav noderīgs Tukums.

Kādas ir Rīgas attīstības perspektīvas? Cik iedzīvotāju pilsētā būs pēc piecdesmit gadiem? Šodien Rīga ir pāraugusi optimālās attīstības barjeras, tajā ir koncentrējušies apmēram puse republikas pilsētu iedzīvotāju jeb trešdaļa visu Latvijas iedzīvotāju. Pilsētai ir visas iespējas augt «uz iekšu», rekonstruējot savas kādreizējās nomales. Rīgas bagātība ir nenovērtējamā sajūta, kuru dod katrs vēsturisks rajons, iela, nams.

466. Tādu nākotnes Rīgu iedomājās gadsimta sākumā

Такое будущее предрекали Риге в начале столетия

The image of the future Riga at the beginning of the century

В подчинении Риги с начала ее развития находился п а т р и м о н и а л ь н ы й о к р у г — ландфогт, или городская сельская округа. Общий надзор осуществляло рижское городское управление собственности — Каммерейный суд (немецк. *Cammerei*), подчиненный ратуше и бывший, по сути, городским управлением финансов. Он рассматривал также вопросы о возведении крупных строений.

Частью окружных земель владели рижане, выплачивая за это оброк городу, частью — крестьяне, выплачивающие земельную ренту. Территория патримониального округа в XIX веке составляла 750 км^2 (территория современного города — 307 км^2). С размещением первых мануфактур и развитием крупной промышленности город «распростерся» за счет своей сельской округи.

В 30-е годы градостроитель проф. А. Ламзе, работая над п р о е к т о м т. н. Б о л ь ш о й Р и г и, принимал во внимание крупные земельные владения города и предусматривал развитие Риги в форме малоэтажной застройки как города-сада. По прогнозам А. Ламзе, Рига должна была

представлять собой крупный город для полутора миллиона человек на территории, примерно совпадающей с границами патримониального округа. Предусматривалось создать о б л а с т ь о с о б о й н о в о з а с т р о й к и, которая давала бы возможность Риге контролировать сферу развития своего политического влияния. Патримониальный округ находился в подчинении юрисдикции Риги вплоть до национализации земельных владений города в 1940 году.

В послевоенных планах г е н е р а л ь н о г о р а з в и т и я (1955, 1969, 1985) развитие города прогнозируется в тесной связи с развитием примыкающей к нему самостоятельной административной единицы — Рижского района. В процессе урбанизации Рига вобрала в себя предместья, сначала экономически и инфраструктурно, так как население пригорода работало в городе, трудовая и бытовая деятельность его все больше оказывалась связанной с Ригой, так что не исключена возможность и административного интегрирования города с прежними предместьями. В послевоенный период к Риге были присоединены Вецаки, Букулти, Берги. Степень жилищного комфорта в современном городе выше, чем на городских окраинах, реконструкция застройки которых затруднена. Новые урбанизированные районы образуются и в пригороде: поселки А д а ж и, С т о п и н и, С а л а с п и л с, У л б р о к а на правом берегу Даугавы и поселки К е к а в а, Б а л о ж и, М а р у п е, С а л и е н а — на левобережье. Агрофирмы, научно-исследовательские учреждения, строительные организации и другие предприятия стремительно развиваются благодаря близости города.

Возможности дальнейшего расширения Риги весьма ограничены. В восточном направлении, а также в направлении Рижского залива этому препятствуют зоны охра-

239

467. Rīgas zaļās zonas projekta shēma, 1982. g., arhit. A. Tītmane, S. Grīnbergs. Populārākās atpūtas zonas izvietojas virzienā uz Rīgas jūras līča piekrasti un mežu masīviem Rīgas austrumu daļā

Проектная схема рижской зеленой зоны, 1982 г., арх. А. Титмане, С. Гринбергс. Популярнейшие зоны отдыха размещены по направлению к побережью Рижского залива и лесным массивам в восточной части Риги

The scheme of the green belt of Riga, 1982, arch. A. Tītmane and S. Grīnbergs. The most popular recreational zones locate in the direction of the seaside and the forests in the eastern part of Riga

няемого природного объекта — сосновые леса. Районы болот между Ригой и Елгавой — природное препятствие в южном направлении. Географическое положение предопределяет развитие Риги исключительно в направлении вдоль берегов Даугавы вверх по течению. В генплане развития города (1969) было высказано теоретическое предложение о создании города-параллели Риги. В качестве наиболее приемлемого города упоминалась Елгава, рассматривалась и степень пригодности для этих целей Тукумса.

Каковы перспективы развития Риги? Сколько жителей будет в городе через пятьдесят лет? Сегодня Рига переросла оптимальные барьеры развития, здесь сконцентрирована почти половина городского населения республики, или треть жителей Латвии. У города есть все возможности расти «вовнутрь», реконструируя прежние окраины. Богатство Риги в том неизбывном чувстве, которое возникает при встрече с каждым историческим районом, улицей, домом.

POST SCRIPTUM

From the very beginning of its development Riga has had its p a t r i m o n i a l   r e g i o n or rural district. The supervision of the district was trusted to a special local government — Ķemereja (German *Cammerei*), which was subordinated to the Rāte — the Town Council — and to the financial board of the Council. It decided the construction of the biggest buildings.

The inhabitants of Riga were able to utilize part of the land of the district by paying a quit rent for it. Peasants used another part and payed rent. The patrimonial region covered 750 square kilometres. Today the territory of Riga is 307 square kilometres. When the manufactories were situated in the town and the big industries developed, rural territories were used.

A. Lamze, an architect and professor, worked out the plan of the so-called G r e a t e r   R i g a in the thirties. He considered the large territories and envisaged developing of one- or two-storeyed construction in Riga. He proposed to develop the town for one and a half million inhabitants. In the patrimonial region it was envisaged to develop a   n e w   c o n s t r u c t i o n d i s t r i c t which would allow to control the policy of the development of the town. The patrimonial region was subordinated to the jurisdiction of Riga till the nationalization of land properties in 1940.

The g e n e r a l   p l a n s   o f   d e v e l o p m e n t (1955, 1969, 1985) were made, respecting the interests of separate administrative units of the town — the districts of Riga. In the urbanization process the suburbs of Riga were integrated. People from the suburbs began to work in the town, leading to economic and infrastructural integration. Their work and everyday life were linked with Riga until the former suburbs were administratively integrated. Vecāķi, Bukulti and Berģi became part of Riga. The level of comfort in the flats is higher in the contemporary suburbs than in the outskirts of the city, where the reconstruction of old houses is not as simple. New urbanized regions formed in the suburbs: Ā d a ž i , S t o p i ņ i , S a l a s p i l s , U l b r o k a have developed as satellite towns on the right bank of the Daugava while Ķ e k a v a , B a l o ž i , M ā r u p e , S a l i e n a are the left-bank satellite towns. Agricultural firms, research institutes, construction companies and other industrial enterprises have begun development in the vicinity of Riga.

Further spreading of Riga is limited. High quality pine forests exclude its development in the East, as well as in the direction of the Gulf of Riga. The marshes between Riga and Jelgava are natural barriers for the development of the town in the southern direction. However, there are favourable geographical conditions for the development of the town along the banks of the Daugava. The general plan (1969) proposed the development of even more satellite towns. Jelgava was considered a good one. It is still to decide whether Tukums might be suitable in this respect.

What are the perspectives of the development of Riga? How many inhabitants will live in Riga after fifty years? Today Riga has overcome the reasonable limits of its existence. About a half of the town population of Latvia or one third of the total population is living in Riga today. The town has all the opportunities to grow inwardly while reconstructing its former outskirts. The wealth of Riga is an indescribable spirit created by the historical districts, streets, and buildings.

468. Vecais Āgenskalns. Pilsētas lielākā vērtība ir tās vēsturiskie rajoni. To rekonstrukcijas iespējas vēl ne tuvu nav izmantotas

Старый Агенскалнс. Непреходящая ценность города — его исторические районы. Возможности их реконструкции использованы далеко не полностью

The old construction of Āgenskalns. The historical districts of the town are of great value, the advantage of reconstruction is not fully used yet

469. Daugavas grīva. Arī šodien saikne ar dažādām kultūrām ir rosinoša Rīgas arhitektūrai

Устье Даугавы. И сегодня связь с различными культурами — действенный толчок к развитию архитектуры Риги

The estuary of the Daugava. Nowadays Riga's architecture benefits from the links with foreign countries as well

IEVĒROJAMĀKIE RĪGAS BŪVMEISTARI UN PILSĒTAS GALVENIE ARHITEKTI

1576—1602. Frēze Joriss Jorisens
1608—1618. Bodekers
1629—1636. Mārborgs Johans Albrehts van
1648—1681. Mūrers Francisks, inženieris no Bavārijas
1662—1675. Jostens Jākobs no Holandes
1675—1698. Bindenšū Ruperts no Strāsburgas (Elzasā)
1735— ? Meinerts Kristofers no Saksijas
  ? —1750. Etingers J. F., inženieris
1789—1796. Hāberlands Kristofers no Rīgas

Rīgas izbūvi līdz 18. gadsimtam vadīja meistari, kas ieceļojuši pilsētā no dažādām Rietumeiropas vietām. Ar Hāberlandu sākās vietējo speciālistu noteicošā loma pilsētas attīstībā.

  ? —1815. Šulcs Teodors Gotfrīds
1844—1879. Felsko Johans Daniēls
1879—1917. Šmēlings Reinholds
1926—1934. Dreijmanis Pāvils
1934—1950. Tīlmanis Osvalds
1950—1956. Rendelis Nikolajs
1956—1958. Tīlmanis Osvalds
1959—1960. Apsītis Vaidelotis
1960—1970. Pučiņš Edgars
1971—   Asaris Gunārs

ARHITEKTU ALFABĒTISKAIS RĀDĪTĀJS

Alksnis Jānis (1869—1939) *88, 228, 234, 241*
Alksnis Kārlis (1938) *422*
Antonovs Sergejs (1884—1956) *93, 341, 430*
Apsītis Vaidelotis (1921) *140, 141*
Asaris Gunārs (1934) *137, 178, 293*
Baumanis Jānis Frīdrihs (1834—1891) *67, 112, 139, 147, 172, 175*
Beine Kārlis (1815—1858) *80, 92*
Bērenss Pēteris (1868—1940) *316*
Bindenšū Ruperts (?—1698) *28, 68, 101*
Birkhāns Alfrēds (1897—1974) *254*
Birzenieks Aleksandrs (1893—1980) *116, 292, 344, 345, 346*
Bīlenšteins Bernhards (1877—1959) *35, 36, 263*
Bokslafs Vilhelms Ludvigs Nikolajs (1858—1945) *64, 73, 83, 125, 137, 326, 340, 419, 420, 424*
Bonštets Ludvigs (1822—1885) *127, 129*
Bose Haralds (1812—1894) *66*
Breitkreics Kristians Frīdrihs (1780—1820) *155, 185*
Dreijmanis Pāvils (1895—1953) *168, 249, 250, 348*
Eizenšteins Mihails (1867—1921) *5, 195, 196, 199*
Felsko Johans Daniēls (1813—1902) *50, 62, 106, 202, 224, 400*
Felsko Kārlis (1844—1918) *37, 65, 114*
Fjodorovs Vitālijs (1929) *90, 309*
Fogelis Ēvalds (1939) *285, 302, 381*
Frīzendorfs Edgars Valdemārs Eduards (1881—1945) *340, 424, 428*
Galindoms Artūrs (1894—1966) *59, 60, 94*
Gertmanis Juris (1947) *124a, 130, 131, 132, 142—145, 453—455, 462, 463*
Gotfrīds Johans Daniēls (1768—1831) *18, 150, 185*
Grīnbergs Alfrēds (1893—1940) *452*
Gundars Māris (1936) *130, 132, 397, 406—412*
Ģelzis Modris (1929) *80, 183, 260, 305, 370, 371, 425, 449*
Hāberlands Kristofers (1750—1803) *77, 151, 153, 154, 462*
Hermanovskis Teodors (1883—1966) *253, 273, 339, 394, 423, 427*
Hilbigs Gustavs Ferdinands Aleksandrs (1822—1887) *135, 136, 201*
Kadirkovs Valērijs (1939) *124a, 130—132, 142—145, 152, 368, 396, 406—412*
Kalinka Zane (1947) *124a, 130—132, 370, 371, 457*
Karrs Alfrēds (1894—?) *87, 270, 278*
Klinklāvs Aleksandrs (1899—1982) *96, 258, 261*
Krauklis Oļģerts (1931) *171, 251, 281, 332, 373, 444*
Kundziņš Pauls (1888—1983) *433*
Laube Eižens (1880—1967) *8, 9, 67, 133, 193, 204—207, 210, 213, 214, 215, 216, 218, 219, 221, 222, 225, 240, 243, 272, 414*
Laurenbergs Sigismunds Zēge fon (?—1788) *152, 154, 156*

Lindbergs Gustavs Ādolfs (1865—1906) *184, 208, 209*
Mandelštams Pauls (1872—1941) *70, 71, 86, 259*
Medlingers Arturs (1880—1961) *85, 226*
Melbergs Gunārs (1929) *284, 301, 314, 361—363, 465*
Morbergs Kristaps (1844—1928) *31*
Neimanis Vilhelms (1849—1919) *15, 20, 67, 126, 128, 190, 231, 324, 383*
Ostenbergs Oļģerts (1925) *262, 293, 360, 446*
Paikune Ruta (1929) *284, 301, 314, 361—363, 444*
Plakane Lidija (1922) *10*
Pēkšēns Konstantīns (1859—1928) *193, 204—207, 213, 214, 215, 223, 224, 228, 242, 244, 322*
Pētersons Juris (1931) *93, 271*
Pflūgs Roberts (1832—1885) *67, 160, 161*
Plūksne Kārlis (1906—1973) *90, 91, 140, 141*
Pole Ernests (1872—1914) *118, 133, 134, 173, 338, 247*
Pučiņš Edgars (1924) *146*
Purviņš Andris (1940) *368, 396, 406—412*
Reinbergs Augusts (1860—1908) *156—159, 197, 198*
Reinfelds Arturs (1911) *51, 146, 264*
Rendelis Nikolajs (1913—1964) *416*
Reslers Vilhelms Romans (1878—1949) *417, 418*
Saško Lilija (1943) *308, 313, 343*
Savisko Vera (1932) *80, 429*
Saulītis Pēteris (1910) *58, 63*
Skalbergs Juris (1935) *103, 104, 160*
Skujiņš Fridrihs (1890—1957) *169*
Staņa Marta (1913—1972) *182, 267—269*
Strautmanis Ivars (1932) *293*
Strīks Vilhelms von (1864—1928) *240*
Šēls Heinrihs (1829—1909) *66, 69, 80, 82, 92, 336, 400*
Šmēlings Aleksandrs (1877—1961) *114, 197, 255, 257*
Šmēlings Reinholds (1840—1917) *127, 129, 186, 227, 233, 246, 326, 393, 402, 421*
Šņitņikovs Vladimirs (1913) *353, 354*
Štālbergs Ernests (1883—1958) *6, 148, 149, 264, 299, 300, 441*
Tīlmanis Osvalds (1900—1980) *68, 102, 140, 141, 377*
Vanags Aleksandrs (1873—1919) *184, 208, 209, 211, 212, 217, 229, 236*
Vasašerna Knuts Edgars (1867—1935) *184, 208, 209*
Velde Henrijs van de (1863—1957) *35, 36*
Vilciņš Jānis (1931) *137, 434*
Vite Augusts (1876—1969) *138, 220, 232*
Voits Nikolajs (1904) *252*
Zakamennijs Oļegs (1914—1968) *292, 293*
Zeiberlihs Hermanis (1878—1938) *78, 85, 324, 325*

IEVĒROJAMĀKĀS UN RAKSTURĪGĀKĀS RĪGAS ĒKAS UN BŪVES

FORTIFIKĀCIJU BŪVES

Rīgas aizsardzības mūris, fragments Torņa un Trokšņa ielās, 13.—15. gs. *44*
Rīgas pils. 14.—20. gs., Pils laukumā 2 *17, 18, 52, 54, 55*
Pulvertornis, tag. LPSR Revolūcijas muzejs, 1650, Smilšu ielā 20 *59, 60*
Zviedru vārti, tag. LPSR Arhitektu savienības nams, 1698, Torņa ielā 11 *51*

KULTA CELTNES

Rīgas Doms, 13.—20. gs., Doma laukumā *14—16, 45, 47—49, 56, 99*
Pētera baznīca, tag. Rīgas arhitektūras un pilsētbūvniecības muzejs, 13.—20. gs. *23, 24, 68, 98, 101*
Jāņa baznīca, 13.—20. gs. *26, 46*
Jēkaba baznīca, 13.—20. gs. *43*
Pētera un Pāvila baznīca, tag. koncertzāle «Ave sol», 1785, Citadelē, *151, 153, 154*
Jēzus baznīca Odesas ielā 18, 1822 *155*
Aleksandra Ņevska baznīca Ļeņina ielā 56, 1825 *187*
Vecā Ģertrūdes baznīca K. Marksa ielā 8, 1865 *202*
Pāvila baznīca A. Deglava ielā 1, 1887 *201*
Jaunā Ģertrūdes baznīca Ļeņina ielā 119, 1906 *239*
Krusta baznīca Gagarina ielā 120, 1909 *340*

ADMINISTRATĪVĀS CELTNES

Rātsnams, 14.—18. gs., iznīcināts *21, 23*
Birža, tag. Latvijas Zinātniski tehniskās informācijas nams Doma laukumā 6, 1855 *66*
Bruņinieku (muižniecības), tag. LPSR Augstākās Padomes nams Komjaunatnes ielā 11, 1867 *67*
Augstākā tiesa Ļeņina ielā 34, 1888 *139*
Banka Pils ielā 23, 1888 *66*
Banka, tag. Valsts bibliotēka K. Barona ielā 14, 1910 *173*
Banka Smilšu ielā 3, 1910 *75*
Banka Smilšu ielā 6, 1912 *64*
Banka, tag. Rīgas pilsētas Tautas deputātu padomes izpildkomitejas ēka Gorkija ielā 3, 1913 *138*
Tiesu pils, tag. Latvijas PSR Ministru Padomes ēka Ļeņina ielā 36, 1938 *169, 171*
Ministriju ēka Smilšu ielā 1, 1938 *96*
Zinātņu akadēmijas augstceltne Turgeņeva ielā 19, 1958 *140, 141*
Latvijas Kompartijas Centrālkomitejas ēka Kirova ielā 2a, 1974 *137*
Ļeņina rajona administratīvā ēka E. Smiļģa ielā 46, 1975 *425*
Preses nams Balasta dambī 3, 1978 *3, 434*
Skaitļošanas centrs S. Eizenšteina ielā 29, 1981 *373*
Administratīva ēka Republikas laukumā, 1985 *146*

KULTŪRAS, IZGLĪTĪBAS UN SPORTA CELTNES

Melngalvju nams, 14.—20. gs., iznīcināts *19, 23*
Lielā (tirgotāju) ģilde, tag. LPSR Valsts filharmonija Amatu ielā 6, 1857 *80, 92*
Mazā (amatnieku) ģilde, tag. Republikas arodbiedrību padomes kultūras nams Amatu ielā 3/5, 1865 *62*
Rīgas I (vācu) teātris, tag. Nacionālā opera Padomju bulvārī 3, 1863 *127, 129*
Rīgas Politehniskais institūts, tag. Latvijas Valsts universitāte Raiņa bulvārī 19, 1869 *133, 136*
Aleksandra ģimnāzija, tag. Latvijas PSR Valsts konservatorija K. Barona ielā 1, 1875 *175*
Cirks Merķeļa ielā 4, 1889 *172*
Jahtklubs Balasta dambī 1, 1897 *384*
Rīgas II (krievu) teātris, tag. Nacionālais teātris Kronvalda bulvārī 2, 1902 *156—159*
A. Ķeniņa ģimnāzija, tag. Rīgas 40. vidusskola P. Stučkas ielā 15/17, 1905 *193, 213*
Biržas komercskola, tag. Latvijas Mākslas akadēmija Komunāru bulvārī 13, 1905 *125*
Pilsētas mākslas muzejs, tag. Latvijas PSR Mākslas muzejs Gorkija ielā 10a, 1905 *126, 128*
Rīgas Latviešu biedrības nams Merķeļa ielā 13, 1908 *133—135*
«Ziemeļblāzmas» biedrības ēka Vecmīlgrāvī Ziemeļblāzmas ielā 36, 1913 *318, 319*
Poligrāfiķu kultūras nams Lāčplēša ielā 43/45, 1931 *270*
Rīgas Politehniskais institūts Ļeņina ielā 1, 1958 *102*
Kinoteātris «Pionieris» A. Upīša ielā 2, 1964 *271*
Sporta pils K. Barona ielā 75, 1970 *251*
Dailes teātris Ļeņina ielā 75, 1975 *182, 267—269*
Latvijas KP Politiskās izglītības nams Gorkija ielā 5, 1982 *142—145*
Televīzijas centrs Zaķusalā, 1987 *397, 406—412*

VESELĪBAS AIZSARDZĪBAS CELTNES

Sv. Jura hospitālis, 18.—19. gs., Daugavas ielā 33 *50*
1. klīniskā ātrās medicīniskās palīdzības slimnīca Sarkanarmijas ielā 5, 1871—1907 *224*
Republikas klīniskā slimnīca Pilsoņu ielā 13, 1910 *393, 421*
Rīgas pilsētas 4. klīniskā Sarkanā Krusta slimnīca J. Asara ielā 3, 1912 *235*
Ārstniecības iestāžu komplekss «Gaiļezers» P. Dauges ielā 2, 1970 *368*
Dzemdību nams Miera ielā 45, 1973 *275*
Rīgas I bērnu slimnīca Juglas ielā 20, 1974 *370, 371*

TIRDZNIECĪBAS UN SABIEDRISKĀS ĒDINĀŠANAS CELTNES

Tirdzniecības nams «Jaksck & Co» Tirgoņu ielā, iznīcināts *37*
Paviljons Mazajā Vērmanes dārzā, 1894, iznīcināts *114*
Vidzemes tirgus Revolūcijas ielā 1, 1902 *187*
Āgenskalna tirgus L. Laicena ielā 64, 1913 *402*
Centrāltirgus Nēģu ielā 7, 1930 *168*
Centrālais universālveikals Audēju ielā 16, 1938 *94*
Universālveikals «Bērnu pasaule» Revolūcijas ielā 21, 1963 *274*
Universālveikals «Pļavnieki» F. Dzeržinska ielā, 1976 *308, 313*
Mēbeļu nams Dzelzavas ielā 72, 1980 *306*

DZĪVOJAMĀS ĒKAS UN VIESNĪCAS

Dzīvojamās mājas «Trīs brāļi», tag. Zinātniskās restaurēšanas un projektēšanas institūts M. Pils ielā 17/19, 15.—20. gs. *58, 63*
Reiterna nams Mārstaļu ielā 1, 1986 *28*
Dannenšterna nams Peldu ielā 12, 1960 *29*
Dzīvojamā ēka, tag. Republikas zinātniski tehniskā bibliotēka Šķūņu ielā 17, 1788 *77*
Dzīvojamā ēka, tag. Rakstnieku, Mākslinieku un Komponistu savienību nams K. Barona ielā 12, 1876 *176*
Viesnīca «Roma», 1888, iznīcināta *31*
Dzīvojamā un veikalu ēka Audēju ielā 7/9, 1899 *84*
Dzīvojamā ēka F. Gaiļa ielā 12, 1903 *204—207*
Dzīvojamās ēkas F. Gaiļa ielā 2 un 2a, 1904—1906 *5, 195, 196*
Dzīvojamā ēka Pumpura ielā 5, 1905 *184, 208, 209*
Dzīvojamā ēka Ļeņina ielā 58, 1906 *211, 212*
Dzīvojamā ēka Ļeņina ielā 62, 1908 *210*
Dzīvojamā ēka Ļeņina ielā 47, 1908 *8*
Dzīvojamā ēka Suvorova ielā 70, 1910 *217*
Dzīvojamā ēka Ļeņina ielā 85, 1912 *222*
Dzīvojamā ēka Miera ielā 5, 1912 *255, 257*
Dzīvojamā ēka Lomonosova ielā 2, 1930 *299, 300*
Savrupmāja, tag. administratīva ēka O. Vacieša ielā 13, 1930 *392*
Dzīvojamā ēka Ļeņina ielā 39, 1935 *240*
Dzīvojamā ēka Ļeņina ielā 97, 1935 *259*
Dzīvojamā ēka Ļeņina ielā 38, 1937 *258*
Dzīvojamā ēka K. Marksa ielā 20, 1938 *252*
Savrupmāja J. Peives ielā 4, 1938 *341*
Viesnīca «Rīga» Padomju bulvārī 22, 1954 *93*
Dzīvojamā ēka E. Veidenbauma ielā 45, 1971 *183, 260*
Viesnīca «Latvija» Kirova ielā 55, 1978 *264, 265*
Viesnīca «Rīdzene» Komunāru ielā 2, 1Ē985 *124a, 130—132*
Dzīvojamā ēka Madonas ielā, 1983 *10*

DZĪVOJAMIE RAJONI

Āgenskalna priedes, 1958—1962, arhit. N. Rendels ar līdzstrādniekiem *416*
Lielā Jugla, 1960—1969, arhit. O. Krauklis, D. Danneberga, G. Melbergs, R. Paikune, P. Fogelis, L. Nagliņš u.c. *350*
Ķengarags, 1963— , arhit. G. Melbergs, A. Berķe, L. Muntere, R. Paikune, A. Plēsums u. c. *294, 301, 303*
Iļģuciems, 1965—1971, arhit. R. Lelis, R. Paikune ar līdzstrādniekiem *413*
Purvciems, 1965— , arhit. G. Melbergs, R. Paikune, D. Sila, Ē. Drande, L. Nagliņš u. c. *10, 284, 314*
Krasta dzīvojamais rajons, 1966— , arhit. Ē. Fogelis, M. Medinskis, I. Millers, M. Brodskis u. c. *285, 302*
Imanta, 1967— , arhit. R. Lelis, R. Paikune, L. Stīpnieks, T. Francmane u. c. *439—446, 448, 449, 451*
Mežciems, 1975— , arhit. M. Ģelzis ar līdzstrādniekiem *367, 369, 372*
Vecmīlgrāvis, 1975— , arhit. G. Melbergs, R. Paikune, K. Alksnis u. c. *361, 363*
Pļavnieki, 1976— , arhit. Ē. Fogelis, L. Saško ar līdzstrādniekiem *307, 308, 310, 311, 313*
Zolitūde, 1980— , arhit. J. Gertmanis ar līdzstrādniekiem *458—461*
Ziepniekkalns, 1984— , arhit. A. Purviņš, M. Apsītis, V. Valgums, A. Briedis u. c. *456*

PIEPILSĒTAS MUIŽAS

Hartmaņa muiža Kalnciema ielā 28, 18. gs. *426*
Bišumuiža Bauskas ielā 17a, 18.—19. gs. *438*
Bloka muiža Vienības gatvē 27, 19. gs. *403, 405*

PARKI, SKVĒRI, MEMORIĀLIE KAPI, PIEMINEKĻI

Lielā Kristapa skulptūra Daugavmalā, tag. Rīgas vēstures un kuģniecības
    muzejā, 18. gs. *13*
Vērmanes dārzs, tag. Kirova parks, 19. gs. *108, 178, 179*
Bastejkalns, 19. gs. *109*
Bruņinieka Rolanda skulptūra Rātsnamā, tag. atrodas Pēterbaznīcā, 19. gs. *20*
Brāļu kapi, 1924—1936 *344—346*
Brīvības piemineklis, 1931—1935 *6, 148, 149*
Piemineklis Rīgas aizstāvjiem Sudrabkalniņā, 1937 *441*
Memoriāls revolucionāriem Matīsa kapos, 1959 *292*
Salaspils memoriālais ansamblis, 1967 *293*
Latviešu sarkano strēlnieku memoriāls, 1975 *25, 97*
Uzvaras monuments, 1986 *399*

TRANSPORTA UN KOMUNĀLĀS SAIMNIECĪBAS BŪVES

Balasta dambis Ķīpsalā, 19. gs. *383*
Viadukts Kapu ielā Torņakalnā, 20. gs. sāk. *389*
Ūdenstornis Alīses ielā 10a, 1910 *419, 420*
Ugunsdzēsēju depo, tag. Ugunsdzēsības muzejs Hanzas ielā 5, 1910 *227*
Centrālā dzelzceļa stacija, 1960 *163—166*
Vanšu tilts, 1981 *3, 167*

RAŽOŠANAS UN NOLIKTAVU ĒKAS

Noliktava Vecpilsētas ielā 10, 17. gs. *74*
Arsenāls, tag. Izstāžu zāle Torņa ielā 1, 1830 *53*
Noliktava Revolūcijas ielā 21, 1904 *232*
Rūpnīca «Provodņik», tag. RER Ganību dambī 31, 1910 *352*
Rūpnīca VEF Ļeņina ielā 214, 1913 *316, 336*
Rūpnīca «Radiotehnika» Popova ielā 1, 1970 *451*
Lauktehnikas bāze Maskavas ielā 451, 1975 *297*

RĪGAS PILSĒTAS IZBŪVES HRONOLOĢIJA

12. gs. Rīgas upes (Rīdzenes) ielokā pie ieteces Daugavā atrodas lībiešu ciemi
(lat. locus). Vācu tirgotāju pirmās vizītes
1201. Rīga pirmo reizi minēta kā pilsēta. Bīskaps Alberts ceļ apmetni Rī-
gas ciemā, to apjožot ar aizsardzības mūri
1211. Sākta Marijas baznīcas un klostera būve (Rīgas Doms)
1226. Pirmoreiz minēta Rīgas pilsētas padome jeb Rāte, kā arī priekšpil-
sēta (lat. suburbium), izveidots Rīgas lauku novads (Rīgas patrimo-
niālais apgabals)
1272. Pabeigta pirmo pilsētas aizsardzības mūru celtniecība, aptverot 28 hek-
tārus teritorijas
1293. Pieņemti pirmie pilsētas būvnoteikumi, kas atļauj celt ēkas tikai no
akmens un ķieģeļiem
1330. Uzcelts Lielās Ģildes nams, no kura saglabājusies Minsteres istaba,
tag. Latvijas PSR Valsts filharmonija

1334. Uzcelts Rātsnams un Melngalvju nams, izveidojas Rīgas centrs —
Rātslaukums
1537. Sākta fortifikācijas sistēmas celtniecība ap Rīgu
1626. Priekšpilsētu teritoriju ietver nocietinājumu līnija ar vienpadsmit mazām
skanstīm un palisādi
1652. Daļēji realizēts Rīgas pilsētas inženiera F. Mūrera plāns priekšpilsētu
regulārai apbūvei
1670. Sākta Citadeles celtniecība pie Daugavas lejpus Ordeņa pilij
1701. Uzcelts plostu tilts pār Daugavu
1723. Aizbērta Rīdzenes upe, iegūtā teritorija apbūvēta
1769. Rīgas priekšpilsētu rekonstrukcijas projekts paredz veidot ap pilsētu
400 metru platu klaju joslu — esplanādi
1774. Paplašina priekšpilsētu robežas, uzbūvē trīs pilsētas vārtus: Maskavas
ielā, tag. Dzirnavu ielas galā, pie Ģertrūdes baznīcas, tag. Gorkija
ielā, un pie tag. Vidzemes tirgus
1777. Iekārtota pirmā Ārrīgas kapseta — Liclie kapi — pie tag. dzelzceļa
loka, kā arī kapsētas Pārdaugavā, Āgenskalnā un Torņakalna
1778. Pārdaugava atzīta par Rīgas trešo priekšpilsētu (Jelgavas) pēc Pē-
terburgas un Maskavas priekšpilsētām
1787. Pirmoreiz tiek noteiktas Rīgas pilsētas administratīvās robežas, kuras
aptver apmēram 470 hektāru lielu teritoriju
1808. Priekšpilsētās likvidē palisādes
1810. Celtniecība tiek noteikta pēc paraugfasādēm
1812. Nodedzina priekšpilsētas, gatavojoties pret Napoleona armijas uzbru-
kumu
1813. Izstrādāts priekšpilsētu atjaunošanas plāns, kuru 1815. g. papildina to
attīstības projekts
1819. Rīgas un tās priekšpilsētas apbūves reglaments aizliedz kapitālu celt-
niecību ārpus pilsētas nocietinātās daļas
1856. Saņemta cara valdības atļauja nojaukt militārās aizsargbūves — zemes
vaļņus un bastionus
1857. Rīgas galvenā arhitekta J. D. Felsko un inž. arhit. O. Dīces Rīgas centra
rekonstrukcijas projekts, kurā paredzēts izbūvēt Bulvāru loku
1860. Apstiprināti Rīgas priekšpilsētu apbūves noteikumi, kas atceļ aizliegumu
celt tajās mūra ēkas
1866. Apstiprināta Rīgas celtniecības instrukcija, kas reglamentē jaunbūvju
saturu, izmērus un būvmateriālus
1861. Uzbūvēta dzelzceļa līnija Rīga—Daugavpils—Caricina
1872. Uzbūvēts dzelzceļa tilts pār Daugavu
1875. Nojaukti Citadeles nocietinājumi
1880. Rīgas pilsētas būvvaldē pilsētas arhitekts R. Šmēlings, pilsētas mērnieks
R. Štēgmanis un pilsētas inženieris A. Agte izstrādā Rīgas apbūves plānu
1881. Apstiprināti Rīgas pagaidu būvnoteikumi
1882. Atklāta zirgu tramvaja satiksme
1899. Izstrādāts Ķeizarmeža, tag. Mežaparka, plānojuma un apbūves projekts
1904. Publicēti Rīgas pilsētas obligātie būvnoteikumi, kuri ar dažādiem pa-
pildinājumiem bija spēkā līdz 1940. g. Tie pilsētu sadalīja mūra, koka
celtņu un piepilsētas apgabalos. Katram bija noteikts apbūves raksturs
1924. Uzsākta pilsētas ģenerālā plāna izstrāde Rīgas jaunizbūves birojā ar-
hitekta A. Lamzes vadībā. Darbu beidza 1937. gadā
1936. Nojauktas viduslaiku celtnes pie Rīgas Doma, izveidojot Doma lau-
kumu
1941. Vācu iebrucēji izposta Vecrīgu
1948. Nojauktas Melngalvju nama atliekas
1949. Pabeigta Rīgas ģenerālā plāna shēmas izstrāde, arhit. O. Tīlmanis
1954. Nojauktas Rātsnama atliekas
1955. Apstiprināts Rīgas ģenerālais plāns, arhit. J. Vasiļjevs
1959. Uzsākta Rīgas ēku celtniecības kombināta (ĒCK) būve, kura produkcija
tiek izmantota Rīgas jauno dzīvojamo rajonu celtniecībā
1969. Apstiprināts Rīgas ģenerālais plāns laika periodam līdz 1980. g., arhit.
G. Melbergs un E. Pučiņš
1970. Nodots ekspluatācijā Rīgas 2. ĒCK
1975. Pabeigta Rīgas HES celtniecība Doles salā
1983. Apstiprināts Vecrīgas reģenerācijas projekts, arhit. E. Pučiņš, A. Holc-
manis, E. Burkovskis, un Rīgas centra rekonstrukcijas projekts, arhit.
G. Melbergs, Ē. Fogelis
1984. Izstrādāts Rīgas ģenerālais plāns laika periodam līdz 2005. g., arhit.
G. Melbergs, G. Asaris
1988. Uzsākta Rīgas 3. ĒCK būve

ВИДНЫЕ РИЖСКИЕ СТРОИТЕЛЬНЫЕ МАСТЕРА И ГЛАВНЫЕ АРХИТЕКТОРЫ ГОРОДА

1576—1602 гг. Фрезе Йорис Йорисен
1608—1618 гг. Бодеккер
1629—1636 гг. Марборг Иоганн Альбрехт ван
1648—1681 гг. Муррер Франциск, инженер из Баварии
1662—1675 гг. Иостен Якоб из Голландии
1675—1698 гг. Бинденшу Руперт из Страсбурга (Эльзас)
1735— ? гг. Мейнерт Кристофер из Саксонии
  ? —1750 гг. Эттингер И. Ф., инженер
1789—1796 гг. Хаберланд Кристоф из Риги

Застройкой Риги до XVIII в. руководили мастера, прибывавшие в город из Западной Европы. Начиная с К. Хаберланда, определяющую роль в развитии города начинают играть местные специалисты.

  ? —1815 гг. Шульц Теодор Готтфрид
1844—1879 гг. Фельско Иоганн Даниэль
1879—1917 гг. Шмелинг Рейнгольд
1926—1934 гг. Дрейманис Павилс
1934—1950 гг. Тилманис Освалдс
1950—1956 гг. Рендель Николай
1956—1958 гг. Тилманис Освалдс
1959—1960 гг. Апситис Вайделотис
1960—1970 гг. Пучиньш Эдгарс
с 1971 г.   Асарис Гунарс

АЛФАВИТНЫЙ УКАЗАТЕЛЬ АРХИТЕКТОРОВ

Алкснис Карлис (1938) *422*
Алкснис Янис (1869—1939) *88, 228, 234, 241*
Антонов Сергей (1884—1956) *93, 341, 430*
Апситис Вайделотис (1921) *140, 141, 458*
Асарис Гунарс (1934) *137, 178, 293*
Бауманис Янис Фридрих (1834—1891) *67, 112, 139, 147, 172, 175*
Бейне Карл (1815—1858) *80, 92*
Беренс Петер (1868—1940) *316*
Биленштейн Бернгард (1877—1959) *35, 36, 263*
Бинденшу Руперт (?—1698) *28, 68, 101*
Бирзиниекс Александр (1893—1980) *116, 292, 344, 345, 346*
Биркханс Альфред (1897—1974) *254*
Бокслафф Вильгельм Людвиг Николай (1858—1945) *64, 73, 83, 125, 137, 326, 340, 419, 420, 424*
Бонштедт Людвиг (1822—1885) *127, 129*
Боссе Гаральд (1812—1894) *66*
Брейткрейц Кристиан Фридрих (1780—1820) *155, 185*
Вазашерна Кнут Эдгар (1867—1935) *184, 208, 209*
Ванаг Александр (1873—1919) *184, 208, 209, 211, 212, 217, 229, 236*
Вельде Анри ван де (1863—1957) *35, 36*
Вилциньш Янис (1931) *137, 434*
Витте Август (1876—1969) *138, 220, 232*
Войт Николай (1904) *252*
Галиндом Артур (1894—1966) *59, 60, 94*
Гелзис Модрис (1929) *80, 183, 260, 305, 370, 371, 425, 449*
Германовский Теодор (1883—1966) *253, 273, 339, 394, 423, 427*
Гертманис Юрис (1947) *130, 131, 132, 142—145, 453—455*
Гильбиг Густав Фердинанд Александр (1822—1887) *135, 136, 201*
Готтфрид Иоганн Даниэль (1768—1831) *18, 150, 185*
Гринбергс Алфредс (1893—1940) *452*
Гундарс Марис (1936) *130, 132, 397, 406—412*
Закаменный Олег (1914—1968) *292, 293*
Зейберлих Герман (1878—1938) *78, 85, 324, 325*
Кадырков Валерий (1939) *124а, 130—132, 142, 145, 152, 368, 396, 406—412*
Калынка Зане (1947) *124а, 130—132, 370, 371, 457*
Карр Альфред (1894—?) *87, 270, 278*
Клинклавс Александр (1899—1982) *96, 258, 261*
Крауклис Ольгертс (1931) *171, 251, 281, 332, 373, 444*
Кундзиньш Паулс (1888—1983) *433*
Лаубе Эйженс (1880—1967) *8, 9, 67, 133, 193, 204—207, 210, 213, 214, 215, 216, 218, 221, 222, 225, 240, 243, 272, 414*
Лауренберг Сигизмунд Зеге фон (?—1788) *152, 154, 156*
Линдберг Густав Адольф (1865—1906) *184, 208, 209*

Мандельштам Пауль (1872—1941) *70, 71, 86, 259*
Медлингер Артур (1880—1961) *85, 226*
Мелбергс Гунарс (1929) *284, 301, 314, 361—363, 465*
Морберг Кристап (1844—1928) *31*
Нейман Иоганн Вильгельм Карл (1849—1919) *15, 20, 67, 126, 128, 190, 231, 324, 383*
Остенбергс Ольгертс (1925) *262, 293, 360, 446*
Пайкуне Рута (1929) *284, 301, 314, 361—363, 444*
Пекшен Константин (1859—1928) *193, 204—207, 213, 214, 215, 223, 224, 228, 242, 244, 322*
Петерсонс Юрис (1931) *93, 271*
Плакане Лидия (1922) *10*
Плуксне Карлис (1906—1973) *90, 91, 140, 141*
Поле Эрнест (1872—1914) *118, 133, 134, 173, 238, 247*
Пурвиньш Андрис (1940) *368, 396, 406—412*
Пучиньш Эдгарс (1924) *146*
Пфлуг Роберт (1832—1885) *67, 160, 161*
Рейнберг Август (1860—1908) *156—159, 197, 198*
Рейнфелдс Артурс (1911) *51, 146, 264*
Рендель Николай (1913—1964) *416*
Ресслер Вильгельм Роман (1878—1949) *417, 418*
Сависко Вера (1932) *80, 429*
Сашко Лилия (1943) *308, 313, 343*
Саулитис Петерис (1910) *58, 63*
Скалбергс Юрис (1935) *103, 104, 160*
Скуиньш Фридрих (1890—1957) *169*
Станя Марта (1913—1972) *182, 267—269*
Страутманис Иварс (1932) *293*
Стрик Вильгельм фон (1864—1928) *240*
Тилманис Освалдс (1900—1980) *68, 102, 140, 141, 377*
Фельско Иоганн Даниэль (1813—1902) *50, 62, 106, 202, 224, 400*
Фельско Карл Иоганн (1844—1918) *37, 65, 114*
Федоров Виталий (1929) *90, 309*
Фогелис Эвалдс (1939) *285, 302, 381*
Фризендорф Эдгар Вольдемар Эдуард (1881—1945) *340, 424, 428*
Хаберланд Кристоф (1750—1803) *77, 151, 153, 154, 462*
Шеель Рейнрих Карл (1829—1909) *66, 69, 80, 82, 92, 336, 400*
Шмелинг Александр (1877—1961) *114, 190, 255, 257*
Шмелинг Рейнгольд (1840—1917) *127, 129, 186, 227, 233, 246, 326, 393, 402, 421*
Шнитников Владимир (1913) *353, 354*
Шталбергс Эрнест (1883—1958) *6, 148, 149, 264, 299, 300, 441*
Эйзенштейн Михаил (1867—1921) *5, 195, 196, 199*

НАИБОЛЕЕ ЗНАЧИТЕЛЬНЫЕ И ХАРАКТЕРНЫЕ ДЛЯ РИГИ ЗДАНИЯ И СООРУЖЕНИЯ

ФОРТИФИКАЦИОННЫЕ СООРУЖЕНИЯ

Рижская оборонительная стена, фрагмент, ул. Торня и Трокшня, XIII—XV вв. — *44*
Рижский замок, XIV—XX вв., пл. Пилс — *17, 18, 52, 54, 55*
Пороховая башня, нын. Музей революции ЛССР, 1650 г., ул. Смилшу, 20 — *59, 60*
Шведские ворота, нын. Дом архитекторов ЛССР, 1698 г., ул. Торня, 11 — *51*

КУЛЬТОВЫЕ ПОСТРОЙКИ

Рижский кафедральный собор (Домская церковь), XIII—XX вв., Домская пл. — *14—16, 45, 47—49, 56, 99*
Церковь св. Петра, XIII—XX вв. — *21, 24, 68, 98, 101*
Церковь св. Иоанна, XIII—XX вв. — *26, 46*
Церковь св. Иакова, XIII—XX вв. — *43*
Церковь св. Петра и Павла, 1785 г., цитадель — *151, 153, 154*
Церковь Иисуса, 1822 г., ул. Одесас, 18 — *155*
Церковь Александра Невского, 1825 г., ул. Ленина, 56 — *187*
Старая церковь св. Гертруды, 1865 г., ул. К. Маркса, 8 — *202*
Церковь св. Павла, 1887 г., ул. А. Деглава, 1 — *201*
Новая церковь св. Гертруды, 1906 г., ул. Ленина, 119 — *239*
Церковь Креста, 1909 г., ул. Ю. Гагарина, 120 — *340*

АДМИНИСТРАТИВНЫЕ ЗДАНИЯ

Ратуша, XIV—XVIII вв., уничтожена — *21, 23*
Биржа, нын. Дом научно-технической информации, 1855 г., Домская площадь, 6 — *66*
Дом лифляндского дворянства, нын. здание Верховного Совета ЛССР, 1867 г., ул. Комьяунатнес, 11 — *67*
Верховный суд, 1888 г., ул. Ленина, 34 — *139*
Банк, 1888 г., ул. Пилс, 23 — *66*
Банк, нын. Гос. библиотека, 1910 г., ул. К. Барона, 14 — *173*
Банк, 1910 г., ул. Смилшу, 3 — *75*
Банк, 1912 г., ул. Смилшу, 6 — *64*
Банк, нын. исполком горсовета Риги, 1913 г., ул. Горького, 3 — *138*
Дворец правосудия, нын. здание Совмина ЛССР, 1938 г., ул. Ленина, 36 — *169, 171*
Министерское здание, 1938 г., ул. Смилшу, 1 — *96*
Высотное здание АН ЛССР, 1958 г., ул. Тургенева, 19 — *140, 141*
Здание ЦК КПЛ, 1974 г., ул. Кирова, 2а — *137*
Административное здание Ленинского района, 1975 г., ул. Э. Смильгиса, 46 — *425*
Дом печати, 1978 г., Баласта дамбис, 3 — *3, 434*
Вычислительный центр, 1981 г., ул. С. Эйзенштейна, 29 — *373*
Административное здание, 1985 г., пл. Республики — *146*

КУЛЬТУРНО-ПРОСВЕТИТЕЛЬНЫЕ И СПОРТИВНЫЕ СООРУЖЕНИЯ

Дом Черноголовых, XIV—XX вв., уничтожен — *19, 23*
Большая (купеческая) гильдия, нын. концертный зал филармонии, 1857 г., ул. Амату, 6 — *80, 82*
Малая гильдия (ремесленников), нын. Дом культуры ЛРСПС, 1866 г., ул. Амату, 3/5 — *62*
Рижский I (немецкий) театр, нын. Национальная опера, 1863 г., бульв. Падомью, 3 — *127, 129*
Рижский политехникум, нын. ЛГУ, 1869 г., бульв. Райниса, 19 — *133, 136*
Александровская гимназия, нын. Гос. консерватория, 1875 г., ул. К. Барона, 1 — *176*
Цирк, 1889 г., ул. Меркеля, 4 — *172*
Яхт-клуб, 1897 г., Баласта дамбис — *384*
Рижский II (русский) театр, нын. Национальный театр, 1902 г., бульв. Кронвалда, 2 — *156—159*
Гимназия А. Кениньша, нын. Рижская 40-я ср. школа, 1905 г., ул. П. Стучки, 15/17 — *193, 213*
Коммерческое училище, нын. Академия художеств, 1905 г., бульв. Комунару, 13 — *125*
Рижский городской музей нын. Художественный музей, 1905 г., ул. Горького, 10а — *126, 128*
Дом латышского общества, 1908 г., ул. Меркеля, 13 — *133—135*
Дом общества «Зиемельблазма», 1913 г., ул. Зиемельблазмас, 36 — *318, 319*
Клуб полиграфистов, 1931 г., ул. Лачплеша, 43/45 — *270*
Рижский политехнический институт, 1958 г., ул. Ленина, 1 — *102*
Кинотеатр «Пиониерис», 1964 г., ул. А. Упита, 2 — *271*
Дворец спорта, 1970 г., ул. К. Барона, 75 — *251*
Театр Дайлес, 1975 г., ул. Ленина, 75 — *182, 267—269*
Дом политического просвещения, 1982 г., ул. Горького, 5 — *142—145*
Телецентр, 1987 г., Закюсала — *400, 408—414*

ЗДАНИЯ ДЛЯ ЛЕЧЕБНЫХ УЧРЕЖДЕНИЙ

Госпиталь св. Георгия, XVIII—XIX вв., ул. Даугавас, 33 — *50*
Рижская 1-я больница, 1871—1907 гг., ул. Сарканармияс, 5 — *224*
Республиканская клиническая больница, 1910 г., ул. Пилсоню, 13 — *393, 421*
Больница Красного Креста, 1912 г., ул. Я. Асара, 3 — *237*
Больничный комплекс «Гайльэзерс», 1970— гг., ул. П. Дауге, 2 — *368*
Родильный дом, 1973 г., ул. Миера, 45 — *275*
Рижская 1-я детская больница, 1974 г., ул. Юглас, 20 — *370, 371*

ЗДАНИЯ ДЛЯ ПРЕДПРИЯТИЙ ТОРГОВЛИ И ОБЩЕПИТА

Торговый дом «Jaksch & Co», 1899 г., ул. Тиргоню, уничтожен — *37*
Павильон в малом Верманском саду, 1894 г., уничтожен — *114*
Видземский рынок, 1902 г., ул. Революцияс, 1 — *187*
Агенскалнский рынок, 1913 г., ул. Л. Лайцена, 64 — *402*
Центральный рынок, 1930 г., ул. Негю, 7 — *168*
Центральный универсальный магазин, 1938 г., ул. Аудею, 16 — *94*
Универмаг «Детский мир», 1963 г., ул. Революцияс, 21 — *274*
«Дом мебели», 1980 г., ул. Дзелзавас, 72 — *306*
Универсам «Плявниеки», 1986 г. — *308, 313*

ЖИЛЫЕ ДОМА, ГОСТИНИЦЫ

Жилые дома «Три брата», нын. Научно-проектный институт реставрации, XV—XX вв., ул. М. Пилс, 17/19 — *58, 63*
Дом Рейтерна, 1686 г., ул. Марсталю, 1 — *28*
Дом Данненштерна, 1690 г., ул. Пелду, 12 — *29*
Жилое здание, нын. научно-техническая библиотека, 1788 г., ул. Шкюню, 17 — *77*
Жилое здание, нын. здание Союзов писателей, художников, композиторов, 1876 г., ул. К. Барона, 12 — *176*
Гостиница «Рим», 1888 г., уничтожена — *31*
Жилое здание с магазинами, 1899 г., ул. Аудею, 7/9 — *84*
Жилое здание, 1903 г., ул. Ф. Гайлиса, 12 — *204—207*
Жилые здания, 1904—1906 гг., ул. Ф. Гайлиса, 2, 2а — *5, 195, 196*
Жилое здание, 1905 г., ул. А. Пумпура, 5 — *184*
Жилое здание, 1906 г., ул. Ленина, 58 — *211, 212*
Жилое здание, 1908 г., ул. Ленина, 62 — *210*
Жилое здание, 1908 г., ул. Ленина, 47 — *8*
Жилое здание, 1910 г., ул. Суворова, 70 — *217*
Жилое здание, 1912 г., ул. Ленина, 85 — *222*
Жилое здание, 1912 г., ул. Миера, 5 — *255, 257*
Жилое здание, 1930 г., ул. Ломоносова, 2 — *299, 300*
Особняк, нын. административное здание, 1930 г., ул. О. Вациетиса, 13 — *392*
Жилое здание, 1935 г., ул. Ленина, 39 — *240*
Жилое здание, 1935 г., ул. Ленина, 97 — *259*
Жилое здание, 1937 г., ул. Ленина, 38 — *258*
Жилое здание, 1938 г., ул. К. Маркса, 20 — *252*
Особняк, 1938 г., ул. Я. Пейве, 4 — *341*
Гостиница «Рига», 1954 г., бульв. Падомью, 22 — *93*
Жилое здание, 1971 г., ул. Вейденбаума, 45 — *183, 260*
Гостиница «Латвия», 1978 г., ул. Кирова, 55 — *264, 265*
Гостиница «Ридзене», 1985 г., ул. Комунару, 2 — *124а, 130—132*
Многоэтажное жилое здание, 1983 г., ул. Мадонас, 23 — *10*

ЖИЛЫЕ РАЙОНЫ

Агенскалнские сосны, 1958—1962 гг. — *416*
Большая Югла, 1960—1969 гг. — *350*
Кенгарагс, 1963— гг. — *294, 301, 303*
Ильгюциемс, 1965—1971 гг. — *413*
Пурвциемс, 1965— гг. — *10, 284, 314*
Краста, 1966— гг. — *285, 302*
Иманта, 1967— гг. — *439—446, 448, 449, 451*
Межциемс, 1975— гг. — *367, 369, 372*
Вецмилгравис, 1975— гг. — *361—363*
Плявниеки, 1976— гг. — *307, 308, 310, 311, 313*
Золитуде, 1980 г. — *458—461*
Зиепниеккалнс, 1984 г. — *456*

ПРИГОРОДНЫЕ ИМЕНИЯ

Имения Гартмана, XVIII в., ул. Калнциема, 28 — *426*
Бишумуйжа, XVIII—XIX вв., ул. Баускас, 17а — *438*
Блокмуйжа, XIX в., Виенибас гатве, 27 — *403, 405*

ПАРКИ, СКВЕРЫ, ПАМЯТНИКИ, КЛАДБИЩА

Скульптура Большого Христофора (Кристапа), XVIII в., на берегу Даугавы, сейчас — в Музее истории г. Риги и мореходства — *13*
Верманский сад, нын. парк им. Кирова, XIX в. — *108, 178, 179*
Бастионная горка, XIX в. — *109*
Скульптура рыцаря Роланда, XIX в., на Ратушной площади, в наши дни — в церкви св. Петра — *20*
Братское кладбище, 1924—1936 гг. — *344—346*
Памятник Свободы, 1935 г. — *6, 148, 149*
Памятник защитникам Риги, 1937 г. — *441*
Мемориал революционерам на кладбище Матиса, 1959 г. — *292*
Саласпилсский мемориал, 1967 г. — *293*
Мемориал латышским красным стрелкам, 1975 г. — *25, 97*
Монумент Победы, 1986 г. — *399*

СООРУЖЕНИЯ ДЛЯ ТРАНСПОРТА И КОММУНАЛЬНОГО ХОЗЯЙСТВА

Дамба (Баласта), XIX в., Кипсала — *385*
Виадук, нач. XX в., Торнякалнс, ул. Капу — *389*
Водонапорная башня, 1910 г., ул. Алисес, 10а — *419, 420*
Пожарное депо, нын. пожарно-технический музей, 1910 г., ул. Ханзас, 5 — *227*
Центральный вокзал, 1960 г. — *163—166*
Вантовый мост, 1981 г., ул. Горького — *3, 167*

ПРОИЗВОДСТВЕННО-СКЛАДСКИЕ ЗДАНИЯ

Амбар, XVII в., ул. Вецпилсетас, 10 — *74*
Арсенал, нын. выставочный зал, 1830 г., ул. Торня, 1 — *53*
Винный склад, 1904 г., ул. Революцияс, 21 — *232*
Завод «Проводник», нын. РЭЗ, 1910 г., Ганибу дамбис, 31 — *352*
Завод ВЭФ, 1913 г., ул. Ленина, 214 — *316, 336*
Завод «Радиотехника», 1970 г., ул. Попова, 1 — *451*
База Латвсельхозтехники, 1975 г., ул. Маскавас, 451 — *297*

ХРОНОЛОГИЯ ЗАСТРОЙКИ ГОРОДА РИГИ

XII в.   В излучине Риги (Ридзини), у впадения ее в Даугаву находится ливское поселение. Первые наезды германских купцов
1201 г.   Рига впервые упоминается в качестве города
1211 г.   Начато возведение Домской церкви и монастыря
1226 г.   Впервые упоминается городской совет Риги, или магистрат, а также предместье, образовался рижский патримониальный округ
1272 г.   Завершено строительство первых городских крепостных стен, ограничивших территорию в 28 га
1293 г.   Первые городские строительные правила, разрешающие строительство только каменных и кирпичных зданий
1330 г.   Построено здание Большой гильдии, сохранилась лишь «Мюнстерская изба» (в здании Гос. филармонии ЛССР)
1334 г.   Построены ратуша и дом Черноголовых, сформировался центр Риги — Ратушная площадь
1537 г.   Начато возведение системы фортификационных сооружений вокруг Риги
1626 г.   Территория предместий включена в черту укреплений с 11 малыми редутами и палисадом
1652 г.   План регулярной застройки форштадтов, выполненный рижским городским инженером Ф. Муррером, частично реализован
1670 г.   Начато строительство цитадели у Даугавы, ниже по течению от орденского замка
1701 г.   Перекинут плотовой мост через Даугаву
1723 г.   Засыпана речка Ридзиня, территория насыпи застроена
1769 г.   Проект реконструкции рижских форштадтов, предусматривающий создание вокруг города 400-метровой в ширину эспланады (гласиса)
1774 г.   Расширены границы форштадтов с возведением трех городских ворот: на ул. Маскавас (конец совр. ул. Дзирнаву), возле церкви св. Гертруды (ныне ул. Горького) и у совр. Видземского рынка
1777 г.   Устроено первое кладбище вне Риги — Большое у совр. железнодорожного кольца, а также кладбища в Пардаугаве: в Агенскалнсе и Торнякалнсе
1778 г.   Пардаугава признана третьим после Петербургского и Московского рижским форштадтом (Митавским)
1787 г.   Впервые были определены административные границы города Риги, территория которого составляет примерно 470 га
1808 г.   В форштадтах ликвидируются палисады
1810 г.   Строительство ведется согласно образцовым фасадам
1812 г.   Сжигаются предместья в связи с угрозой наполеоновского нашествия
1813 г.   Разработан план восстановления предместий, дополненный в 1815 г. планом их развития
1819 г.   Разработан регламент застройки Риги и ее форштадтов, запрещающий капитальное строительство вне городских укреплений
1856 г.   Получено разрешение царского правительства на снос земляных валов и бастионов
1857 г.   Проект реконструкции центра Риги, представленный главным архитектором Риги И. Д. Фельско и инженером-архитектором О. Дитце, предусматривающий застройку Бульварного кольца
1860 г.   Утверждены правила застройки рижских форштадтов, отменено запрещение на строительство там каменных зданий
1866 г.   Утверждена рижская строительная инструкция, регламентирующая характер, габариты новозастройки, используемые стройматериалы
1871 г.   Построена железнодорожная линия Рига—Динабург—Царицын
1872 г.   Возведен железнодорожный мост через Даугаву
1875 г.   Снесены укрепления цитадели
1880 г.   Городской архитектор Р. Шмелинг, городской землемер Р. Штегман и городской инженер А. Агте разрабатывают план застройки Риги
1881 г.   Рижские временные строительные правила
1882 г.   Открыто коночное движение
1889 г.   Разработан проект планировки и застройки Царского леса, совр. Межапаркс, впервые в России выдвинута идея города-сада»
1904 г.   Рижские обязательные строительные правила с некоторыми дополнениями были в силе до 1940 г. Они разделили город на три части: каменные, деревянные строения и форштадты
1924 г.   Начата разработка генплана города под руководством архитектора А. Ламзе, закончена в 1937 г.
1936 г.   Снесены средневековые строения у Домской церкви, образована Домская площадь
1941 г.   Фашистские захватчики разрушили Старую Ригу
1948 г.   Взорваны останки дома Черноголовых
1949 г.   Завершена разработка схемы генплана Риги, арх. О. Тилманис
1954 г.   Разрушены останки ратуши
1955 г.   Утвержден генплан Риги, арх. Ю. Васильев
1959 г.   Начато строительство Рижского домостроительного комбината (ДСК), продукция которого представлена в новых жилмассивах Риги
1969 г.   Утвержден генплан Риги в период до 1980 г., арх. Г. Мелбергс, Э. Пучиньш
1970 г.   Сдан в эксплуатацию рижский 2-й ДСК
1975 г.   Завершено строительство Рижской ГЭС на острове Долес
1983 г.   Утвержден проект регенерации Старой Риги, арх. Э. Пучиньш, А. Холцманис, Э. Бурковскис, и проект реконструкции центра Риги, арх. Г. Мелбергс, Э. Фогелис
1984 г.   Разработан генплан Риги до 2005 г., арх. Г. Мелбергс, Г. Асарис
1988 г.   Начато строительство рижского 3-го ДСК

THE MOST PROMINENT BUILDERS AND THE CHIEF ARCHITECTS OF RIGA

1576—1602 Phraeze, Yoris Yorisen
1606—1618 Bodecker
1629—1636 Marborg, Yoahan Albrecht van
1648—1681 Murrer, Francis, engineer from Bavaria
1662—1675 Yosten, Jacob from the Netherlands
1675—1698 Bindenschu, Rupert from Strasbourg (Alsace)
1735— ? Meinert, Christopher from Saxony
 ? —1750 Ettinger, J. F., engineer
1789—1796 Haberland Christopher from Riga

Up to the 18th century the construction works were conducted by builders from Western Europe. With arrival of Haberland on the scene local specialists began to play the leading role in the construction of the town.

 ? —1815 Schultz, Theodore Gotfried
1844—1879 Felsko, Yoahan Daniel
1879—1917 Schmaeling, Reinhold
1926—1934 Dreijmanis, Pāvils
1934—1950 Tīlmanis, Osvalds
1950—1956 Rendelis, Nikolai
1956—1959 Tīlmanis, Osvalds
1959—1960 Apsītis, Vaidelotis
1960—1970 Pučiņš, Edgars
1971—   Asaris, Gunārs

THE LIST OF ARCHITECTS

Alksnis, Jānis (1869—1939) *88, 228, 234, 241*
Alksnis, Kārlis (1938) *422*
Antonov, Sergei (1884—1956) *93, 341, 430*
Apsītis, Vaidelotis (1921) *140, 141 458*
Asaris, Gunārs (1934) *137, 178, 293*
Baumanis, Jānis Frīdrihs (1834—1891) *67, 112, 139, 147, 172, 175*
Beine, Kārlis (1815—1858) *80, 92*
Bērenss, Pēteris (1868—1940) *316*
Bindenschu, Rupert (?—1698) *28, 68, 101*
Birkhāns, Alfrēds (1897—1974) *254*
Birzenieks, Aleksandrs (1893—1980) *116, 292, 344, 345, 346*
Bielenstein, Bernhardt (1877—1959) *35, 36, 263*
Bockslaff, Wilhelm Ludvig Nikolai (1858—1945) *64, 73, 83, 125, 137, 326 340, 419, 420, 424*
Bonstedt, Ludvig (1822—1885) *127, 129*
Bosse, Harald (1812—1894) *66*
Breitkreutz, Kristian Friedrich (1780—1820) *155, 185*
Dreijmanis, Pāvils (1895—1953) *168, 249, 250, 348*
Eizenštein, Mikhail (1867—1921) *5, 195, 196, 199*
Felsko, Yohann Daniel (1813—1902) *50, 62, 106, 202, 224, 400*
Felsko, Kārlis (1844—1918) *37, 65, 114*
Fyodorov, Vitali (1929) *90, 309*
Fogelis, Ēvalds (1939) *285, 302, 381*
Friesendorf, Edgars Valdemārs Eduards (1881—1945) *340, 424, 428*
Galindoms, Arturs (1894—1966) *59, 60, 94*
Gertmanis, Juris (1947) *130, 131, 132, 142—145, 453—455*
Gottfried, Johann Daniel (1768—1831) *18, 150, 185*
Grīnbergs, Alfrēds (1893—1940) *452*
Gundars, Māris (1936) *130, 132, 397, 406—412*
Ģelzis, Modris (1929) *80, 183, 260, 305, 370, 371, 425, 449*
Haberland, Christopher (1750—1803) *77, 151, 153, 154, 462*
Hermanovskis, Teodors (1883—1966) *253, 273, 339, 394, 423, 427*
Hilbig, Gustav Ferdinand Alexander (1822—1887) *135, 136, 201*
Kadirkov, Valeri (1939) *124a, 130—132, 142—145, 152, 368, 396, 406—412*
Kalinka, Zane (1947) *124a, 130—132, 370, 371, 457*
Karrs, Alfrēds (1894—?) *87, 270, 278*
Klinklāvs, Aleksandrs (1899—1982) *96, 258, 261*
Krauklis, Oļģerts (1931) *171, 251, 281, 332, 373, 444*
Kundziņš, Pauls (1888—1983) *433*
Laube, Eižens (1880—1967) *8, 9, 67, 133, 193, 204—207, 210, 213, 214, 215, 216, 218, 219, 221, 222, 225, 240, 243, 272, 414*
Laurenberg, Sigismund Seege von (?—1788) *152, 154, 156*
Lindberg, Gustav Adolph (1865—1906) *184, 208, 209*
Mandelstamm, Paul (1872—1941) *70, 71, 86, 259*

Moedlinger, Arthur (1880—1961) *85, 226*
Melbergs, Gunārs (1929) *284, 301, 314, 361—363, 465*
Morbergs, Kristaps (1844—1928) *31*
Neumann, Wilhelm (1849—1919) *15, 20, 67, 126, 128, 190, 231, 324, 383*
Ostenbergs, Oļģerts (1925) *262, 293, 360, 446*
Paikune, Ruta (1929) *284, 301, 314, 361—363, 444*
Plakane, Lilija (1922) *10*
Pēkšēns, Konstantīns (1859—1928) *193, 204—207, 213, 214, 215, 223, 224, 228, 242, 244, 322*
Pētersons, Juris (1931) *93, 271*
Pflug, Robert (1832—1885) *67, 160, 161*
Plūksne, Kārlis (1906—1973) *90, 91, 140, 141*
Pole, Ernests (1872—1914) *118, 133, 134, 173, 338, 247*
Pučiņš, Edgars (1924) *146*
Purviņš, Andris (1940) *368, 396, 406—412*
Reinbergs, Augusts (1860—1908) *156—159, 197, 198*
Reinfelds, Arturs (1911) *51, 146, 264*
Rendel, Nikolai (1913—1964) *416*
Roessler, Wilhelm Roman (1878—1949) *417, 418*
Sashko, Lilija (1943) *308, 313, 343*
Savisko, Vera (1932) *80, 429*
Saulītis, Pēteris (1910) *58, 63*
Skalbergs, Juris (1935) *103, 104, 160*
Skujiņš, Fridrihs (1890—1957) *169*
Staņa, Marta (1913—1972) *182, 267—269*
Strautmanis, Ivars (1932) *293*
Stryck, Wilhelm von (1864—1928) *240*
Scheel, Heinrich (1829—1909) *66, 69, 80, 82, 92, 336, 400*
Schmaeling, Alexander (1877—1961) *114, 190, 255, 257*
Schmaeling, Reinhold (1840—1917) *127, 129, 186, 227, 233, 246, 326, 393, 402, 421*
Shnitnikov, Vladimir (1913) *353, 354*
Štālbergs, Ernests (1883—1958) *6, 148, 149, 264, 299, 300, 441*
Tīlmanis, Osvalds (1900—1980) *68, 102, 140, 141, 377*
Vanags, Aleksandrs (1873—1919) *184, 208, 209, 211, 212, 217, 229, 236*
Vasasherna, Knut, Edgar (1867—1935) *184, 208, 209*
Velde, Henry van de (1863—1957) *35, 36*
Vilciņš, Jānis (1931) *137, 434*
Vite, Augusts (1876—1969) *138, 220, 232*
Voit, Nikolai (1904) *252*
Zakamenny, Oleg (1914—1968) *292, 293*
Seiberlich, Hermann (1878—1938) *78, 85, 324, 325*

TYPICAL BUILDINGS AND STRUCTURES OF RIGA

THE FORTIFICATION STRUCTURES

The fortification wall, the fragment in Torņa and Trokšņa Streets, the 13th—15th centuries *44*
The Riga Castle 2 Pils Square, the 14th—20th centuries *17, 18, 52, 54, 55*
The Powder Tower, today the Latvian SSR Revolution Museum 20 Smilšu Street *59, 60*
The Swedish Gate, today the House of the Architects' Union, 11 Torņa Street *51*

THE ECCLESIASTICAL BUILDINGS

The Riga Duomo in Duomo Square, the 13th—20th centuries *14—16, 45, 47—49, 56, 99*
The St. Peter's, today the Museum of Architecture and Town Building, the 13th—20th centuries *23, 24, 68, 98, 101*
The St. John's, the 13th—20th centuries *26, 46*
The St. Jacob's, the 13th—20th centuries *43*
The St. Peter's and Paul's in the Citadel, today the concert hall AVE SOL, 1785 *151, 153, 154*
The Church of Jesus 18 Odessa Street, 1822 *155*
The Church of Alexander Nevsky 56 Lenin Street, 1825 *187*
The old Church of St. Gertrude 8 C. Marx Street, 1865 *202*
The St. Paul's 1 A. Deglava Street, 1887 *201*
The new Church of St. Gertrude 119 Lenin Street, 1906 *239*
The Church of Cross 120 Y. Gagarin Street, 1909 *340*

THE CIVIC BUILDINGS

The City Hall, the 14th—18th centuries, destroyed *21, 23*
The Stock Exchange, today the Information Centre of Science and Technique, 6 Duomo Square, 1855 *66*
The House of Knighthood, today the Supreme Soviet of the Latvian SSR, 11 Komjaunatnes Street, 1867 *67*
The Supreme Court 34 Lenin Street, 1888 *139*
The bank 23 Pils Street, 1888 *66*
The bank, today the State Library, 14 K. Barona Street, 1910 *173*
The bank 3 Smilšu Street, 1910 *75*
The bank 6 Smilšu Street, 1912 *64*
The bank, today Riga Town Hall 3 Gorky Street, 1913 *138*
The Court Palace, today the Council of Ministers of the Latvian SSR 36 Lenin Street, 1938 *169, 171*
The House of Ministries 1 Smilšu Street, 1938 *96*
The high-rise building of the Academy of Sciences of the Latvian SSR, 19 TUrgenev Street, 1958 *140, 141*
The building of the Central Committee of the Latvian Communist Party 2a Kirov Street, 1974 *137*
The office building of Lenin district of Riga 46 E. Smiļģa Street, 1975 *425*
The Publishing House of the Central Committee of the Latvian Communist Party 3 Balasta Dam, 1978 *3, 434*
The Computer Centre 29 S. Eisenstein Street, 1981 *373*
The high-rise office building in Republic Square, 1985 *146*

CULTURAL, EDUCATIONAL AND SPORTS ESTABLISHMENTS

The House of Blackheards, the 14th—20th centuries, destroyed *19, 23*
The Big (merchants') Guild, today the concert hall of the State Philharmonic, 6 Amatu Street, 1857 *80, 92*
The Small (craftsmen's) Guild, today the Culture Centre of the Trade Union Committees, 3/5 Amatu Street, 1866 *62*
Riga I (German) theatre, today the National Opera House, 3 Padomju Boulevard,, 1863 *127, 129*
Riga Politechnic, today Latvian State University, 19 Raiņa Boulevard, 1869 *133, 136*
Alexander Secondary School, today Latvian State Conservatoire, 1 K. Barona Street, 1975 *175*
The circus 4 Merķeļa Street, 1889 *172*
The yachting club 1 Balasta Dam, 1897 *384*
Riga II (Russian) theatre, today the National Theatre 2 Kronvalda Boulevard, 1902 *156—159*
A. Ķeniņš' Secondary School, today Riga Secondary School No. 40, 15/17 P. Stičkas Street, 1905 *193, 213*
The Economic School of the Stock Exchange, today Latvian State Academy of Art 13 KOmunāru Boulevard, 1905 *125*
Riga City Museum, today the State Museum of Fine Art, 10a Gorky Street, 1905 *126, 128*
Latvian Society House 13 Merķeļa Street, 1908 *133—135*
«ZIEMEĻBLĀZMA» society house 36 Ziemeļblāzmas Street in Vecmīlgrāvis, 1913 *318, 319*
The Central Publishers' Culture Centre 43/45 Lāčplēša Street, 1931 *270*
Riga Politechnical Institute 1 Lenin Street, 1958 *102*
The cinema PIONIERIS 2 A. Upīša Street, 1964 *271*
The Sports Palace 75 K. Barona Street, 1970 *251*
The Art Theatre 75 Lenin Street, 1975 *182, 267—269*
The House of Political Education 5 Gorky Street, 1982 *142—145*
The TV Centre in Zaķusala, 1987 *397, 406—412*

HOSPITALS

The Hospital of St. George 33 Daugavas Street, the 18th—19th centuries *50*
Riga I Teach-in hospital 5 Sarkanarmijas Street, 1871—1907 *224*
The Teach-in hospital 13 Pilsoņu Street, 1910 *393, 421*
The Red Cross Hospital 3 J. Asara Street, 1912 *235*
The complex of hospitals in Gaiļezers 2 P. Dauges Street, 1970 — *368*
The maternity house 45 MIera Street, 1973 *275*
Riga I children's hospital 20 Juglas Street, 1974 *370, 371*

SHOPPING AND CATERING ESTABLISHMENTS

The trading centre «Jaksch & Co» in Tirgoņu Street, destroyed *37*
The pavilion in small W ohŕmann's Garden, 1894, destroyed *114*
Vidzeme Market 1 Revolūcijas Street, 1902, *187*
Āgenskalna Market 64 L. Laicena Street, 1913, *402*
The Central Market 7 Nēģu Street, 1930 *168*
The Central Department Store 16 Audēju Street, 1938 *94*
The department stone BĒRNU PASAULE 21 Revolūcijas Street, 1963 *274*
The department store PĻAVNIEKI, 1976 *308, 313*
The Furniture House 72 Dzelzavas Street, 1980 *306*

DWELLING HOUSES AND HOTELS

The dwelling houses THREE BROTHERS, today the Institute of Scientific Restoration 17/19 M. Street, the 15th—20th centuries *58, 63*
Reitern's house 1 Mārstaļu Street, 1686 *28*
Dannenstern's house 12 Peldu Street, 1690 *29*
The dwelling house, today the Library of Scientific and Technical Literature, 17 Šķūņu Street *77*
The dwelling house, today the House of Writers', Artists' and Composers' Unions, 12 K. Barona Street, 1876 *176*
Hotel ROMA, 1888, destroyed *31*
The dwelling house and shops 7,9 Audēju Street, 1899 *84*
The dwelling house 12 F. Gaiļa Street, 1903 *204—207*
The dwelling houses 2 and 2a F. Gaiļa Street, 1904—1906, *5, 195, 196*
The dwelling house 5 A. Pumpura Street, 1905 *184, 208, 209*
The dwelling house 58 Lenin Street, 1906 *211, 212*
The dwelling house 62 Lenin Street, 1908 *210*
The dwelling house 47 Lenin Street, 1908 *8*
The dwelling house 70 SUvorov Street, 1910 *217*
The dwelling house 85 Lenin Street, 1912 *222*
The dwelling house 5 Miera Street, 1912 *255, 257*
The dwelling house 2 Lomonosov Street, 1930 *299, 300*
The town house, today an office building 13 O. Vācieša Street, 1930 *392*
The dwelling house 39 Lenin Street, 1935 *240*
The dwelling house 97 Lenin Street, 1935 *259*
The dwelling house 38 Lenin Street, 1937 *258*
The dwelling house 20 C. Marx Street, 1938 *252*
The town house 4 J. Peives Street, 1938 *341*
Hotel RĪGA 22 Padomju Boulevard, 1954 *93*
The dwelling house 45 E. Veidenbauma Street, 1971 *183, 260*
Hotel LATVIJA 55 Kirov Street, 1978 *264, 265*
Hotel RĪDZENE 2 Komunāru Street, 1985 *124a, 130—132*
The dwelling house 23 Madonas Street, 1983 *10*

RESIDENTIAL AREAS

Āgenskalna priedes, 1958—1962 *416*
Lielā Jugla'1960—1969 *350*
Ķengarags, 1963— *294, 301, 303*
Iļģuciems, 1965—1971 *413*
Purvciems, 1965— *10, 284, 314*
Krasta residential area, 1966— · *285, 302*
Imanta, 1967— *439—446, 448, 449, 451*
Mežciems, 1975— *367, 369, 372*
Vecmīlgrāvis, 1975— *361, 363*
Pļavnieki, 1976— *303, 307, 308, 310, 311, 313*
Zolitūde, 1980— *458—461*
Ziepniekkalns, 1984— *456*

SUBURBAN MANORS

Hartmann's manor 28 Kalnciema Street, the 18th century *427*
Bišu manor 17a Bauskas Street, the 18th—19th centuries *438*
Bloka manor 27 Vienības lane, the 19th century *403, 405*

PARKS, SQUARES AND MEMORIALS

The statue of Big Kristaps on the bank of the Daugava, the 18th century,
  now is situated at the Museum of History of Riga and Navigation *13*
Wöhrmann's Garden, today Kirov Park, the 19th century *108, 179*
Bastejkalns (Bastejs Hill), the 19th century *109*
The statue of the knight Roland on the City Hall Square, the 19th century,
  today is situated in St. Peter's *20*
The Soldiers' Common Graves (the Brethren Cemetery), 1924—1936 *344—346*
The Monument to Freedom, 1931—1935 *148, 149*
The Monument to the defenders of Riga on Sudrabkalniņš, 1937 *441*
The Memorial to the revolutionaries at Matīsa Cemetery, 1959 *292*
The memorial Ensemble in Salaspils, 1967 *293*
The Memorial to the Latvian Red Riflemen, 1975 *25, 97*
The Victory Monument, 1986 *399*

MUNICIPAL UNDERTAKINGS

Balasta Dam in Ķīpsala, the 19th century *383*
The viaduct in Kapu Street, the beginning of the 20th century *389*
The water-pump 10a Alīses Street, 1910 *419, 420*
The Fire Station, today the Museum of Fire Extinguishing, 5 Hanzas Street,
  1910 *227*
The Central Railway Terminal, 1960 *162—166*
The suspension bridge, 1981 *3, 167*

INDUSTRIAL BUILDINGS AND WAREHOUSES

The warehouse 10 Vecpilsētas Street, the 17th century *74*
The Arsenal, today the Exhibition Hall, 1 Torņa Street, 1830 *55*
The warehouse 21 Revolūcijas Street, 1904 *232*
Factory PROVODNIK, today the Electric Works, 31 Ganību Damm, 1910
  352
Factory VEF 214 Lenin Street, 1913 *316, 336*
Factory RADIOTEHNIKA 1 Popov Street, 1970 *451*
The depot of agricultural technique 451 Maskavas Street, 1975 *297*

CHRONOLOGY OF THE CONSTRUCTION OF RIGA

12 cent. A Libian village (lat. *locus*) is situated on a wind-up of the Riga River (Rīdzene) near the outfall of the Daugava River. The first visits of German merchants

1201. Riga was mentioned as a town for the first time. Bishop Albert built a settlement in the Riga village. A defence wall surrounded it

1211. The construction of the St. Mary's and the monastery began (Riga Duomo)

1226. The Council of Riga or Riga Rāte as well as the suburb (lat. *suburbinne*) was mentioned. The rural district of Riga was created (Riga patrimonial district)

1272. The construction of the first defence wall was finished. It surrounded 28 hectares

1293. The first construction rules of the town were confirmed. They allowed to use stone and bricks to build edifices in Riga

1330. The House of the Big Guild was built. The Room of Münster has remained since then (presently Latvian State Philharmonic)

1334. The House of the City Council and the Blackheads' House was built. The centre of Riga — City Square — was established

1537. The construction of the fortification system began in Riga

1626. The territory of the suburb was included in the fortification system with eleven bastions and a defence wall

1652. The plan of the engineer F. Murrer to cover the suburb with regular buildings was partially carried out in Riga

1670. The construction of the Citadel near the Daugava was begun, tower to the Palace of Order

1701. The raft-bridge was built over the Daugava

1723. The Rīdzene river was filled up. The regained area was used for new buildings

1769. A new plan of reconstruction was accepted. It envisaged to create a 400 metres wide edificefree zone

1774. The borders of the suburb were expanded when three more gates were built at the dead end of the then Maskavas Street present Dzirnavu Street, near the Gertrude Church at he present Gorky Street and near the present Vidzeme market

1777. The first cemetery — the Big Cemetery — outside Riga was created. Other cemeteries were created in Pārdaugava — in Āgenskalns and Torņakalns

1778. Pārdaugava was recognized as the third suburb (Jelgava Suburb) after the suburbs of Petersburg

1787. The first border of Riga was set, which surrounds about 470 hectares

1808. The defence walls were torn down

1810. The construction of façades continued according to a set of introduced regulations

1812. The suburbs were burnt down while the city prepared to face Napoleon's attack

1813. The reconstruction plan of the suburbs was created, which was reshaped into the project of the development of the city

1819. The regulations of the construction of Riga and its suburbs was confirmed. It prohibited the construction of buildings outside the defence line

1856. Tsar's government permitted to pull down the fortifications

1857. The general architect of Riga D. Felsko and eng. arch. O. Deatze created the project of reconstruction which included a ring of boulevards

1860. The regulations of the construction of the suburb of Riga were confirmed, repealing the prohibition to build stone buildings in these areas

1866. The construction rules of Riga were confirmed, which regulated the contents, size and materials

1861. The railway-line Riga—Daugavpils—Tsaritsin was built

1872. The railway bridge was built over the Daugava

1875. The fortifications of the Citadel were torn down

1880. The arch. R. Schmaeling, the land surveyor R. Schtagmann and the engineer A. Agte of the Riga City Construction Council worked out the construction plan of Riga

1881. The temporary building regulations were confirmed

1882. The horse-tram traffic was opened

1899. The housing scheme of the Kaisermežs, present Mežaparks was worked out. It was the first time the idea of a garden city was suggested in Russia

1904. The compulsory construction rules of Riga were created and confirmed. They existed up to 1940 with a few changes. They divided the city in three parts: a stone, wooden building area and the suburbs. Every area had its own character of construction

1924. The general plan of the construction was started in the Bureau of Modern construction by arch. A. Lamze. It was finished in 1937

1936. The medieval buildings were torn down around the Duomo, and the Duomo Square was created

1941. Nazi invaders destroyed the Old Town

1948. The ruins of the Blackheads' House were torn down

1949. The scheme of the general construction was finished, arch. O. Tīlmanis

1954. The ruins of the Town Hall were brought down

1955. The rules of the Riga general construction were confirmed, arch. Y. Vasilyev

1959. The building of the first Riga Housing Construction Works was started. Its production has been used in building new dwelling areas

1969. The general construction plan of Riga was confirmed for the period up to 1980, arch. G. Melbergs, E. Pučiņš

1970. The second Riga Housing Construction Works was set to operate

1975. The construction of the Riga Hydroelectric power-station was finished on the Dole Island

1983. The regeneration plan of the Old Town, arch. E. Pučiņš, A. Holcmanis, E. Burkovskis, and the plan of the reconstruction of the Riga City Centre, arch. G. Melbergs Ē. Fogelis, were confirmed

1984. The Riga General Plan was worked out for the period up to 2005, arch. G. Melbergs, G. Asaris

1988. The construction of the third Riga Housing Construction Works was started

LITERATŪRAS SARAKSTS

Apsītis V. Brāļu kapi. — R., 1984

Asaris G. Par pilsētas īpašo skaistumu // Māksla, 1974, Nr. 4

Ārends P. Melngalvju nams. — R., 1943

Barons K. Dārzu māksla. — R., 1960

Bērzkalns P. Dzīvokļu būvniecība Rīgā 1913. g. // LU Raksti. — R., 1940

Birzenieks A. Vecās Rīgas portāli. — R., 1955

Brambe R. Rīgas iedzīvotāji feodālisma perioda beigās. — R., 1982

Caune A. Rīga zem Rīgas. — R., 1985

Feodālā Rīga. — R., 1978

Holcmanis A., Jansons A. Privāto ēku celtniecība Rīgas iekšpilsētā pēc paraugfasādēm XIX gs. pirmajā pusē // Latvijas PSR pilsētu arhitektūra. — R., 1979

Kampe P. Aleksandra Vanaga dzīve un darbs // Izglītības Ministrijas Mēnešraksts. — 1929, Nr. 5/6

Kiše E., Plauciņš L. Rīgas arhitektūras pieminekļi. — R., 1956

Krastiņš J. Rīgas centra apbūvi regulējošie noteikumi 19. gs. 60.—70. gados // Arhitektūra un pilsētbūvniecība Latvijas PSR. — R., 1971

Krastiņš J. Rīgas arhitektūras stilistiskie novirzieni 20. gs. sākumā // Pilsētu attīstība un arhitektūra Latvijas PSR. — R., 1974

Krastiņš J. Jūgendstils Rīgas arhitektūrā. — R., 1980

Lamze A. Liel-Rīgas teorijas problēma // Rīga kā Latvijas galvaspilsēta. — R., 1932

Latviešu konversācijas vārdnīca. — R., 1927—1940

Latviešu tēlotāja māksla. — R., 1986

Latvijas Padomju enciklopēdija. — R., 1981—1987

Lejnieks J. Art Deco Latvijā // Māksla, 1985, Nr. 4

Malvess A. Arhitekts Jānis Baumanis. 1834—1891 // Ilustrētais žurnāls, 1925, Nr. 4

Mākslas vēsture. V. Purvīša redakcijā. — R., 1934—1936

Melbergs G. Dažas Rīgas centra rekonstrukcijas problēmas // Latvijas PSR arhitektūra un pilsētbūvniecība. — R., 1987

Pučiņš E. Rīgas pilsētas centra attīstības posmi feodālajā laikmetā // Latvijas PSR arhitektūras mantojums. — R., 1958

Rīga 1860—1917. — R., 1978

Rīga sociālisma laikmetā. — R., 1980

Straubergs J. Vecā Rīga. — R., 1951

Vipers B. Latvijas māksla baroka laikmetā. — R., 1938

Strautmanis I. Dialogs ar telpu. — R., 1977

Šusts V. Būt vai nebūt laukumam // Māksla, 1977, Nr. 1

Zandberga R. Aizmirstās renesanses ēkas // Māksla, 1973, Nr. 3

Zirnis G. Pētera baznīca. — R., 1985

Архитектура Советской Латвии. — М., 1987

Валескалн В., Васильев Ю. Этапы развития архитектуры социалистической Риги // Архитектура и градостроительство в Латвийской ССР. — Рига, 1969

Памятники искусства Советского Союза. Белоруссия. Литва. Латвия. Эстония. — М., 1986

Васильев Ю. Классицизм в архитектуре Риги. — Рига, 1961

Васильев Ю. Рига: Памятники зодчества. — Рига, 1971

Dreijmanis P. Housing in Latvia // Town planning and housing throughout the world. — Berlin, 1935

Riga und seine Bauten. — R., 1903

NOZĪMĪGĀKIE ARHĪVU UN MUZEJU FONDU MATERIĀLI

1. Latvijas PSR Centrālais Valsts vēstures arhīvs.
2. Latvijas PSR Centrālais Valsts Oktobra revolūcijas un sociālisma celtniecības arhīvs.
3. Centrālais Valsts kara vēsturiskais arhīvs Maskavā.
4. Centrālais Valsts vēstures arhīvs Ļeņingradā.
5. Igaunijas PSR Centrālais Valsts vēstures arhīvs Tartu.
6. Zviedrijas Valsts arhīvs Stokholmā.
7. Rīgas Vēstures un kuģniecības muzeja fondi.
8. Rīgas pilsētas Galvenās arhitektūras un pilsētbūvniecības pārvaldes arhīvs.
9. Latvijas PSR Valsts celtniecības lietu komitejas institūta «Pilsētprojekts» arhīvs.

SATURA RĀDĪTĀJS

Vecrīga 14
Bulvāru loks 62
Centrs 100
Maskavas priekšpilsēta un Austrumu rajons 148
Pēterburgas priekšpilsēta 166
Jelgavas priekšpilsēta 194
Pārdaugavas nomales 220
Pēcvārds 238

СОДЕРЖАНИЕ

Старая Рига 20
Бульварное кольцо 65
Центр 103
Московский форштадт и Восточный район 151
Петербургский форштадт 169
Митавский (Елгавский) форштадт 197
Окраины Пардаугавы 222
Послесловие 239

CONTENTS

The Old Town of Riga 28
The Ring of Boulevards 65
The Centre 103
The Suburb of Moscow and Eastern District 152
The Petersburgh Suburb 172
The Jelgava Suburb 200
The Outskirts of Pārdaugava 224
Post scriptum 241

85 (z)ᶻ 6
Ri 484

АРХИТЕКТУРА РИГИ
Фотоальбом
Составитель и автор текста Янис Лейниекс
Цветные снимки и фоторепродукции Индрикиса Стурманиса
Художник Дайнис Лапса
С латышского языка перевели:
Ирина Спиридонова (русский яз.),
Янис Целминьш (английский яз.)
Рига «Авотс» 1989
На латышском, русском и английском языках

H/K
RĪGAS ARHITEKTŪRA
Fotoalbums
Sastādītājs un teksta autors Jānis Lejnieks
Indriķa Stūrmaņa krāsu foto un fotoreprodukcijas
Mākslinieks Dainis Lapsa
No latviešu valodas tulkojuši:
Irīna Spiridonova (krievu val.),
Jānis Celmiņš (angļu val.)
Rīga «Avots» 1989
Redakcijas vadītāja Aina Goris
Redaktores Regīna Jozauska, Neļa Zorina (krievu val.),
Mākslinieciskais redaktors Aldis Ruskulis
Fotoredaktors Armands Lācis
Tehniskais redaktors Laimonis Rudzītis
Korektores Astra Ābele, Ligita Bumbura, Žanna Golubeva

Iespiesta VDR, Erfurtē, tipogrāfijā «Fortschritt»